LILLIAN ROSS

Filme

Um retrato de Hollywood

Tradução
Pedro Maia Soares

Apresentação
Matinas Suzuki Jr.

Prefácio
Anjelica Huston

Posfácio
Davi Arrigucci Jr.

JORNALISMO LITERÁRIO
COMPANHIA DAS LETRAS

Indicação editorial
João Moreira Salles

Título original
Picture

Capa
João Baptista da Costa Aguiar

Preparação
Denise Pessoa
Paulo Werneck

Revisão
Otacílio Nunes
Cecília Ramos

Dados Internacionais de Catalogação na Publicação (CIP)
(Câmara Brasileira do Livro, SP, Brasil)

Ross, Lillian
Filme : um retrato de Hollywood / Lillian Ross ; tradução Pedro Maia Soares ; posfácio Davi Arrigucci Jr. — São Paulo : Companhia das Letras, 2005.

Título original: Picture.
ISBN 85-359-0697-5

1. Cinema – História 2. Cinema — Hollywood 3. Huston, John, 1906-1987. A glória de um covarde (Filme cinematográfico) 4. Repórteres e reportagens I. Arrigucci Jr., Davi. II. Título.

05-5105 CDD-791.4372

Índice para catálogo sistemático:
1. A glória de um covarde : Filme cinematográfico 791.4372

[2005]

EDITORA SCHWARCZ LTDA.
Rua Bandeira Paulista 702 cj. 32
04532-002 — São Paulo — SP
Telefone (11) 3707-3500
Fax (11) 3707-3501
www.companhiadasletras.com.br

Sumário

Para *The New Yorker.*

Silvia Reinhardt (cortesia de Lillian Ross)

Lillian Ross toma notas no set de filmagem.

Silvia Reinhardt

A repórter com Albert Band, durante as gravações de *A glória de um covarde.*

Lillian Ross

John Huston com a equipe de filmagem.

Apresentação

Reportariar, segundo Miss Ross

Matinas Suzuki Jr.

A série de reportagens com cerca de 90 mil palavras chamada "Produção nº 1512" (com o subtítulo "John Huston em Hollywood") foi publicada na seção "Onward and Upward with the Arts" nas edições subseqüentes da revista *The New Yorker*, em 24 e 31 de maio, 7, 14 e 21 de junho de 1952. Aquele era o número da produção do filme *The red badge of courage* (no Brasil, *A glória de um covarde*) nos estúdios da Metro Goldwyn-Mayer.

A série, escrita pela então jovem repórter Lillian Ross, saiu logo depois no livro intitulado *Filme* (*Picture*, em inglês). A obra é considerada a mais importante reportagem escrita sobre a produção de um filme em Hollywood — além de ser um ponto referencial na história da utilização de recursos típicos da literatura de ficção pelo exercício do jornalismo. *Filme* entrou para a lista da Universidade de Nova York como uma das cem mais importantes reportagens publicadas no século XX (a lista elegeu também outro texto famoso de Ross, o perfil de Ernest Hemingway, escrito em 1950).

Truman Capote, que trabalhou como contínuo na *The New Yorker*, disse que *Filme* foi uma das suas principais referências no processo de elaboração de *A sangue frio* (relançado no Brasil pela Companhia das Letras, dentro da coleção Jornalismo Literário). Em seu livro de memórias, *Here but not here*, lançado em 1998, Lillian Ross conta que Capote a questionou longamente sobre o seu método de fazer reportagens factuais estruturadas com recursos da ficção literária.

A reportagem sobre o filme de John Huston é importante não só para a carreira jornalística de Lillian Ross, mas também para a vida pessoal da autora. Foi no período de um ano e meio que passou em Hollywood, acompanhando as filmagens, que a relação com o então editor da *The New Yorker*, William Shawn, no outro extremo do país, se intensificou, por meio de cartas e telefonemas. Mais tarde, quando ela voltou a Nova York, eles passaram a viver o longo triângulo amoroso completado por Cecile, a esposa de Shawn. (Segundo o depoimento de Ross sobre seu caso com Bill Shawn, em *Here but not here*, Cecile não só sabia do relacionamento de seu marido com a repórter como teria usado uma única vez o telefone que ele instalara em sua cabeceira para falar exclusivamente com a amante. Foi para avisá-la de que Shawn, aos 85 anos, havia morrido.)

Em 12 de agosto de 1950, numa das cartas que enviou da Califórnia para Shawn, Lillian Ross dizia:

> *Se a história vier a ser o que penso que ela é, teremos quase um livro, um tipo de romance, pela maneira como os personagens se desenvolvem e pela variedade de relações que existe entre eles. Não sei se esse tipo de coisa já foi realizado antes, mas não vejo por que eu não deveria tentar uma história factual em forma de romance, ou talvez um romance factual.*

Há controvérsia sobre se ela foi realmente a primeira a utilizar ferramentas de ficção para narrar fatos, mas, de qualquer maneira, se não foi a pioneira, ajudou de modo substancial na consolidação da idéia de um jornalismo que, ainda que envolvido pelas amarras dos acontecimentos reais, conseguiria atingir o vôo mais alto da liberdade criativa que originalmente pertencia à ficção. Nas palavras de Ben Yagoda (no livro *About town*): "Ainda mais do que em seus artigos anteriores, Ross mostrou em *Filme* uma excepcional habilidade para observar a interação humana e apresentá-la em cenas carregadas de drama, *pathos* ou comédia, revelando sempre o personagem por meio da escrita".

Lillian Ross — mesmo nas cerca de quatrocentas peças mais curtas escritas para a "The Talk of the Town", a seção mais famosa da *The New Yorker*, com a qual ainda colabora, sessenta anos após ter iniciado o seu trabalho na revista — é essencialmente uma repórter, a repórter consumada (ela prefere o termo "reportariar" a "reportagem"). Seu estilo de fazer jornalismo chegou a ser definido como "mosca na parede": o pequeno inseto, quase invisível na parede, poderia observar o ambiente sem constranger os personagens, deixando-os à vontade para fazer revelações importantes.

Ross, contudo, rejeitou o título para o seu trabalho — assim como rejeitaria outros títulos para o jornalismo, como "jornalismo investigativo", "novo jornalismo" etc. Para ela, jornalismo é simplesmente "escrita factual" (existe "um poder mágico nos detalhes factuais", diz). As escolhas subjetivas aparecem na eleição dos temas e personagens que serão apresentados, e também no formato da composição. Uma vez iniciado o processo de escrita, os fatos — narrados da maneira mais clara, mais simples e com menos ambigüidade possível — devem imperar. Na imagem do escritor indiano Ved Mehta, que trabalhou com ela na *The New Yorker*, Lillian Ross "tinha olhos e ouvidos certeiros, como se fossem uma câmera e um gravador que se movem". Em carta para James Thurber, um dos nomes mais identificados com a *The New Yorker*, Edmund Wilson reclamava de não ter sido apresentado àquela "garota com um gravador embutido".

Como a maioria dos bons praticantes do jornalismo literário, Lillian Ross confia na memória como o grande instrumento do repórter. Ela não usa gravador. Quando sente que é necessário, faz anotações rápidas com uma Uni-Ball de microponta ("desliza mais rápido", explica), manejando a caneta como se fosse um bisturi (Ved Mehta) em um bloquinho espiral Clairefontaine de 7,5 por 12,5 centímetros. Mas quando as anotações atrapalham a memorização, ela pára e ouve ("ouvir é a palavra elevada à quinta-essência", escreveu no prefácio do livro *Reporting back*, de 2002).

Além da clareza e da discrição do texto, o jornalismo de Lillian Ross também ficaria marcado pelo seu flerte permanente com o humor e pela fidedignidade com a qual reproduz diálogos inteiros (em mais de cinqüenta anos de reportagem, ela diz que jamais recebeu uma contestação das citações literais de diálogos que reproduziu).

Vários dos ícones do jornalismo literário, como A. J. Liebling, seu companheiro na *The New Yorker*, e Norman Mailer, sobre quem escreveu, criticavam Lillian Ross por não se colocar de modo pessoal nos textos (curiosamente, os escritores da seção "The Talk of the Town" até os anos 80 usavam o pronome "nós" em vez de "eu" — mantendo a tradição desejada pelo fundador da publicação, Harold Ross, que idealizava a seção como uma espécie de "voz" da revista) e por não tentar um mergulho na subjetividade de seus personagens.

A esses Lillian Ross respondia que para ela a reportagem seria tanto mais efetiva quanto menos o repórter se mostrasse intrusivo, e que tentava passar seu ponto de vista implicitamente nos fatos e nos diálogos que relatava. Na regra número 11 (das dezessete que escreveu para o prefácio de seu livro *Reporting*, de 1961) do "Manual Ross de Reportagem", pode-se ler:

> Evite a interpretação, a análise, passar os seus julgamentos dizendo ao leitor o que ele deveria pensar. Restrinja-se ao que pode ser observado e reportado. Chegue o mais perto possível da verdade e deixe o leitor fazer a cabeça por si mesmo. Se tiver um incontrolável impulso para tornar suas opiniões explícitas, escreva um artigo polêmico ou um ensaio ou um panfleto ou um editorial, mas não tente fazer reportagem. Ter um ponto de vista é outra coisa: o seu ponto de vista deve estar implícito nos fatos que você apresenta.

"Não acredito que o repórter tenha o direito de dizer o que seu personagem está pensando ou sentindo", ela escreveu em *Reporting back*. Em outra passagem desse livro, recorda-se de ter dito a Truman Capote: "Você nunca deve se arrogar o direito de dizer o que o personagem está pensando ou sentindo". De certa maneira, essa discrição da repórter encontra a sua contrapartida no texto transparente ("como a água da fonte", sugeria Bill Shawn na orelha de um dos livros de Ross), no estilo de escrever que procura não fazer barulho, não chamar a atenção para si mesmo.

Outra crítica comum a Lillian Ross é que ela ficava muito próxima, amiga mesmo, dos personagens sobre os quais escrevia (como Ernest Hemingway, Charles Chaplin, com quem jogava tênis, e o próprio John Huston, para citar alguns) e, portanto, não teria isenção para mostrar coisas que não fossem convenientes para eles. Em 4 de março de 1948, o fundador da *The New Yorker*, Harold Ross (que apesar do sobrenome não era seu parente), mandou para a repórter o memorando:

Miss Ross: recebi o seguinte telegrama de Hollywood: "Caro Harold, o trabalho soberbo de Lillian Ross serve apenas para confirmar a minha crença em que a sua publicaçãozinha é a melhor revista já publicada. Abraços, John Huston". Esse tipo de coisa é nada mais, nada menos o que eu esperava.

H. Ross

Em fevereiro do mesmo ano, Lillian Ross havia publicado uma de suas primeiras reportagens, com o título "Come in, Lassie!", sobre a cruzada anticomunista deflagrada em Hollywood. Nela, descrevia uma conversa entre John Huston, Humphrey Bogart, Edward G. Robinson e Lauren Bacall, durante as filmagens de *Key Largo.* Foi o próprio Huston que a convidou para acompanhar as filmagens de *A glória de um covarde.* E foi Ricki, a mulher de Huston, que ajudou Ross a adotar o seu único filho, Erik.

Para a crítica de que perdia a isenção ao escrever sobre amigos, Lillian Ross tinha algumas respostas. Ela disse, por exemplo, que escreveu sobre John Huston e que continuaria a escrever sobre ele simplesmente porque as "histórias dele eram boas demais para resistir a elas". Além disso, um grande número de leitores havia achado que ela traçara um perfil bastante negativo de Hemingway (embora ele nunca tenha deixado de ser seu grande amigo por causa do texto "How do you like it now, gentlemen?", considerado um dos melhores perfis pintados com palavras na história desse gênero jornalístico), o que mostra sua independência na hora de escrever as reportagens. Mas a melhor defesa de Ross estava na regra número 4 para o exercício da boa reportagem, regra que ela sempre repete quando questionada sobre seu método de trabalho: "Não escreva sobre pessoas de quem você não gosta".

Mas talvez a mais importante das lições prescritas por Lillian Ross esteja naquela espécie de código de ética do repórter que faz o perfil de alguém (regra número 6): o repórter tem responsabilidade com a pessoa que permite que ele escreva sobre ela e deve cuidar para não invadir a privacidade dessa pessoa, mesmo que ela não esteja fazendo esforço para se proteger contra essa invasão. "Só porque alguém 'disse' não é razão suficiente para você usar em seu texto", ela recomenda.

Ao procurar o texto quase invisível, o texto que fala baixinho, Lillian Ross se diferenciou bastante do estilo de alguns dos autores mais importantes do jornalismo literário, um gênero tão esquivo e tão diverso. Que este seu texto sobre as filmagens da fita de Huston tenha se tornado um clássico, talvez mais famoso até do que a própria película, é uma prova de quão aberto é o jornalismo literário, gênero que, por sinal — e talvez não por acaso —, tem como um de seus iniciadores justamente o autor do livro que deu origem ao filme *A glória de um covarde*, Stephen Crane.

Introdução à edição de 2002

É um grande prazer para mim a comemoração de meio século de existência de *Filme*. No verão de 1950, quando John Huston me convidou para ir a Hollywood observá-lo em seu trabalho, o cinema, tal como o conhecemos, existia havia menos de meio século. O seminal *O grande roubo do trem* tinha 45 anos de idade, e o marco *Encouraçado Potemkin*, apenas 25. Não obstante, os padrões básicos e os costumes hedonistas da indústria cinematográfica já se haviam estabelecido, e parecem persistir até hoje.

Fui ao Oeste para ver Huston fazer o filme *A glória de um covarde*, baseado em *O emblema rubro da coragem*, famoso romance de Stephen Crane, sobre a Guerra Civil americana. Huston, um diretor excepcional, magnético, multifacetado, deu-me acesso especial, generoso e aberto a ele e ao projeto, e foi isso que possibilitou que eu contasse esta história.

Muito depois da publicação de *Filme*, ficou claro que a realização dessa película fora um elemento essencial na luta pelo controle do estúdio [Metro-Goldwyn-Mayer]. Naquele momento da história, toda a indústria cinematográfica era sacudida pelo monstro emergente da televisão, e os poderosos da MGM, estabelecidos em Nova York, usaram essa questão, entre outras, para tirar Louis B. Mayer do controle, a fim de enfrentar a ameaça.

Durante a Segunda Guerra Mundial, Huston havia sido major do Serviço Pictórico do Corpo de Sinaleiros do Exército e dirigira documentários hoje famosos, entre eles *A batalha de San Pietro*, sobre um grupo de soldados americanos designados para tomar uma cidade da Itália, e *Let there be light* [Faça-se a luz], um filme sobre veteranos psicologicamente prejudicados pela guerra. O primeiro longa-metragem que dirigiu foi *Relíquia macabra*. Em 1948, dirigiu *O tesouro de Sierra Madre*, pelo qual ganhou dois Oscar — melhor direção e melhor roteiro —, e o seu pai, Walter, foi premiado como melhor ator coadjuvante.

No final daquele ano, fui a Hollywood para escrever uma matéria para a *New Yorker* sobre a investigação do Congresso a respeito do que chamavam de "atividades antiamericanas" na indústria do cinema. Apesar da pressão, Huston, homem de espírito inquebrantável e brincadeiras escrachadas e despreocupadas, foi corajoso, franco, independente e divertido. A conversa com ele era uma lufada de ar fresco. Emitia opiniões corajosas sobre o medo absurdo e a paranóia que o cercavam, e mostrava, com diplomacia, e um humor particularmente sarcástico e retorcido, sua impaciência com o comportamento covarde e tolo de alguns colegas. Enquanto eu estava lá, ele dirigiu *Paixões em fúria*, com Humphrey Bogart, Lauren Bacall e Edward G. Robinson, entre outros. Passei boas horas com Huston no set de filmagens e conheci muitas pessoas da área. Na matéria que escrevi, intitulada "Entra, Lassie!", contei como foi meu primeiro encontro com John Huston, num almoço com membros do elenco de *Paixões em fúria* no Lakeside Golf Club, o bufê preferido pelas estrelas, nos estúdios da Warner:

> Os atores estavam de bom humor. Haviam terminado de ensaiar uma cena (uma das novas estratégias de contenção de gastos da Warner é ter uma semana de ensaios antes de começar as filmagens) em que Bogart é censurado por Robinson, um gângster que representa o mal, por sua covardia, mas é reconfortado pela companheira do criminoso, que diz a Bogart: "Não dê bola. É melhor ser um covarde vivo do que um herói morto". Bogart ainda não atingira o ponto do filme em que um sujeito aprende que deve lutar contra o mal.
>
> Huston sentia-se particularmente bem porque acabara de vencer uma batalha contra o estúdio para manter algumas frases da mensagem do presidente Franklin Delano Roosevelt ao 77º Congresso, em 6 de janeiro de 1942: "Mas nós, das Nações Unidas, não estamos fazendo todo este sacrifício de esforço humano e vidas humanas para voltar ao tipo de mundo que tínhamos antes da última guerra mundial".
>
> "Os figurões queriam que Bogie dissesse isso com suas próprias palavras", explicou Huston, "mas eu insisti que as palavras de Roosevelt eram melhores."
>
> Bogart assentiu com a cabeça. "Roosevelt era um bom político", disse ele. "Conseguia lidar com aqueles bacanas de Washington, mas eles são espertos demais para gente como eu. Droga, eu não sou político. Foi isso que eu quis dizer quando falei que nossa viagem a Washington [para protestar contra a investigação] era um erro."
>
> "Bogie conseguiu não ser político", disse Huston, que foi a Washington com ele. "Bogie tem um veleiro de 54 pés. Quando você tem um veleiro de 54 pés, precisa cuidar da manutenção."

"O Grande Chefe morreu, e a coragem de todo mundo morreu com ele", disse Robinson, com expressão dura.

"Você gostaria de ver o *seu* filme na primeira página de um jornal comunista?", perguntou Bogart.

"Humpf", escarneceu Robinson.

"O *Daily Worker* publica uma foto de Bogie, e então ele vira um perigoso comunista", disse a srta. Bacall, que, como todo mundo sabe, é a mulher de Bogart. "O que acontecerá se a Legião Americana e a Legião de Decência boicotarem todos os seus filmes?"

"O único problema é que minha foto no *Daily Worker* me ofende, querida", disse Bogart.

"Humpf", fez Robinson.

"Vamos comer", disse Huston.

Depois que a matéria saiu na revista, Huston escreveu para o editor Harold Ross e o cumprimentou por publicá-la. Huston e eu começamos, então, uma amizade incomum que durou até sua morte, em 1987. Com freqüência, quando estava planejando vir a Nova York, ele me avisava e nos encontrávamos. Andar com ele era sempre muito divertido; eu invariavelmente me sentia como se fizesse parte de uma de suas cenas intrigantes e dramáticas.

Quando entrava num restaurante com ele — o 21, por exemplo —, a vida lá dentro parecia parar, com a ação fixada sobre aquela figura alta e sedutora que chegava com seus passos lentos e longos para conceder o favor real de sua presença igualmente ao agradecido dono, ao agradecido *maître* e aos agradecidos garçons, que se prestavam todos com entusiasmo a sua performance. Acompanhava-o ao Tony's, o restaurante de Tony Soma, pai de Ricki, a bela e jovem dançarina com quem Huston se casou e teve um casal de filhos, Tony e Anjelica. Soma, praticante devotado da ioga, poderia ser visto em um canto, apoiado sobre a cabeça, e Huston fazia questão de não perturbar esse ritual. Então ele se inclinava, entortando-se numa posição que lhe permitia consultar Tony de cabeça para baixo, de um modo profundamente conspiratório, sobre o que comer e beber. Mas os jantares nova-iorquinos que Huston mais valorizava eram aqueles em que era levado de olhos vendados, altas horas, a misteriosos restaurantes sicilianos que não tinham um endereço convencional. Tinha de jurar segredo e era recebido em pessoa, dizia ele, pelos mais poderosos senhores anônimos da Máfia. "A comida deles", relatava em seu sussurro estritamente confidencial, "é... em todos os aspectos... incomparável!"

Em suas visitas a Nova York, eu também o acompanhava a museus, o Hispânico era o seu preferido. "Eles têm meia dúzia de El Grecos lá!", exclamava. "Meu Deus, aqueles El Grecos!"

"Três dos melhores Goyas que já vi", acrescentou, "Goyas incríveis. E aqueles dois Velázquez. Não fazem você chorar?"

Em 1950, quando decidi aceitar o convite de Huston para acompanhar as filmagens de *A glória de um covarde*, na verdade estava aproveitando a oportunidade para fugir do meu envolvimento pessoal com William Shawn, então editor-chefe da *New Yorker* e casado, com filhos pequenos. Ele me dissera que estava apaixonado por mim; eu estava apaixonada pelo meu trabalho e começava a me sentir perigosamente atraída por ele. Pretendia passar alguns meses em Hollywood: fiquei lá um ano e meio. Assim que cheguei, Bill Shawn e eu conversávamos por telefone ou nos escrevíamos regularmente. Além de nossa situação pessoal, falávamos sobre o que eu ia escrever:

"Veja, se a matéria for o que eu penso que é, é quase um livro, uma espécie de romance, pelo modo como as personagens podem se desenvolver e pela variedade de relações que há entre elas", escrevi em uma de minhas cartas a Shawn. "Não vejo por que não deveria tentar fazer uma matéria factual em forma de romance, ou talvez um romance em forma de matéria factual. Pensar nisso me deixa entusiasmada. É quase como se o material pedisse esse tipo de forma."

Fazer a reportagem que veio a ser *Filme* foi uma experiência arrebatadora. Não perdi um único dia de filmagem. Todas as manhãs, ia de carro do meu hotel em Beverly Hills até a fazenda de Huston, no vale San Fernando. Huston estimulou-me a ficar perto dele, do elenco e da equipe antes, durante e depois de cada tomada, e a acompanhar todas as discussões com o produtor, o cinegrafista, o diretor de produção e os atores. Gottfried Reinhardt, o inteligente, imaginativo e sofisticado produtor de Huston, também estava entusiasmado com minha reportagem e me forneceu generosamente todas as informações que pedi. Tanto Huston como Reinhardt me levaram para suas reuniões com Dore Schary, chefe de produção da MGM, e, a meu pedido, me ajudaram a marcar encontros com L. B. Mayer.

Logo de início percebi que faria de Huston, Reinhardt, Schary e Mayer meus quatro personagens principais. Na presença deles, eu sempre fazia anotações em minhas pequenas cadernetas de 7,5 x 12,5 centímetros. Fui à casa de cada um deles e às suas festas. Assisti a filmes, ouvi música, joguei tênis e cavalguei com eles. Tomei café-da-manhã, almocei e jantei com eles. Sempre me incluíam em comemorações de feriados e eventos com uma grande quantidade de gente da indústria cinematográfica. Parecia ser o modo de vida hollywoodiano. Contavam piadas e riam muito, freqüentemente deles mesmos. Eu gostei e ainda gosto daquela gente. Aceitei-os em seus próprios termos e gostei de escrever sobre eles. Muitos se tornaram meus amigos pelo resto da vida. Acontece que eu gosto de trapaceiros e vilões francos e sem rodeios, e adorei encontrar alguns deles em Hollywood.

Minha reportagem, um longo texto intitulado "Produção número 1512", foi publicada em capítulos na *New Yorker*, ao longo de cinco semanas. O departamento de circulação informou Bill Shawn de que a revista estava esgotando nas bancas praticamente assim que chegava. Meus colegas foram muito generosos em seus elogios, e Joe Mitchell* entrou na minha sala sorrindo, rindo, sacudindo a cabeça e lendo trechos da matéria em voz alta para mim. O elogio de meus pares sempre foi minha recompensa máxima. Não podia pedir nada melhor.

Quando a matéria foi publicada em livro, Bill Shawn sugeriu o título *Filme*. Dediquei-o a *The New Yorker*.

Durante anos após a publicação do livro, em 1952, eu não consegui resistir à tentação de escrever, de vez em quando, sobre Huston para a *New Yorker*. Qualquer coisa que eu fizesse com ele sempre me fazia rir, e espero que tenha feito os leitores rirem também. Em 1965, fui a Roma, onde ele estava dirigindo *A Bíblia*, em que se escalou, com longas barbas brancas, para o papel de Noé; vestido com uma comprida túnica branca, ele conduzia todos os casais de animais, inclusive elefantes, para dentro da arca.

"Nosso hipopótamo foi o maior ator do filme", disse-me Huston. "Sempre que ele me via chegando, abria o sorriso mais rasgado que já se viu. As girafas foram as atrizes mais dóceis da arca. Eu não conseguia passar por elas sem que me revistassem em busca de algo para comer."

Quatro anos depois, Huston estava em Nova York, dirigindo *Carta ao Kremlin*, que tinha uma cena no zoológico do Central Park, diante de jaulas ocupadas por dois gorilas bebês, uma pantera e uma leoa. Para "dar sorte", como disse, ele pôs no elen-

* Joseph Mitchell, repórter da *New Yorker*, autor de *O segredo de Joe Gould*, publicado nesta coleção. (N. E.)

co meu filho Erik, então com três anos de idade, num papel sem falas, em que ele devia correr diante das jaulas. A certa altura de uma matéria que escrevi, eu descrevia Huston caminhando na direção da jaula dos gorilas e cumprimentando-os com seu habitual jeito ultragracioso:

> "Então. Meu Deus. Olá, nenéns. Como estão esta manhã?"
>
> Os gorilinhas saltaram nas grades, como se Huston fosse mamãe gorila...
>
> "Aqueles são os bebês", disse Huston. "Eles não são as criaturas mais queridas, gentis e maravilhosas?"
>
> "É, são", disse De Haven [o produtor].
>
> "Um amigo meu tem oito gorilas de estimação", disse Huston. "John Aspinall. Ele dirige o Clermont, na Berkeley Square — a maior casa de jogo da Inglaterra. [...] E John Aspinall é um cavalheiro, um homem de Oxford. Mora em Kent, perto de Canterbury. Convidou-me para conhecer seus gorilas. Eu entrei nas jaulas com eles. E vou lhe contar uma coisa, eles são as pessoas mais legais que encontrei em muito tempo." Riso hustoniano. "Havia uma jovem dama na jaula", disse Huston, baixando o tom de voz. "E ela deixou claro para mim que se eu lhe mandasse flores — ora, ela iria ao teatro comigo."
>
> "Sei", disse De Haven.
>
> "Você faz passeios com os gorilas de Aspinall", disse Huston. "Ele leva os gorilas para passear, dois de cada vez. Segura um em cada mão. Sabe, eu adoraria passar a noite na jaula com aqueles gorilas, passar a noite inteira com eles. Penetrar no mistério daquilo."

"Quarenta" foi o título da última matéria que escrevi sobre Huston para a seção "Talk of the town", na edição de 15 de outubro de 1984. O número era uma referência ao seu quadragésimo filme, *A honra do poderoso Prizzi*, estrelado por sua filha, Anjelica, Kathleen Turner e Jack Nicholson. Usando um daqueles conjuntos de estilo safári, de mangas curtas, que ele mesmo desenhou, Huston dirigia, trabalhando dezoito horas por dia, inclusive em algumas noites frias e úmidas, em várias locações do Brooklyn. Tinha então 78 anos, sofria de enfisema e estava ligado a um balão de oxigênio. "No primeiro dia de filmagem, ele saiu do hotel às sete e meia da manhã e estava no set a tempo de supervisionar detalhe por detalhe por detalhe", escrevi em meus comentários para o culto em sua memória, lidos por Jack Nicholson. "Quando a primeira tomada foi feita, todos ao redor de Huston pareciam em frangalhos. Ele não. Tinha uma aparência de tranqüila satisfação." Eu jamais o vira tão animado. O filme deu a Anjelica Huston o Oscar de melhor atriz coadjuvante em 1985. Ela agora dirige e escreve roteiros, além de representar, assim como seu irmão mais moço, Danny Huston. O último filme dirigido por John foi *Os vivos e os mortos*, baseado num conto de James Joyce, com roteiro de Tony Huston. Lançado em 1987, pouco depois da morte de John, é considerado por muitas pessoas o maior filme de John Huston.

Cerca de uma semana antes de morrer, John me telefonou em casa. Eu não estava, e ele deixou um recado na secretária eletrônica para mim e meu filho Erik.

"Só quero tranqüilizar vocês", disse, com sua familiar e inimitável voz melodiosa de ator. "Estou *muito bem*. Boa noite, queridos. Adeus."

Prefácio

Anjelica Huston

Durante sua vida e após sua morte, muito se escreveu sobre meu pai, John Huston. As histórias eram abundantes, muitas vezes contadas por testemunhas oculares, parceiros de trabalho, ex-esposas, namoradas, rivais, companheiros de jornada e estranhos. Ocasionalmente ele transcendeu a biografia e foi apresentado até na forma de um romance. Entre outras coisas, foi descrito como um hedonista, um mulherengo, um sócio do Clube do Bolinha, um esportista, um jogador, um gozador, um beberrão e um aventureiro. Em muitas ocasiões, foi comparado a Ernest Hemingway, o que acho que não ajudava nenhum dos dois. O que mais me desaponta nessas comparações um tanto superficiais, muitas vezes espúrias, é que entre todos esses adjetivos e descrições se perde um ponto essencial. Meu pai era tudo isso e mais. Era um artista. Foi o artista que havia em meu pai que fascinou Lillian Ross. Ela jamais buscou escrever fofocas ou ir além de determinada linha que traçou para si mesma na vida pessoal dele.

Em maio de 1986, meu pai pediu a Lillian para receber em seu nome o prêmio de artes criativas da Brandeis University, em

Nova York, pois estava se recuperando de uma cirurgia no olho. Na ocasião ela declarou:

> Ao longo de sua vida ele olhou atentamente e continua a olhar para a arte, em todas as suas formas, de outros artistas, dos tempos mais antigos até o presente. Ele olha para a arte do modo mais feliz: com todo o seu ser e sem intelectualização. E sempre que possível, no caso de artistas vivos, transmite aos criadores, com seu entusiasmo hustoniano, seu intenso prazer e admiração diante do que vê.

Quase o mesmo se pode dizer da própria Lillian. Na vida, eles compartilharam um interesse ilimitado.

Lembro-me de ir de avião para Nova York com meu pai, em 1986. Ele estava muito doente na ocasião, ligado permanentemente a um balão de oxigênio para continuar vivo. Viagens desse tipo eram sempre arriscadas, com conseqüências ameaçadoras para a vida. Eu estava preocupada. Chegamos a Nova York tarde da noite. Meu pai estava pálido e exausto. Na manhã seguinte, fui acordada de um sono profundo pelo telefone. Eram oito da manhã. "Lillian e eu estamos saindo para os museus. Vamos?"

Eu ainda não nascera quando Lillian foi à Califórnia para escrever *Filme*, seu relato da realização por meu pai de *A glória de um covarde*. Depois da publicação do livro, a amizade dela com meu pai e minha mãe não só continuou como floresceu, até a morte de minha mãe, em 1968, e a de meu pai, em 1987. Cresci ouvindo falar de Lillian e encontrando-a de tempos em tempos. Meus pais a adoravam e respeitavam, e confiavam nela. Ela era, diziam eles, diferente dos outros repórteres.

Penso que uma chave para essa diferença transparece em sua declaração de princípios, na introdução de seu livro *Reporting*. Diz ela:

> Assim que outro ser humano permite que você escreva sobre ele, está abrindo a vida dele para você, e você não deve perder de vista que tem uma responsabilidade para com aquela pessoa. Mesmo se a pessoa o estimula a ser descuidado no modo como usa o conhecimento íntimo dela, ou se ela é indiscreta sobre si mesma ou, na verdade, está ansiosa para invadir sua própria privacidade, cabe a você usar seu próprio julgamento ao decidir o que vai escrever. Apenas porque alguém "disse isso" não é motivo para que você use o que foi dito ao escrever. Sua obrigação para com as pessoas sobre as quais escreve não termina depois que a matéria está impressa. A pessoa que confia em você o suficiente para lhe falar sobre si mesma está lhe oferecendo uma forma de amizade. Você não está lhe fazendo um "favor" ao escrever sobre ela, mesmo que ela esteja numa profissão ou negócio em que a publicidade de qualquer tipo é valorizada. Se você passa semanas ou meses com alguém, não apenas tomando seu tempo e energia, mas entrando na vida dele, torna-se naturalmente amigo dele. Um amigo não deve ser usado e depois abandonado; a amizade estabelecida quando se escreve sobre alguém costuma continuar a crescer depois da publicação do que foi escrito.

Os textos de Lillian são a prova disso. Ela mantém sua integridade e respeita a integridade de seu objeto. Jamais cede à fofoca ou à especulação. Seu poder de observação é imenso.

Recentemente, no campo, eu e meu marido, Robert Graham, estivemos lendo *Filme* um para o outro. Ríamos e nos divertíamos muito quando me dei conta, de repente, de que ler este livro era como estar na sala com meu pai outra vez.

Agradeço a Lillian por seu maravilhoso e intemporal documentário — e por este retrato de meu pai, com todos os seus perfis cambiantes, tal como observado por uma pessoa que compartilhava de seu talento para a beleza, o humor, a simplicidade e a verdade.

FILME

Joguem a velhinha escada abaixo!

A realização do filme *A glória de um covarde*, da Metro-Goldwyn-Mayer, baseado no romance *O emblema rubro da coragem*, de Stephen Crane, sobre a Guerra Civil americana, foi precedida pelas habituais revelações sobre seus planos de produção, feitas pela colunista Louella Parsons ("John Huston está adaptando para o cinema o clássico de Stephen Crane *O emblema rubro da coragem*, para um possível filme da MGM"); pela colunista Hedda Hopper ("A Metro tem os direitos de *O emblema rubro da coragem*, e John Huston está montando um orçamento para isso. Mas ainda não há sinal verde"); e pela revista *Variety* ("O trabalho de pré-produção de *A glória de um covarde* começou na Metro com testes para os papéis principais do drama"); e por uma visita de rotina, na primavera de 1950, de John Huston, roteirista e diretor, a Nova York, onde fica a sede da Loew's, Inc., a companhia que produz e distribui os filmes da MGM. Por ocasião de sua visita, decidi seguir do começo ao fim a história daquele filme em particular, com o objetivo de aprender o que pudesse sobre a indústria cinematográfica americana.

* * *

Huston, aos 43 anos, era uma das figuras mais admiradas, rebeldes e misteriosas do mundo do cinema. Eu o conhecera um ano antes, quando veio a Nova York receber o prêmio de uma viagem ao redor do mundo por suas contribuições cinematográficas para a união mundial. Ele falara de sua idéia de fazer um filme sobre a natureza do mundo enquanto viajava por ele. Ao voltar para Hollywood, por exigência de seus patrões da Metro-Goldwyn-Mayer, fez *O segredo das jóias*, filme sobre um bando de criminosos envolvidos em atividades que Huston descreveu em algum diálogo do filme como "uma forma canhestra de esforço humano". Agora, nessa visita, pouco depois da morte súbita de seu pai, Walter Huston, em Hollywood, ele me telefonou de sua suíte no Waldorf Tower e disse que estava com muitos problemas para fazer *A glória de um covarde.* Louis B. Mayer e a maioria dos outros altos executivos da MGM, disse ele, eram contra todo o projeto. "Sabe de uma coisa?", disse-me ao telefone. Huston tem uma maneira teatral de modular sua voz que pode dar a uma pergunta banal uma intensidade rica e melodramática. "Eles não querem que eu faça esse filme. E eu quero fazer esse filme." Ele sublinhou cada sílaba, de modo que naquele momento parecia que o filme era um direito seu e tinha uma urgência especial. "Venha até aqui, garota, e lhe contarei tudo sobre a briga."

A porta da suíte de Huston foi aberta por um jovem vestido sobriamente, de rosto redondo e bochechas rosadas. Ele se apresentou como Arthur Fellows: "John está no quarto ao lado se vestindo. Imagine, conseguir um cenário como este só para você! Este é o jeito de fazer as coisas nos grandes estúdios". Ele apontou com a cabeça para a decoração do Waldorf, num gesto de aprovação. "Não que eu me importe com os grandes estúdios. Acredito em ser independente. Trabalho para David Selznick. Já faz quinze anos. David é independente. Vejo o negócio do cinema como uma carreira. Assim como economia, medicina ou direito. É preciso começar a aprender de baixo. Aprendi desde o início com David. Fui diretor-assistente de *Duelo ao sol*. Dirigi a cena da luta entre dois cavalos. Agora, estou aqui temporariamente na publicidade e promoção. David..." Ele interrompeu o que ia dizer quando Huston entrou na sala, uma entrada ao estilo de um ator que está decidido a conquistar a atenção imediata de sua platéia.

"O-lá, menina", disse Huston enquanto apertávamos as mãos. Ele deu um passo para trás, depois enfiou as mãos no bolso e inclinou-se para a frente com atenção. "Então!", disse. Fez a palavra se transformar num importante pronunciamento.

Huston é um homem magro, esguio, de 1,87 metro de altura, braços longos e mãos compridas, pernas longas e pés compridos. Tem cabelos grossos e pretos que estavam alisados pela água, mas algumas madeixas da frente caíam sobre a testa. Tem uma face com rugas profundas que lembra couro, mandíbula alta e olhos oblíquos, castanho-avermelhados. As orelhas ficam apertadas contra as laterais da cabeça, e o cavalete do nariz é achatado. Seu olhar parecia observador, mas, ao mesmo tempo, estranhamente vazio de qualquer sentimento, em contraste com seus modos enérgicos. Ele tirou as mãos do bolso e passou-as nos cabelos. "Então!", repetiu, novamente como se estivesse fazendo um grande pronunciamento. Virou-se para Fellows. "Vamos lá, Art, peça uns martínis para nós, garoto."

Huston sentou-se no braço de uma cadeira, fixou uma longa cigarrilha num dos cantos da boca, pegou um palito de fósforo no bolso da calça e o riscou na unha do polegar. Acendeu a cigarrilha e deu uma tragada profunda, semicerrando os olhos contra a fumaça, o que os deixava ainda mais oblíquos. Então descansou os cotovelos nos joelhos, segurando a cigarrilha na boca com dois longos dedos de uma das mãos, e olhou pela janela. O sol se pusera, e a luz que entrava na suíte, num andar alto, começava a esmaecer. Huston tinha a aparência de quem estivesse esperando — como uma cena montada de Huston — que as câmeras rodassem. Mas, como aos poucos me dei conta, a vida não imitava a arte, Huston não imitava a si mesmo quando montou aquela cena; ao contrário, o estilo dos filmes de Huston, um dos poucos diretores de Hollywood que conseguem deixar sua marca pessoal nas fitas que fazem, era o estilo do homem. Na aparência, nos gestos, no modo de falar, na seleção das pessoas e objetos que o rodeavam e no modo como os compunha, em "tomadas" individuais (o close abrupto no polegar raspando a cabeça de um fósforo), e depois as arranjava numa seqüência dramática, ele era a própria matéria-prima de sua arte; ou seja, o homem cuja personalidade deixava sua marca inconfundível no que veio a ser conhecido como um filme de John Huston.

"Eu adoro a luz desta hora do dia", disse Huston quando Fellows retornou do telefone. "Você não adora a luz desta hora do dia, Art?"

Fellows disse que achava legal.

Huston soltou um risinho de satisfação. "Então, aqui estou eu, gastando o dinheiro do estúdio nesta viagem, e nem sei se farei o filme que me trouxe aqui. Estou testando atores no escritório da Loew's e falando de produção e fazendo todas as coisas de publicidade que eles me dizem para fazer. Consegui a aprovação do roteiro de *A glória de um covarde*, e vou para o Sul escolher locações para o filme, mas nada está andando. Não podemos fazer este filme se não tivermos seiscentos uniformes de confederados e seiscentos uniformes da União. E o estúdio simplesmente não quer fazer esses uniformes para nós. Estou começando a pensar que eles *não querem* o filme!"

"É um filme fora do comum", disse Fellows, polidamente. "O público quer filmes do tipo *Ma and Pa Kettle.** Eu digo: façam os filmes que o público quer. Aqui", disse para um garçom que entrara com uma bandeja com seis martínis em taças de champanhe. "Não há como escapar disso, John", continuou Fellows, entregando um drinque a Huston. "Os maiores sucessos de bilheteria são filmes feitos para gente com cabeça de criança de doze anos."

As pessoas subestimam a inteligência de uma criança de doze anos, respondeu Huston. Disse que tinha um filho adotivo que estava no começo da adolescência, um órfão indígena mexicano, Pablo, que ele encontrara quando fizera *O tesouro de Sierra Madre*, no México, havia alguns anos, e que seu menino tinha um excelente gosto para o cinema. "Ora, meu filho Pablo lê Shakespeare. Você lê Shakespeare, Art?"

"Televisão, John", disse Fellows. "A droga que eles buscam na televisão."

Huston perguntou-lhe vagamente o que se falava em Nova York sobre televisão.

A televisão estava estourando, disse Fellows, e todos os atores, cantores, dançarinos, diretores, produtores e escritores que não tinham conseguido trabalho em Hollywood entravam para a televisão em Nova York. Por outro lado, todos os atores, cantores, dançarinos, diretores, produtores e escritores que tinham entrado para a televisão em Nova York estavam morrendo de fome e queriam voltar para Hollywood. "Ninguém sabe realmente o que está acontecendo. Tudo o que sei é que a televisão jamais fará o que o cinema pode fazer."

* Série de comédias sobre um casal de caipiras da primeira metade dos anos 50. Em português, tiveram títulos como *Caindo na farra, Nas altas rodas, Chega de encrencas, Dois caipiras em Paris* e *Sassaricando de sarongue.* (N. T.)

"É simples, nós vamos fazer filmes e passá-los na televisão, isso é tudo. Que a televisão vá para o inferno", disse Huston. "Garotos, vocês querem acender a luz?" A sala estava escura. Compunha um belo quadro, disse ele. Fellows e eu concordamos que era agradável ficar com as luzes apagadas. Houve um curto silêncio. Huston moveu-se como uma sombra para uma cadeira em frente à minha e acendeu outra cigarrilha; o brilho rápido da chama iluminou seu rosto. "Tem ido às corridas aqui, Art?", perguntou.

Pouco, disse Fellows, mas David Selznick o deixava tão ocupado que não tinha muito tempo para os cavalos.

"Os cavalinhos me deixam duro o tempo todo", disse Huston. "Não posso preencher um cheque de quinhentos dólares. Estou sempre duro. Não consigo nem tirar umas férias normais. Mas se tem uma coisa em que gasto dinheiro, é um cavalo, especialmente quando é um dos meus. Nada como reproduzir e criar um cavalo seu. Hoje tenho quatro cavalos correndo com minhas cores e dentro de poucos anos terei mais, mesmo que precise pôr alguma coisa no prego para sustentá-los. Tudo que eu quero é um bom vencedor que seja meu. Todo mundo que conheço conspira para me tirar os cavalos. Um dia terei um bom vencedor, e aí vou poder dizer: 'Então, seus filhos-da-mãe, era disso que eu estava falando!'."

Problemas financeiros, disse Huston, o impediram de fazer a volta ao mundo. Mesmo com um salário na MGM de 4 mil dólares por semana quando estava fazendo um filme, tivera de pedir um adiantamento de 150 mil dólares, que vinha pagando em prestações. Por contrato, estava obrigado a fazer pelo menos um filme por ano para a MGM nos três anos seguintes. Era sócio de uma companhia independente, a Horizon Pictures, que ele abrira uns dois anos antes com Sam Spiegel, a quem conhecera em Londres, no início da década de 30. Huston dirigira um filme para a Horizon, *Resgate de sangue*, e deveria dirigir outro — *Uma aventura na África*, baseado em um romance de C. S. Forester — assim que terminasse *A glória de um covarde* para a MGM. Ele achava que com *Uma aventura na África* ganharia dinheiro; se estivesse certo, poderia fazer alguns dos filmes que queria tanto quanto *A glória de um covarde*. Para ele, o motivo que levou L. B. Mayer e os outros executivos da MGM a achar que *A glória de um covarde* não seria um sucesso comercial era a falta de uma trama padrão, de romance e de personagens principais femininas; mesmo que ele próprio conseguisse escalar os atores, não teria astros famosos. Era apenas a história de um jovem que foge de sua primeira batalha na Guerra Civil e depois retorna ao front e se distingue em vários atos heróicos. Huston, tal como Stephen Crane, queria mostrar um pouco das emoções dos homens na guerra e a linha ironicamente fina entre a covardia e o heroísmo. Alguns meses antes, ele e o produtor da MGM Gottfried Reinhardt, filho do falecido Max Reinhardt, sugeriram a realização do filme a Dore Schary, o vice-presidente do estúdio encarregado da produção.

"Dore adorou a idéia e falou que ia ler o romance", disse Huston. Duas semanas depois, Schary lhe pediu que escrevesse uma adaptação para o cinema — um simples esboço de um roteiro. "Fiz a adaptação em quatro dias. Eu estava indo ao México para me casar, então levei junto minha secretária e ditei parte do texto no avião, na ida, me casei, ditei um pouco mais depois da cerimônia e o resto na viagem de volta." Schary aprovou a adaptação, e o custo da realização do filme foi orçado em 1,5 milhão de dólares. Huston escreveu o roteiro em cinco semanas, e Schary o aprovou. "Então começaram a acontecer as coisas mais estranhas. Dore é chamado de vice-presidente encarregado da produção. L. B. é chamado de vice-presidente encarregado do estúdio. Ninguém sabe quem é o chefe." Sua voz elevou-se dramaticamente. "Disseram-nos que Dore havia aprovado tudo. Conseguimos seu o.k., mas nada avançou. E nós sabemos que L. B. odeia a idéia de fazer este filme." Sua voz afundou-se num sussurro confidencial. "Ele simplesmente odeia o filme!"

Para o papel do Jovem, segundo Huston, ele queria Audie Murphy, de 26 anos, o herói mais condecorado da Segunda Guerra Mundial, mas cuja carreira cinematográfica se limitava a papéis menores. Huston disse que estava tendo dificuldade para persuadir tanto Schary como Reinhardt a deixar o papel para Murphy. "Eles preferem um astro", disse ele indignado. "Acontece que eles não vêem Audie como eu vejo. Uma pequena criatura de olhos doces. Ora, na guerra ele literalmente se desviou de seu caminho a fim de achar alemães para matar. Ele é um assassinozinho doce."

"Outro martíni?", perguntou Fellows.

"Odeio astros e estrelas", disse Huston, trocando a taça vazia por uma cheia. "Eles não são atores. Andei com atores a minha vida inteira, e gosto deles, mas nunca tive um ator como amigo. Exceto papai. E ele nunca se considerou um ator. Mas o melhor ator com quem já trabalhei foi papai. Tudo o que eu tive de lhe dizer sobre seu papel como o Velho em *Tesouro* [*de Sierra Madre*] foi que falasse depressa. Apenas fale depressa." Huston falou depressa, numa imitação surpreendente e precisa de seu pai. "Um homem que fala depressa nunca escuta a si mesmo. Papai falava assim. Um homem que fala depressa é um homem honesto. Papai foi um homem que nunca tentou vender nada a ninguém."

A sala já estava bem escura. Ficamos sentados na escuridão durante algum tempo, sem falar, e então Huston levantou-se e foi até o interruptor. Perguntou se já estávamos prontos para a luz, e então ligou o interruptor. Ele se revelou na súbita iluminação amarela, de pé e imóvel, com uma expressão de atordoamento no rosto. "Odeio esta cena", disse. "Vamos sair e arranjar alguma coisa para comer."

Huston terminou seu drinque num gole, largou a taça e enfiou um chapéu de feltro na cabeça; descemos os três pelo elevador. Era uma noite quente, e chuviscava. O porteiro do Waldorf chamou um táxi e Huston pediu ao motorista para nos levar ao 21. Levantou um dos assentos dobráveis e apoiou os joelhos nele. "Adoro Nova York quando está chegando o verão", disse ele, enfatizando possessivamente cada palavra. "Tudo começa a andar um pouco mais devagar. E, mais tarde, o barulho e a agitação meio que se interrompem. A cidade fica calma. Dá pra fazer passeios a pé!", continuou, num tom de espanto. "E você passa por bares!", prosseguiu, como se isso fosse ainda mais espantoso. "E as portas dos bares estão abertas", disse, erguendo as mãos com as palmas viradas para dentro, enquadrando a imagem de uma porta aberta. "Aonde quer que você vá no verão, nunca se está sozinho em Nova York", concluiu, e deixou cair as mãos no colo.

A primeira vez que Huston veio a Nova York foi em 1919, quando tinha treze anos, para passar o verão com o pai, que se divorciara de sua mãe vários anos antes. John nasceu na cidade de Nevada, no Missouri, e passou a melhor parte de sua infância com a mãe, primeiro em Weatherford, no Texas, e depois em Los Angeles. Sua mãe, que morreu em 1938, era jornalista. Nos três anos anteriores à vinda a Nova York, Huston ficara acamado com o que era conhecido como "coração aumentado", e também sofria de uma obscura doença nos rins. Quando se recuperou, veio visitar o pai. Conta que teve um maravilhoso aniversário em Nova York no verão em que completou dezoito anos. Viera de novo de Los Angeles, onde ganhara o campeonato amador de boxe da Califórnia, na categoria peso leve, e se mudara para um pequeno apartamento no quarto andar de um edifício na Macdougal Street; o apartamento de cima era ocupado por Sam Jaffe (o ator que, anos depois, fez o papel do arrombador de cofres em *O segredo das jóias*). O pai de Huston, que estava no elenco de *Desejo sob os olmos*, foi à comemoração do aniversário. Jaffe perguntara a John o que ele queria de presente, e ele dissera: um cavalo. "Pois bem, Sam" (e pronunciou este nome com grande afeição), "o sujeito mais gentil e retraído do mundo, saiu e comprou a égua parda mais velha, triste e exaurida do mundo. Foi tudo maravilhoso. O melhor aniversário que já tive. Você não adora Nova York no verão, Art?"

Não para morar, respondeu Fellows, e Huston disse, num suspiro, que *seria difícil* manter cavalos em Nova York e que, além disso, no fundo, ele realmente gostava do modo de vida no mundo do cinema.

"É a selva", disse ele. "Minha natureza se sente atraída por isso. Louella Parsons e suas tolices atávicas. Eu gosto muito de Louella. Ela faz parte da selva. É mais do que um lugar em que as ruas levam o nome de Sam Goldwyn, e os prédios, o de Bing Crosby. Há muito mais lá do que os Cadillacs cor-de-rosa com assentos revestidos de pele de leopardo. É a selva, e abriga uma indústria que é uma das maiores do país. Uma selva fechada, apertada, freneticamente endógama e freneticamente competitiva. E os senhores da selva são predadores fascinantes e durões. L. B. Mayer é um dos senhores da selva." Ele baixou a voz significativamente. "Gosto de L. B. Hoje ele é um mandachuva, mas tem de ficar de olho, ou estará liquidado. Ele é esperto. Ele é *big business*. Não sabia nada de cavalos, mas quando começou a criá-los montou um dos melhores haras do país. L. B. é durão. Ele nunca tenta ganhar a discussão. Seu alvo é sempre de longo alcance — manter o controle do estúdio. Ele gosta muito de Dore. Mas um dia vai destruí-lo. L. B. está com sessenta e cinco anos. E está corado. E saudável. E sorridente. Dore é cerca de vinte anos mais moço. E parece velho. E doente. E preocupado. Porque L. B. guarda a selva como um leão. Mas quem manda de verdade na selva está aqui em Nova York. Nick Schenck, o presidente da Loew's, Inc., o chefão dos chefões, fica aqui em Nova York e sorri, observando de longe, dos bastidores, mas ele é o verdadeiro poder, de olho na malta que se fecha sobre cada um dos chefes menores, cercando, pronta para cair em cima! A fotografia de Nick Schenck jamais sai nos jornais, e ele não vai a festas, evita aparecer em público, mas é o *verdadeiro* rei do bando. E faz tudo de Nova York!" Deu uma risada sinistra e abafada entre os dentes. "Cara, eles são durões!"

O táxi parou diante do 21. "Senhor Huston!", exclamou o porteiro, e Huston apertou sua mão. "Bem-vindo de volta, senhor Huston."

Era perto de meia-noite quando Huston, Fellows e eu saímos de lá. Huston sugeriu que caminhássemos, pois ele adorava andar àquela hora da noite. O chuvisco tinha parado, o ar estava limpo e a rua, molhada e brilhante. Huston disse que queria ir até a Third Avenue, porque gostava dos bares de lá e ninguém por ali se parecia com um vice-presidente de estúdio. Fomos para a Third Avenue.

Enquanto descíamos pela avenida, Huston começou a dar passadas rápidas e firmes. "Você sabe do que eu gosto na idéia de fazer este filme, Art?", perguntou. "Vou estar no campo. Em locação." Enquanto caminhava, lançava olhares para as vitrines que exibiam pratarias e pinturas. Parou por um instante diante da vitrine empoeirada de uma loja de arte e olhou para a reprodução de uma pintura. "Modigliani. Eu costumava passar horas nesta cidade olhando para Modiglianis." No passado, tinha pintado bastante, disse ele, mas, nos últimos anos, bem pouco. Avançamos e, de repente, no meio daquela caminhada úmida e cintilante, vimos um homem caído, imóvel, com o rosto para baixo. Tinha um braço enfiado na manga de um sobretudo marrom rasgado e o outro braço sob o corpo, a manga vazia do casaco cobrindo a cabeça. Os sapatos apontavam um para o outro, estavam rotos e arranhados. Meia dúzia de espectadores olhavam em silêncio para a figura na calçada. Huston assumiu o comando imediatamente. Enfiou as mãos nos bolsos da calça e fez um peculiar giro de noventa graus com o corpo. Precisou de um instante para empurrar o chapéu para trás, e depois abaixou-se ao lado da figura imóvel. Ficou um instante sem fazer nada, enquanto o grupo de espectadores aumentava. Todos estavam muito quietos. Huston ergueu uma das mãos do homem, a que estava na manga do sobretudo, e sentiu o pulso. O trem elevado da Third Avenue passou ruidoso sobre nossas cabeças, então fez-se silêncio novamente. Huston segurou o pulso do homem por um bom tempo, sem olhar para as pessoas ao redor. Depois levou mais um bom tempo para pôr o braço do homem na posição original. Devagar, levantou-se. Arrumou o chapéu na cabeça. Pôs as mãos de volta nos bolsos. Então virou-se para a platéia e, projetando suas palavras com cuidado, disse: "Ele está ótimo!". Deu uma risada grossa e congestionada através de seus dentes cerrados. Empurrou o chapéu para a frente com satisfação e, com elegância, nos conduziu para longe. Foi uma cena de um filme de John Huston.

Cinco semanas depois, estava de volta ao Waldorf, na mesma suíte. Quando me telefonou dessa vez, parecia muito contente. Durante sua ausência, *O segredo das jóias* estreara em

Nova York e recebera críticas entusiasmadas, mas ele não mencionou isso: estava feliz porque acabara de comprar uma nova potranca da Calumet Farms. Naquela noite, encontrei-o sozinho na suíte. Dois dias antes, ele tinha achado uma locação soberba para *A glória de um covarde*, nos arredores de Nashville.

Ao retornar ao estúdio depois da viagem ao Leste, contou-me ele, descobrira que nenhuma preparação para o filme estava em andamento. "Nem os uniformes!", disse com espanto. "Fui ver L. B., e ele me disse que não levava fé no filme. Não acreditava que fosse fazer dinheiro. Gottfried e eu fomos ver Dore. Encontramos Dore em casa, doente, na cama. No momento em que entramos, ele disse: 'Vamos fazer este filme, rapazes!'. Talvez tenha sido Nick Schenck que deu o sinal verde. De todo modo, naquela noite Dore escreveu uma carta para L. B. dizendo que achava que a MGM devia fazer o filme. E na manhã seguinte, L. B. nos telefonou e falou durante seis horas sobre por que este filme não renderia nada. Eu gosto de L. B., você sabe. Ele disse que Dore era um sujeito maravilhoso, que gostava muito de Dore, como se fosse seu próprio filho. E que não podia dizer não a um garoto que tinha lhe escrito uma carta como aquela. E quando saímos do escritório de L. B., o estúdio fervia, e os uniformes estavam sendo feitos!" Huston deu uma risadinha de contentamento. Pegou um bloco de papel e começou a desenhar cavalos enquanto falava. Contou que ele e Reinhardt haviam encontrado um ator magnífico chamado Royal Dano para fazer o papel do Homem Esfarrapado, e que Dano tinha aquela singular qualidade que contribui para a grandeza na tela. Charlie Chaplin e Greta Garbo têm essa qualidade, disse ele. "A tela exagera e amplia o que quer que um grande ator tenha. É quase como se a grandeza fosse uma questão de qualidade, não de habilidade. Papai tinha isso. Tinha alguma coisa que as pessoas sentiam nele. Você percebe sempre que está perto dessa qualidade. Você a vê nos olhos de Audie Murphy. É como um grande cavalo. Você passa pela baia dele e sente a vibração. Consegue senti-la. Então, vou fazer o filme, garota. Vou dirigi-lo a cavalo. Sempre quis dirigir um filme montado a cavalo."

Contou que as despesas na locação de Nashville seriam menores do que no sítio que ele originalmente esperava conseguir, em Leesburg, na Virgínia, e seu terreno era ideal para o tipo de fotografia que ele queria — um preto-e-branco de forte contraste, aproximando-se da textura e da atmosfera das fotos de Brady da Guerra Civil.

"Vou lhe contar uma coisa", disse Huston, com seu tom de espanto. "Vou lhe mostrar como fazemos um filme! E depois você irá a Hollywood e poderá ver tudo o que acontece com o filme lá! E poderá conhecer Gottfried! E Dore! E L. B.! E todo mundo! E poderá conhecer meus cavalos! Você vai fazer isso?"

Eu disse que sim.

Várias semanas depois, Huston telefonou-me de novo, desta vez da Califórnia. Ia começar *A glória de um covarde* dentro de um mês, e a locação não seria no Tennessee, afinal, mas em sua própria fazenda, no vale San Fernando. Ele não parecia muito feliz com isso. "É bom você estar aqui para os fogos de artifício", disse. "Vamos ter a Guerra Civil bem aqui, na costa."

Quando cheguei à Costa Oeste, Huston tratou de arranjar-me encontros com todos os que tinham alguma coisa a ver com o filme. No dia em que conheci Gottfried Reinhardt, o produtor de 39 anos de *A glória de um covarde*, ele estava sentado em seu escritório nos estúdios da Metro-Goldwyn-Mayer, em Culver City, estudando o orçamento estimado para a fita. Seria o filme de número 1512 a entrar em produção desde que a Metro-Goldwyn-Mayer foi fundada, em 24 de maio de 1924. O livreto mimeografado que continha a estimativa estava carimbado "PRODUÇÃO Nº 1512". (A estimativa, fiquei sabendo depois, informava Reinhardt de que o filme tinha uma previsão de nove dias de ensaios e 34 dias de produção; de que o filme terminado deveria ter 2360 metros de comprimento; e de que o custo total deveria ser 1 434 789 dólares.) O escritório de Reinhardt era confortável: uma suíte com um banheiro pequeno e uma sala de reunião mobiliada com poltronas de couro. Havia uma placa de metal com seu nome na porta. Em sua sala privada, além de uma escrivaninha, várias poltronas de couro verde e um sofá do mesmo material, havia um grosso carpete marrom, uma estante que abrigava uma coleção da *Enciclopédia Britannica* e uma planta de 1,80 metro de altura num vaso. As paredes estavam decoradas com gravuras antigas. Sobre sua mesa, perto de vários isqueiros grandes, de algumas canetas esferográficas e de uma caixa de couro com charutos, havia uma fotografia emoldurada de Max Reinhardt. O velho Reinhardt tinha uma aparência de seriedade doce, mas perturbada. Havia uma considerável semelhança entre pai e filho.

"O lugar onde fica o seu escritório é um sinal da sua importância", contou-me Reinhardt enquanto nos sentávamos para conversar. "Estou no primeiro andar. Dore Schary está dois andares acima, bem em cima de mim. L. B. também está dois andares acima. Tenho uma pia, mas não tenho chuveiro no escritório. Dore tem chuveiro, mas não banheira. L. B. tem chuveiro e banheira. O tipo de equipamento de banho que você tem no escritório é outra medida do valor da sua posição." Deu um sorriso sarcástico. "Um diretor importante é quase tão importante quanto um produtor", continuou ele, levantando-se e endireitando uma das gravuras. "O escritório de John é de canto, como o meu."

Reinhardt é um homem barrigudo, com uma grossa juba de cabelos castanhos ondulados; em seu terno de xantungue cor de chocolate, parecia um ursinho de pelúcia. Trazia um charuto na boca e uma expressão de profundo cinismo no rosto. O chaveiro, uma pesada corrente de ouro, formava uma grande alça entre seu paletó e um dos bolsos da calça. Ele fala com sotaque alemão, mas sem aspereza, e suas palavras soam agradáveis, num tom calmo e pesaroso. "Prometemos a Dore que faríamos nosso filme por um milhão e meio ou menos, em cerca de trinta dias", disse ele, sentando-se à escrivaninha de novo. Pôs a mão sobre a estimativa e suspirou pesadamente. "A função do produtor é poupar tempo e dinheiro." Balançava a cabeça enquanto falava. Uma mecha de cabelo caiu sobre seu rosto. Ela a recolocou no lugar e deu uma tragada no charuto, numa espécie de frenesi contido. Então tirou o charuto da boca e, balançando a cabeça de novo, falou: "Quando você diz às pessoas que fez um filme, elas não perguntam se o filme é bom. Elas perguntam: 'Quantos dias levou?'". Ele bateu a cinza do charuto delicadamente num cinzeiro e deu outro suspiro profundo.

Reinhardt, que nasceu em Berlim, chegou aos Estados Unidos em 1932, aos dezenove anos, para uma visita. Estava aqui há alguns meses quando Hitler subiu ao poder na Alemanha, e então decidiu ficar. Ernst Lubitsch, que trabalhara com o velho Reinhardt na Europa, ofereceu-lhe um emprego, sem salário, na Paramount, como assistente numa versão cinematográfica de *Sócios no amor*, de Noel Coward, estrelada por Fredric March, Miriam Hopkins e Gary Cooper. No outono de 1933, Reinhardt foi para a Metro, com um salário de 150 dólares por semana, como assistente de Walter Wanger, então produtor desse estúdio. Não muito tempo depois, Wanger foi embora e Reinhardt passou a ser assistente de Bernard Hyman, considerado o braço direito de Irving Thalberg. Reinhardt trabalhou primeiro como roteirista (*A grande valsa*) e depois, a partir de 1940, como produtor (*O inimigo X*, com Clark Gable e Hedy Lamarr; *Fúria no céu*, com Ingrid Bergman e Robert Montgomery; *Duas vezes meu*, o último filme de Greta Garbo). Em 1942, foi para o exército. Trabalhou em filmes do Corpo de Sinaleiros durante quatro anos e depois retornou à Metro e produziu filmes com alguns dos astros e estrelas mais populares do estúdio, entre eles Clark Gable e Lana Turner. Seus últimos filmes, no entanto, não foram considerados sucessos de bilheteria pelo estúdio. Aos 72 anos, a mãe de Reinhardt, uma famosa atriz alemã chamada Else Heims, ainda participa de peças em Berlim. O pai dele, que morreu há oito anos, veio para Hollywood em 1934 para dirigir uma produção teatral de *Sonho de uma noite de verão*, no Hollywood Bowl. (A produção ficou famosa porque apresentou uma jovem desconhecida chamada Olivia de Havilland; ela jamais atuara em público antes e entrou na última hora para substituir a estrela, que, por algum motivo, não pôde continuar na peça.) Então Max Reinhardt foi convidado pela Warner Brothers para dirigir uma produção cinematográfica dessa peça de Shakespeare. O filme não foi um sucesso. Nos cinco anos seguintes, ele dirigiu uma escola em Hollywood conhecida como Max Reinhardt's Workshop; em 1939, por pouco tempo, John Huston deu um curso sobre roteiro nessa escola. Max Reinhardt nunca mais conseguiu um trabalho de direção no cinema. Durante muitos meses, tentou obter uma entrevista com L. B. Mayer, mas este estava sempre ocupado demais para vê-lo.

Na Metro-Goldwyn-Mayer, Gottfried Reinhardt testemunhou uma sucessão de disputas de poder entre os executivos do estúdio. Aprendeu muitas lições simplesmente observando essas batalhas, segundo me contou. "A MGM é como uma monarquia medieval. Revoluções palacianas o tempo todo." Recostou-se em sua cadeira giratória. "L. B. é o rei; Dore é o primeiro-ministro;

Benny Thau, um antigo homem de Mayer, é o ministro do Exterior, e faz todos os acordos importantes para o estúdio, como o empréstimo de grandes estrelas. L. K. Sidney, um dos vice-presidentes, é o ministro do Interior; e Edgar J. Mannix, outro vice-presidente, é o chanceler ou, às vezes, ministro sem pasta. E John e eu somos leais súditos." Balançou a cabeça e deu uma risada cínica. "Nosso rei não tem pouco poder. Descobri, com *A glória de um covarde*, que você precisa da bênção do rei se quiser fazer um filme. Eu tenho a bênção do rei, mas ela me foi dada com grandes reservas." Olhou para mim por sobre o charuto. "Nosso filme precisa ser um sucesso comercial", disse, sem rodeios. "E precisa ser um *grande* filme."

Houve um alvoroço no Dave Chasen's Restaurant, em Beverly Hills, quando Dore Schary entrou. Esse restaurante é dirigido pelo ex-comediante de teatro de mesmo nome e é popular entre as pessoas da indústria cinematográfica. Está dividido em várias seções. A primeira, que dá diretamente para a entrada, contém cabines semicirculares. Essa seção conduz a um longo balcão, que fica de frente para outra seção de cabines. Há seções adicionais atrás e ao lado das duas primeiras. O chefe dos garçons conduziu imediatamente Schary para uma cabine da frente. Dois garçons assumiram posições de sentinela, um de frente para o outro, nos dois lados da mesa. Todos os outros clientes voltaram a atenção para Schary. Pareciam olhar para todos ao redor, exceto para as pessoas com quem estavam e com quem conseguiam conversar.

"Vou ler a carta de Ben para você", falou um homem perto de nós. "Ele diz: 'Sempre que penso em Bizâncio, lembro de você. Espero que sobreviva às intrigas da corte do crepúsculo de Hollywood e, quando a casa cair, que você caia do trono'."

“Tenho novidades para você”, disse o companheiro dele. “Ainda não é o crepúsculo. É só o *smog*.”

“E eu tenho novidades para *você*”, disse o primeiro homem, encarando Schary. “Ben vai voltar para cá. Ele *gosta* das intrigas da corte.”

Schary não estava nada constrangido. Tinha uma aura de imensa autoconfiança, como se tivesse chegado a um ponto da vida em que nada que acontecesse no Chasen’s poderia afetá-lo. Ele é um otimista, e falava comigo em tom otimista sobre cinema. Respeitava os filmes estrangeiros, mas achava que a indústria cinematográfica americana oferecia mais divertimento e informação do que qualquer outro realizador de filmes do mundo. “Nosso alcance é internacional. Nosso pensamento é internacional, e nossos anseios e ímpetos criativos são renovados o tempo todo com o mesmo vigor que renova tantas coisas no modo de vida americano.” A comunidade cinematográfica genericamente chamada de Hollywood, ele me contou, não é diferente de qualquer outra comunidade americana dominada por uma única indústria. “Somos iguais a Detroit. Só que falam mais de nós, é isso.” Ele era praticamente o único homem no Chasen’s que naquele momento não estava olhando para outra pessoa que não aquela com quem estava falando.

Dave Chasen, um homem baixo e solene, com olhos suaves e pensativos, veio até nossa mesa e disse a Schary que estava muito contente de vê-lo ali.

“Como vai, garoto?”, perguntou Schary.

“Você parece bem”, disse Chasen num tom triste.

Schary deu-lhe um sorriso cordial e continuou conversando comigo sobre a indústria cinematográfica. Homem que parece ter uma disposição favorável em relação ao mundo todo, Schary tem um jeito loquaz, amistoso, simples, que lembra o falecido Will Rogers, mas há nele um quê de professor de escola dominical, convicto e paternalista. Tem mais de 1,80 metro de altura e a cabeça grande, a testa alta e sardenta e um nariz enorme, em forma de focinho de são-bernardo. Falava com veemência, como se tentasse transmitir uma tremenda seriedade de propósito em relação ao seu trabalho no cinema. "Um filme é um sucesso ou um fracasso já na sua concepção", disse-me. "Havia resistência, uma grande resistência a fazer *A glória de um covarde*. Em termos de custos, mas não só. Esse filme não tem mulheres. Não tem história de amor. Não tem um incidente singular. É um filme de época. A história — bem, não há história nesse filme. É apenas a história de um garoto. É a história de um covarde. Bem, é a história de um herói." Schary parecia gostar de ouvir a própria voz. Não estava obviamente com pressa de apresentar seu argumento. "Esses são os elementos considerados importantes na determinação do sucesso ou fracasso nas bilheterias", disse ele, e fez uma pausa, como se se sentisse levemente desnorteado quanto ao que estava querendo dizer. Por fim, afirmou que houve filmes bem-sucedidos que não tinham esses chamados elementos importantes. *Rancor*, que ele fizera, era um deles, e *Sem novidades no front* era outro. "Lew Ayres era o equivalente alemão do nosso garoto", disse ele. "Eu quase sou capaz de apostar que Remarque conhecia *O emblema rubro da coragem*. Em geral, quando vai fazer um filme, você diz: 'Tenho apenas um palpite sobre esse filme'. E isso foi o que senti sobre este. Chame isso de instinto, se quiser. Sinto que este filme tem tudo para ser um filme maravilhoso e um sucesso comercial."

Um homem que estava de pé junto ao bar pegou seu martíni e foi até a mesa à nossa frente. "Tenho uma ótima piada para vocês", disse ele ao grupo ali sentado. "Um ator volta de um enterro e está gritando e chorando histericamente, as lágrimas escorrendo pelo rosto. Então um amigo diz que nunca viu ninguém sofrer tanto ao voltar de um funeral. O ator diz: 'É que você não me viu no túmulo!'." O piadista teve um surto explosivo de auto-apreciação. Tomou um gole do martíni e acariciou o pé do copo. "Um velho ator morre", disse ele, afastando o olhar de sua platéia no momento em que Walter Pidgeon entrava com um grande grupo e era levado para a primeira seção. "Dois outros velhos atores vão olhá-lo no caixão. 'Joe está com péssima aparência!', diz um deles. 'Como assim?', diz o outro. 'Ele acabou de voltar de Palm Springs!'."

Schary começou a falar de L. B. Mayer. "Conheço Mayer. Conheço esse homem. Conheço Mayer porque meu pai era como ele. Poderoso. Fisicamente muito forte. De gênio forte e obstinado. Mayer literalmente *bate* nas pessoas. Mas perto do meu pai ele parece refresco." Deu-me um sorriso forçado.

Naquele momento, um jovem chegou esbaforido, agarrou a mão de Schary e gritou: "Dore! Maravilha ver você, Dore!". Continuou segurando a mão de Schary, com um olhar fixo, incrédulo, admirador. "Você está ótimo, Dore! Você está ótimo!"

"Como vai, querido?", disse Schary em tom amável.

O rapaz continuou com os olhos fixos em Schary; parecia esperar a confirmação de alguma coisa. Então disse: "Está lembrado de mim, Dore? Dave Miller!".

"Claro, garoto", disse Schary.

"RKO!", bradou Miller, como se anunciasse uma parada de trem, e no mesmo tom disse que estava dirigindo um filme na Columbia. Schary deu-lhe um largo e forçado sorriso de compreensão.

Miller sacudiu a cabeça em sinal de descrença várias vezes, e depois, com relutância, começou a recuar. "Você está fazendo coisas maravilhosas agora, Dore. Maravilha! Tudo do melhor para você, Dore. Do melhor."

O labirinto de trilhas seguidas por todos os indivíduos que trabalham juntos na MGM para fazer um filme conduz inexoravelmente ao escritório de Louis B. Mayer, e um dia eu o encontrei lá, atrás de uma série de portas, conversando com Arthur Freed, produtor de musicais para o estúdio. O escritório de Mayer tinha mais ou menos metade do tamanho do saguão do Music Hall, e ele estava sentado atrás de uma imensa escrivaninha de cor creme, no final de uma grande extensão de carpete cor de pêssego. As paredes do escritório eram revestidas com painéis de couro creme e havia um bar de cor creme, uma lareira de cor creme com pá e tenazes de cor creme, poltronas e sofás de couro creme e um piano de cauda de cor creme. Atrás da mesa de Mayer ficavam uma bandeira americana e uma estátua de mármore do leão da Metro. A escrivaninha estava coberta por quatro telefones de cor creme, um livro de orações, várias fotografias de leões, um ferrótipo da mãe de Mayer e uma estatueta do elefante do Partido Republicano. A grande mesa escondia boa parte de Mayer, mas pude ver seus ombros imponentes, vestidos de azul-marinho, e uma alegre gravata-borboleta de bolinhas que quase encostava em seu queixo. A cabeça grande parece ter sido posta diretamente sobre os ombros, sem a intermediação do pescoço. Os cabelos são grossos e brancos, o rosto é corado, e os olhos, atrás de óculos com armação cor de âmbar, encaravam, com uma espécie de feroz inexpressividade, Freed, que lhe mostrava um relatório sobre as receitas de bilheteria de seu último musical, então em exibição no Radio City Music Hall.

"Ótimo! Eu vi isso!", disse Mayer, abarcando Freed com o braço. "Eu lhe disse que o filme ia ser um sucesso maravilhoso. Aqui dentro!", gritou ele, batendo com o dedo indicador no peito. "Ele conquista o público aqui dentro!" Ergueu a cabeça nívea e olhou para a parede creme diante dele como se estivesse vendo a tela do Music Hall. "Entretenimento!", gritou, paralisado pelo que parecia ver naquela tela, e adotou a expressão de um homem que estivesse comovido com o que via. "É suficientemente bom para você, para mim e para a bilheteria", disse ele, voltando-se para Freed. "Não para os sabichões. Não basta", continuou, num lamento tímido, imitando alguém que diz que conquistar o coração da platéia não era suficiente. Bateu com o punho na mesa e olhou para mim. "Deixe eu lhe dizer uma coisa! Prêmios! Troféus! Faixas! Temos dois filmes aqui. Um filme de Andy Hardy,* com o pequeno Mickey Rooney, e *Ninotchka*, com Greta Garbo. *Ninotchka* ganhou os prêmios. Faixas *azuis*! Faixas *púrpuras*! Nove sinos e sete estrelas! Qual filme fez dinheiro? O de Andy Hardy fez dinheiro. Por quê? Porque ganhou elogios do coração. Nada de faixas!"

"Ahn!", disse o sr. Freed.

"Vinte e seis anos com o estúdio!", continuou Mayer. "Eles costumavam me dar ouvidos. Irving Thalberg jamais faria um filme que eu fosse contra. Eu tinha adoração por aquele rapaz. Ele trabalhava. Agora eles querem coquetéis e seus nomes nos jornais. Irving me escutava. Nunca estava satisfeito com o próprio trabalho. Assim era Irving. Anos mais tarde, depois que Irving faleceu, eles ainda me escutavam. Fizeram um filme de Andy Hardy." Ele virou seus ombros imponentes na minha direção. "A mãe de Andy está à morte, e eles fazem o filme mostran-

* Personagem central da série de filmes da MGM conhecida como a mais popular e de maior sucesso já feita nos Estados Unidos. São dezesseis filmes no total, começando com *A family affair* [Uma questão de família] (1937), e terminando com *Andy Hardy comes home* (1958). Tecnicamente, esses dois filmes não faziam realmente parte da série, que começa com o episódio *You're only young once* (1938) e termina com *Love laughs at* [Paixão de Andy Hardy] (1946). O primeiro filme, *A family affair*, não foi feito com a intenção de começar uma série, mas se mostrou tão popular que, na prática, acabou por lançá-la. O último, *Andy Hardy comes home*, é uma espécie de condensado da série, feito doze anos depois do episódio final. (N. E.)

do Andy de pé, do lado de fora da porta. *De pé*. Eu disse a eles: 'Vocês não sabem que um garoto americano como este vai cair de joelhos e *rezar*?'. Eles escutaram. Puseram Mickey Rooney de joelhos." Mayer saltou de sua cadeira, agachou-se sobre o carpete e mostrou como Andy Hardy havia rezado. "A melhor coisa do filme!" Levantou-se e retornou a sua cadeira. "Não é suficiente", disse, outra vez em tom de lamúria. "Não mostre a boa e saudável mãe americana no lar. Generosa. Doce. Sacrifícios. Amor." Mayer fez uma pausa e, com uma expressão, demonstrou, uma coisa de cada vez, generosidade, doçura, sacrifício e amor maternal, e depois olhou para Freed e para mim. "Não!", gritou. "Bata na cara da mãe!" Deu um *uppercut* em seu próprio queixo. "Joguem a velhinha escada abaixo!" Atirou-se na direção da bandeira americana. "Joguem a boa canja caseira na cara da mãe!" Lançou um prato de sopa imaginário na cara de Freed. "Pisem em cima da mãe! *Chutem* a velhinha! Isso é *arte*, dizem eles. Arte!" Ergueu e baixou suas sobrancelhas brancas, sacudiu os ombros como uma dançarina de hula-hula e moveu as mãos num desenho estranho no ar. "Arte!", repetiu, e soltou um grunhido irado.

"Você disse tudo", concordou Freed.

"Andy Hardy! Eu vi o filme, e as lágrimas saltaram de meus olhos", disse Mayer. "Não me envergonho. Verei o filme de novo. E a cada vez vou chorar."

"Nos musicais, não temos nenhuma dessas falsas pretensões artísticas", disse Freed.

Mayer não deu sinal de ter escutado Freed. "Cá entre nós", disse ele, ajeitando a gravata-borboleta, "os sabichões de plantão não sabem a diferença entre o coração e a sarjeta. Eles não querem te dar ouvidos. Marie Dressler! Quem achava possível pegar uma senhora gorda e fazer dela uma estrela? Eu fiz isso. E Wally Beery. E Lionel Barrymore." Recostou-se em sua cadeira, com uma mão enfiada na camisa, os olhos semicerrados, a voz se transformando no lamento irritante do dr. Gillespie informando o dr. Kildare de seu diagnóstico da doença. Depois, retomando seu comportamento natural, disse: "O público sabe. Olhe as receitas. Dar ao público o que ele quer? Não. Não é suficiente". Fez uma pausa.

"Thoreau disse que a maioria de nós leva uma vida de desespero silencioso", disse Freed rapidamente. "Os filmes deveriam nos fazer sentir melhor, não pior."

De novo, Mayer não pareceu escutar. "*A glória de um covarde*", disse ele. "Um milhão e meio. Talvez mais. Para quê? Não tem história. Fui contra. Eles queriam fazer. Não digo não. John Huston. Ele ia fazer *Quo vadis*. O que ele queria fazer com o filme! Sem coração. A idéia dele era jogar os cristãos aos leões. E só. Implorei que mudasse de idéia. Caí de joelhos para ele. Cantei 'Mammy' para ele. Mostrei-lhe o sentido do coração. Engatinhei para ele. 'Ma-a-mmy!' Com lágrimas. Não! Sem coração! Ele *me agradeceu* por tirar o filme dele. Agora quer *A glória de um covarde*. Dore Schary quer o filme. Tudo bem. Vou ficar de olho. Não digo não, mas não faria esse filme com o dinheiro de Sam *Gold*wyn."

Nos poucos dias que restavam antes do início dos ensaios, Huston teve de participar de reuniões sobre orçamento e produção, examinar, com seu cinegrafista e a equipe técnica, os locais exatos da fazenda em San Fernando onde as cenas de batalha seriam filmadas, e teve de fazer várias revisões no roteiro, inclusive algumas sugeridas pelo administrador do Código de Produção da Motion Picture Association of America, que chegaram às suas mãos mediante cópia de carta enviada a Mayer:

Prezado sr. Mayer:

Lemos o roteiro de sua proposta de produção de *A glória de um covarde*, e pedimos licença para informar que a história básica parece cumprir as exigências do Código de Produção. Examinando em detalhes o roteiro, chamamos sua atenção para os seguintes itens de menor importância.

Página 1A: Aqui, e em todo o roteiro, por favor, assegure-se de que a expressão "*dum*" seja pronunciada com clareza e não soe como o inaceitável expletivo "*damn*".

Página 21: A expressão "*damn*" é inaceitável.

Página 41: O mesmo se aplica para a exclamação "*Lord*", a expressão "*I swear t' Gawd*".

Página 42: O mesmo se aplica a "*Lord knows*" e à exclamação "*Gawd*".

Página 44: A exclamação "*Good Lord*" é inaceitável.

Página 65: A expressão "*hell to pay*" é inaceitável.*

Joseph I. Breen, o autor da carta, declarava que três outros usos da palavra "*Lord*" no roteiro eram inaceitáveis, junto com um "*in God's name*", dois "*damn*" e três "*hell*" e, antes de se despedir — cordialmente —, ele lembrava ao sr. Mayer que o julgamento final do administrador do Código se basearia no filme terminado.

Hedda Hopper deu na manchete de sua coluna no *Los Angeles Times* que Audie Murphy seria o protagonista do filme. "O *casting* mais feliz e apropriado do ano aconteceu na MGM ontem, quando Dore Schary deu a Audie Murphy, o herói mais condecorado da Segunda Guerra Mundial, o papel principal em *A glória de um covarde*, com John Huston na direção", escreveu ela.

* São todas expressões que envolvem o nome de Deus ou do diabo. (N. T.)

"Para variar, teremos um soldado verdadeiro interpretando um soldado verdadeiro na tela. Isso não poderia acontecer em melhor momento."

A sede administrativa dos estúdios MGM é um prédio de concreto branco em forma de U, identificado com letras de metal como Irving Thalberg Building. Os degraus da escada que conduz a ele, entre amplos gramados cercados de arbustos, são largos e suaves, e brilhavam ao sol do auge do verão, tão frios e imponentes quanto os degraus do Capitólio, em Washington, enquanto eu andava na direção deles certa manhã. Um táxi aproximou-se do meio-fio e parou subitamente. A porta se abriu, e Huston saltou. Ele enfiou a mão no bolso da calça, deu ao motorista uma nota enrolada e apressou-se na direção da escada. Ficara na cidade na noite anterior, contou-me, em um de seus três endereços — uma pequena casa em Beverly Hills que alugava de Paulette Goddard —, e esperava que sua secretária telefonasse e o acordasse. Ela não telefonou, e ele dormiu demais. Parecia bravo e tenso. "Audie está esperando por mim", disse com irritação.

Entramos numa grande sala de recepção com piso de linóleo xadrez cinzento, que Huston atravessou rápido, saudando com a cabeça um jovem sentado a uma mesa semicircular situada entre duas portas. "Bom dia, senhor Huston", disse o rapaz alegremente. Na mesma hora, os trincos das duas portas começaram a estalar, e Huston abriu a da direita. Apressei-me a segui-lo por um corredor de linóleo florido, em cujas paredes de cor creme alinhavam-se portas de cor creme. Em cada porta havia um cartão branco com um nome impresso. No final do corredor, viramos à direita e tomamos outro corredor, e no final *deste* chegamos a uma porta com o nome dele gravado em letras pretas sobre uma placa de metal. Huston a abriu, e uma jovem de cabelos pretos e crespos, sentada a uma mesa em frente à porta, ergueu os olhos quando entramos. Huston virou-se imediatamente para um banco ao lado da entrada. Audie Murphy estava sentado ali. Ele se levantou.

"Olá, Audie. Como vai você?", disse Huston com delicadeza, como se estivesse falando com uma criança assustada. Os dois apertaram-se as mãos. "Pois é, nós conseguimos, garoto", disse Huston, e forçou um acesso de oh-oh-oh.

Murphy deu-lhe um sorriso pálido e não disse nada. Era um jovem franzino, com um rosto pequeno e sardento, cabelos castanho-avermelhados longos e ondulados, e grandes olhos cinzentos e frios; usava calça de sarja cáqui, de montaria, combinando com uma camisa aberta no colarinho e botas de faroeste, com bico fino e salto alto.

"Entre, Audie", disse Huston, abrindo a porta para um escritório interno.

"Bom dia", disse a secretária atrás dele. "A divulgação quer saber o que você faz quando encontra um obstáculo ao escrever um roteiro."

"Diga à divulgação que não estou", respondeu Huston, em tom de fria censura. Depois, com a voz delicada de novo, repetiu: "Entre, Audie".

O escritório de Huston tinha paredes revestidas com painéis de carvalho, carpete azul e três janelas que iam do teto ao chão. Havia uma longa mesa de mogno em uma das extremidades da sala, e no extremo oposto, de frente para ela, um sofá de couro azul. Várias poltronas de couro azul espalhavam-se pelo escritório.

"Sentem-se", disse Huston, e ele mesmo se sentou atrás da mesa, numa cadeira giratória com assento de couro azul. "Então", disse ele, fechando as mãos e descansando o queixo sobre elas. Balançou a cadeira de um lado para o outro algumas vezes, depois recostou-se e pôs os pés sobre a mesa, em cima de uma pilha de papéis.

Murphy sentou-se numa poltrona de frente para uma das janelas e passou o indicador pelo lábio inferior. "Estou com o lábio inchado. Por volta das seis da manhã, fui montar meu potro. Cavalguei sem chapéu, e o sol queimou todo o meu lábio." Falou num tom de lamento delicado, com o sotaque nasalado e fanhoso de um texano.

"Aconteceu a mesma coisa comigo, garoto", disse Huston franzindo os lábios. "Vou lhe dizer uma coisa, Audie. Traga seu potro para a minha fazenda. Você pode tê-lo consigo e montá-lo sempre que quiser enquanto fazemos o filme."

Murphy pôs o dedo no lábio ferido, como se tentasse determinar se a agradável oferta de Huston oferecia algum alívio para sua aflição. Aparentemente não, pois olhou com tristeza pela janela.

"Vamos andar muito a cavalo juntos, garoto", disse Huston. "Lá nos morros é um bom lugar para cavalgar, sabe."

Murphy fez um pequeno ruído suspiroso de concordância.

"Quero que você ouça isto, Audie", disse Huston, desdobrando nervosamente uma folha que tirara de sua jaqueta. "Algumas falas novas que acabei de escrever para o roteiro." Leu várias frases, depois riu com gosto.

Murphy fez outro pequeno ruído de concordância.

Huston continuou a rir, mas seus olhos, fixos em Murphy, estavam sombrios. Parecia desconcertado e preocupado com a falta de reação de Murphy, porque os atores costumavam reagir rapidamente a ele. Tirou os pés da mesa e pegou uma folha de papel azul onde apoiava um dos calcanhares. "Comunicação interna", leu em voz alta, e deu uma rápida olhada para Murphy a fim de obter sua atenção.

> Aos srs. Gottfried Reinhardt, John Huston [...] ASSUNTO: Cabelos para a produção de A GLÓRIA DE UM COVARDE. Como foi discutido

esta manhã, estamos providenciando a manufatura de: cinqüenta barbas a 3,50 dólares cada uma, cem bigodes de crepe de lã a cinqüenta cents cada um, cem madeixas de crepe de lã a 2,50 dólares cada uma — para a Produção nº 1512, A GLÓRIA DE UM COVARDE. Serão feitos no departamento de maquiagem.

Huston parou de ler, olhou para Murphy e viu que já perdera sua atenção. "Bem, agora vamos tomar o café-da-manhã. Ainda não comi nada hoje."

A porta se abriu, e entrou um jovem de ombros caídos e olhos enormes e ávidos. Foi apresentado como Albert Band, o assistente de Huston, que avançou na direção da porta.

"Aonde você vai?", perguntou Band, piscando. Seus cílios caíam sobre os olhos como dois espanadores.

"Café-da-manhã", respondeu Huston.

Band disse que já tomara o desjejum, mas o acompanharia.

Saímos por uma porta lateral para os portões do estúdio, onde um policial numa guarita de pedra olhou detidamente para cada um de nós enquanto passávamos. "Senhor Huston", disse ele.

"Bom dia", disse Huston, dando peso total a cada sílaba.

Fomos até uma rua formada por prédios baixos de madeira ou estuque pintados de cinza, com tabuletas que os identificavam: "GUARDA-ROUPA MASCULINO", "DEPARTAMENTO INTERNACIONAL", "ESCRITÓRIO DE CASTING", "DEPARTAMENTO DE CONTABILIDADE" e "PERIGO 2300 VOLTS". Mais adiante ficavam os estúdios de som, construções cinzentas, parecidas com hangares. Passamos por vários atores e atrizes fantasiados e pessoas com roupas de verão que trocaram cumprimentos com Huston e lançaram olhares penetrantes para Murphy, Band e eu.

Um cavalheiro corpulento, vestido com terno cinza de listras finas, parou Huston e apertou sua mão. "Me dê os parabéns", disse ele. "Meu filme estréia na semana que vem em Nova York."

"Music Hall?", perguntou Huston.

"Você precisa saber de uma coisa", disse o homem num tom seco. "Dore Schary produz pessoalmente um filme, *ele* vai para Music Hall. *Eu* fiquei com Loew's State."

O refeitório da MGM é um restaurante confortável com luz suave, paredes creme, teto cor de água-marinha e móveis modernos. Quando Huston, Murphy, Band e eu entramos, cerca de um terço das mesas estava ocupado, e a maioria das pessoas sentadas olhou para nós sem constrangimento. Pegamos uma mesa e Huston pediu suco de laranja, um ovo cozido, bacon e café. Murphy apontou para o lábio machucado.

"Que tal um pouco de café, *amigo*?", perguntou-lhe Huston.

Murphy assentiu melancólico.

"Gottfried me contou uma piada ótima ontem", disse Band, piscando seus enormes olhos para Huston. "Dois produtores saem da sala de projeção; um deles, que acabou de mostrar seu filme ao outro, pergunta: 'E aí, o que achou?'. 'Ótimo', diz o outro produtor. 'Qual é o problema — você *não gostou* do filme?', pergunta o primeiro produtor. Não é uma piada ótima?", disse Band com uma risada curta.

"*Ótima* piada Albert", disse Huston, pondo uma cigarrilha no canto da boca.

"Tenho outra", disse Band. Ele pegou um palito de fósforo no bolso, acendeu-o na unha do polegar e segurou a chama para Huston acender o cigarro. "Um produtor não gosta da música que foi composta para o seu filme. 'A música não está certa', diz ele. 'É um filme sobre a França, então quero muitas trompas'."* Band riu de novo.

* Em inglês, "*French horn*" — trompa francesa. (N. T.)

"Você tem um jornal, Albert?", perguntou Huston. Band disse que não. "Consiga um jornal para mim, Albert. Quero ver as indicações dos páreos." Huston não ergueu os olhos enquanto Band saía. Dando uma tragada profunda, olhou através da fumaça para a mesa e afastou com a mão algumas migalhas de tabaco.

Murphy fixou o olhar nas janelas da parede mais distante.

Huston olhou para ele. "Animado, garoto?", perguntou.

"Parece que nada mais é capaz de me animar — ficar entusiasmado, entende?", respondeu ele. "Antes da guerra, eu ficava excitado e entusiasmado com muitas coisas, mas não fico mais."

"Sinto a mesma coisa", disse Huston.

A garçonete trouxe o pedido de Huston e o café de Murphy. Huston olhou Murphy por cima de seu cigarro pendente e lhe disse que seu cabelo estava ótimo. "Você podia afinar as costeletas um pouco, garoto", disse ele, tirando o cigarro da boca para colocá-lo no cinzeiro. "Não precisamos de mais nada." Tomou alguns goles de suco de laranja, depois afastou o copo, pegou o ovo cozido e mordeu. "Audie, já esteve em Chico, ao norte de San Francisco, perto do rio Sacramento?", perguntou, animado. "Pois é, vamos lá fazer a cena da travessia do rio e outras coisas para o filme. E enquanto estivermos lá vamos pescar, garoto."

Band voltou e deu a Huston um jornal. Ele tomou dois goles rápidos de café e afastou a comida. Abriu o jornal sobre a mesa, disse que sua potranca Tryst ia correr naquele dia e que queria saber o que os prognósticos diziam sobre ela. Ergueu o jornal e o segurou diante do rosto. A manchete à nossa frente dizia: "CHINESES ACUSADOS DE AJUDAR INIMIGO".

Murphy olhou vagamente para o jornal. "Eu gostaria de ir pescar", disse.

De trás do jornal, Huston grunhiu.

"Você vai *pescar*?", perguntou Band.

"Quando formos a Chico", respondeu Murphy.

Numa mesa próxima, um sujeito jovem diz em voz alta: "Ele vem da Broadway para cá e acha que está *representando* no cinema. Hoje, no set, faço uma cena com ele e ele me diz: 'Eu não sinto sua presença'. 'Então estende o braço e me *toca*', eu disse".

"Olhe, eu sei que você está ocupado, não quero me intrometer, mas esta eu preciso lhe contar", disse um baixinho gorducho, indo até a mesa do sujeito. "Eu estava na casa de Sam Goldwyn na noite passada, e ele me disse que tinha uma pintura nova para me mostrar. Então me levou até a pintura, apontou para ela e falou: 'Meu *Toujours* Lautrec!'."

Huston fechou o jornal e dobrou-o sob o braço. "Vamos voltar, gente", disse ele. Instruiu Band a fazer uma aposta simbólica em Tryst por ele, e Band se afastou.

De volta ao edifício Thalberg, Huston convidou Murphy e eu para ver algumas tomadas de teste que fizera em sua fazenda para *A glória de um covarde*. Ele vira os testes e, com Reinhardt e Schary, havia tomado as decisões finais sobre os principais atores do elenco. Além de Audie Murphy no papel do Jovem, teriam Bill Mauldin como o Soldado Ruidoso, John Dierkes como o Soldado Alto e Royal Dano como o Homem Esfarrapado. Descemos as escadas até um saguão acarpetado que ficava no porão e entramos numa sala de projeção que continha duas fileiras de pesadas poltronas de couro. Ao lado do braço de uma das poltronas centrais havia uma mesa com um telefone e um mecanismo chamado *fader* que controla o volume do som. A primeira tomada mostrava o Jovem, que retornara ao seu regimento depois de fugir da batalha, tendo a cabeça enfaixada por seu amigo, o Soldado Ruidoso. Mauldin, com o uniforme azul da União e as orelhas sob o quepe, projetando-se para os lados, diz enquanto enrola um lenço na cabeça de Murphy: "Você mais parece o belzebu, mas aposto que vai se sentir melhor".

Na platéia, Murphy disse num sussurro audível: "Eu estava mordendo forte as bochechas para não rir".

"É, Audie", disse Huston.

A cena seguinte mostrava Murphy com uma arma, instando alguns soldados atrás dele a avançar. "Vamos mostrar aos rebeldes quem somos!", bradava Murphy impetuosamente na tela. "Avante! Tudo que temos a fazer é atravessar este campo! Quem está comigo? Vamos! Vamos!", avançou Murphy, e a voz de Huston apareceu na trilha sonora, rindo e dizendo: "Muito bom".

"Eu estava mordendo tanto minha bochecha que ficou toda ferida", disse Murphy.

"Eu sei, Audie", disse Huston.

A seguir veio uma cena entre Murphy e o Soldado Alto, representado por John Dierkes. Com os longos cabelos ondulando furiosamente, o Soldado Alto morre, e cessa sua respiração rouca. O Jovem chora.

As luzes se acenderam. "Vai dar tudo certo", disse Huston.

De volta ao seu escritório, onde encontramos Band nos esperando, Huston pega mais um cigarro e diz que Dierkes ficaria maravilhoso no filme.

"Realmente ótimo", disse Band.

Murphy estava de volta a sua poltrona, olhando pela janela como se estivesse perdido em um sonho distante. Huston lançou-lhe um olhar agudo, depois suspirou e pôs sua longa perna sobre a escrivaninha. "Pois é, Audie, vamos nos divertir muito fazendo este filme na minha fazenda! Agora vou lhes contar tudo sobre a fazenda." Havia uma promessa irresistível em seu tom de voz. Ele esperou que Murphy voltasse o olhar da janela para ele. Huston demorou deliberadamente. Deu uma tragada no cigarro e soprou a fumaça para longe. Começou contando que tinha 165 hectares — campos ondulantes, pastagens, um riacho e morros que abrigavam leões-da-montanha e jaguares. Tinha currais e estábulos para os cavalos, um cercado para oito filhotes de weimaraner, canis para os pais dos filhotes e três outros cachorros (inclusive uma pastora alemã branca chamada Paulette, em homenagem a Paulette Goddard) e uma cabana de três cômodos para ele, seu filho adotivo, Pablo, e um rapaz chamado Eduardo, que cuidava da fazenda. A esposa de Huston, a ex-bailarina Ricki Soma, morava com o filho pequeno em Malibu Beach, e Huston vivia entre os dois lugares. Na fazenda, havia um vaqueiro chamado Dusty, e Huston, com uma boa risada, descreveu o rosto macilento e rijo dele e seu grande chapéu preto de caubói. "Meu Deus!", disse ele, sacudindo a cabeça. "Dusty quer entrar no filme." Tossiu uma série de joviais oh-oh-oh. Murphy, que lhe dera um sorriso sossegado, desenvolveu o sorriso até uma sonora gargalhada. Huston pareceu satisfeito por finalmente ter obtido uma reação de Murphy.

A porta se abriu e apareceu Reinhardt, com uma expressão de espanto cético no rosto e um grande charuto entre os lábios.

"Entre, Gottfried", disse Huston.

"Olá, senhor Reinhardt", disse Murphy, levantando-se da poltrona.

Reinhardt deu alguns passos à frente, acenando paternalmente com a cabeça para todos. "Problemas à vista, John", disse ele, num tom de amabilidade seca. Empurrou o charuto para o canto da boca a fim de deixar as palavras saírem. "O escritório de produção achou que o rio do filme fosse um riacho. O roteiro diz: 'O regimento cruza um *riacho*'. Agora eles querem saber que história é essa de que você precisa de centenas de homens para atravessar o *rio* Sacramento?" Ele balançou a cabeça de novo.

"Oh! Oh!", exclamou Huston, cruzando as pernas em cima da mesa. Murphy sentou-se novamente. Band andava de um lado para o outro na frente da escrivaninha de Huston.

"Problemas!", disse Reinhardt.

"Ora, Gottfried, você e eu estamos acostumados com problemas neste filme", disse Huston. Pôs uma cigarrilha na boca. Band acendeu-lhe um fósforo. Huston ergueu o rosto da chama e sorriu para Murphy. "Eles estão com medo que os soldados molhem seus pezinhos", disse com um riso abafado.

Murphy sorriu triste. Band riu e piscou primeiro para Huston, depois para Reinhardt.

"Ora, *Albert* não teria medo de atravessar o rio, teria, Albert?", perguntou Huston.

Murphy sorriu.

"Sabe de uma coisa?", disse Band. "Eu *vou* cruzar o rio. Você me prometeu um papel neste filme."

Reinhardt riu, e a parte superior de seu corpo balançou com energia. Enquanto Band continuava a andar de cá para lá na frente da mesa de Huston, Reinhardt entrou na frente dele, e os dois passaram a andar juntos. A corrente de ouro do chaveiro de Reinhardt, enfiada no bolso, fazia barulho enquanto ele andava. "Todo mundo em Hollywood quer ser alguma coisa que não é", disse ele, enquanto Huston o observava por sobre a ponta de seus sapatos. "Albert não está satisfeito em ser seu assistente. Quer ser um ator. Os roteiristas querem ser diretores. Os produtores querem ser roteiristas. Os atores querem ser produtores. As esposas querem ser pintoras. Ninguém está satisfeito. Todo mundo está frustrado. Ninguém está feliz." Ele suspirou e sentou-se pesadamente numa cadeira em frente a Murphy. "Sou um homem que gosta de ver as pessoas felizes", murmurou através do charuto.

A porta se abriu, e John Dierkes entrou. "Oi, John! Oi, todo mundo", disse ele alegremente, numa fala arrastada e rouca.

Tinha um grosso e viscoso emaranhado de cabelos cor de laranja. "Oi, cara", disse a Murphy. "Hedda gosta mesmo de você, cara. Já viu o que ela disse sobre você hoje?"

"Você deixou o cabelo crescer?", perguntou Reinhardt.

"Claro, Gottfried", disse Dierkes. "Vem crescendo e crescendo há semanas." Ele se sentou, apertou as mãos entre os joelhos e sorriu para Murphy. "Você está decorando suas falas, cara?", perguntou.

Huston voltou a cruzar as pernas com impaciência e disse que acabara de ver o teste de cena de Dierkes. "Você parece um puta de um feioso", disse Huston. "É o único homem que conheço que é mais feio do que eu."

Dierkes deixou cair seu grande queixo num sorriso amável. "Foi o que você disse na primeira vez que nos encontramos, John. Em Londres. Eu estava na Cruz Vermelha, e você estava certamente elegante em seu uniforme de major. Foi em 1943."

"Eu estava a caminho da Itália", disse Huston. "Foi quando fizemos *A batalha de San Pietro*."

Reinhardt virou-se para Murphy. "Você já viu o filme *Rações de campanha e como mastigá-las*?", perguntou em voz alta. Inclinou o charuto num ângulo agudo e apontou um dedo para si mesmo. "É meu."

"A Inglaterra era simplesmente maravilhosa na guerra", disse Huston. "A gente sempre queria ficar acordado a noite inteira. Ninguém queria ir dormir."

Reinhardt disse: "Aposto que sou o único produtor que teve Albert Einstein como ator". A atenção voltou-se para ele. Disse que fizera um filme para o Exército chamado *Conheça seu inimigo — Alemanha*, cujo início mostrava alguns refugiados alemães famosos. "Anthony Veiller, um roteirista que era meu major, disse-me para mandar Einstein pentear os cabelos antes de ser fotografado. Eu perguntei: '*Você* teria coragem de mandar Einstein pentear os cabelos?'. Ele disse que não. Então fotografamos Einstein com os cabelos despenteados." Reinhardt sacudiu-se alegremente na cadeira e riu.

"Puxa, aqueles sapateiros ingleses!", disse Huston. "O amor e a afeição que põem em suas botas! Sempre que vou a Londres, vou direto ao Maxwell e encomendo botas."

Reinhardt levantou-se e dirigiu-se para a porta, dizendo que naquela tarde haveria uma reunião dos principais membros da equipe designada para o filme. O custo de um filme dependia, em grande medida, do tempo que levava para ser feito, observou ele. O diretor e seus atores talvez trabalhassem juntos apenas três horas de uma jornada de oito; o resto do tempo seria de espera da preparação das cenas. Reinhardt queria discutir o que chamava de método da carniça,* o que significava ter um diretor-assistente que aprontasse as tomadas com antecedência, de tal modo que Huston pudesse saltar de uma cena para outra sem demora. "Se terminarmos este filme antes do prazo, seremos verdadeiros heróis", disse Reinhardt.

"Não se preocupe", disse Huston.

"Vejo você mais tarde?", perguntou Reinhardt.

"Estarei lá, Gottfried. Não se preocupe", respondeu Huston.

Huston deu-me uma cópia do roteiro de *A glória de um covarde* e me deixou sozinha em seu escritório para lê-lo. O roteiro era um livreto mimeografado com uma capa de papel amarelo, carimbada com o selo da MGM. Na capa também estava escrito "PRODUÇÃO Nº 1512" e o nome do produtor, Gottfried Reinhardt, e do diretor, John Huston. Uma anotação na guarda

* Referência à brincadeira infantil de pular carniça, em que cada criança salta por cima das costas das outras. (N. T.)

declarava que tinha 92 páginas. Cada tomada descrita no roteiro era numerada. Fui à página 92. A última tomada tinha o número 344, e sua descrição dizia:

CLOSE EM MOVIMENTO — O JOVEM

Enquanto ele se arrasta do lugar de sangue e ira, seu ânimo muda. Ele está livre da náusea da batalha. Ergue a cabeça para a chuva, respira o ar frio, escuta um som acima dele.

PAN PARA CIMA até uma árvore, e um passarinho está cantando.

FADE-OUT

Procurei a página 73, uma daquelas em que o escritório de Breen encontrara expressões inaceitáveis:

CLOSE — TENENTE

Tenente

Vamos, homens! Não é hora de parar! Pelo amor de Deus, não fiquem aí parados! Seremos todos mortos. Vamos! Nunca vi palermas assim! Vamos andando, seus malditos — seus covardes. Seus covardezinhos pútridos!

Voltei ao início e me acomodei para ler:

FADE-IN:

PLANO GERAL MÉDIO — BARRAGEM SOBRE UM RIO — NOITE

Fogueiras baixas são vistas à distância, formando o acampamento do inimigo. Árvores e arbustos. OUVE-SE UM ASSOBIO BAIXO do outro lado do rio.

PLANO MÉDIO — O OUTRO LADO DO RIO

O luar revela alguns arbustos e árvores, e uma sentinela entra no campo de visão. Grilos cantam na noite quieta. O assobio baixo se repete. A sentinela põe o rifle no ombro e fica olhando a escuridão.

CLOSE — SENTINELA — É O JOVEM

O Jovem

Quem vem lá?

PLANO GERAL MÉDIO — DO OUTRO LADO DO RIO

Voz de sulista

Sou eu, ianque — apenas eu... Volte para as sombras, ianque, a não ser que queira um daqueles pequenos emblemas rubros. Eu não erraria você, aí de pé, ao luar.

Levei duas horas para ler o roteiro. Havia várias cenas escritas por Huston que não aparecem no romance, mas na maior parte o roteiro indicava que Huston pretendia incorporar as impressões de guerra do Jovem ao seu filme exatamente como Crane as descrevera.

Depois de terminar a leitura, entrei numa espécie de sala dos fundos do escritório de Huston, usada como sala de reuniões e de pôquer, e lá encontrei a sra. Huston. Ela não via o marido havia vários dias. É uma moça admirável, com um rosto oval e longos cabelos pretos puxados para trás, divididos ao meio e amarrados em coque. Foi bailarina em Nova York e agora é atriz. Ela me mostrou a sala. Havia um sofá e várias cadeiras de couro marrom. Nas paredes, fotografias de cavalos. Havia uma foto recortada de uma revista e emoldurada que mostrava Huston com seu pai e a legenda: "John Huston — nos últimos três anos, major do Corpo de Sinaleiros do Exército — produziu um importante e absorvente documentário, *Let there be light*. Seu pai, Walter Huston, faz uma igualmente bela narração para este filme sobre o colapso e o tratamento de soldados com neuropsicopatias". Havia diplomas de prêmios — o Prêmio de Volta ao Mundo para Filmes e o da Associação dos Roteiristas para Huston por *O tesouro de Sierra Madre*, que foi descrito numa citação como "o faroeste mais bem escrito de 1948", e duas estatuetas do Oscar de 1948 — uma de melhor roteiro e outra de melhor diretor. Uma bandeja de prata sobre uma mesa de canto trazia a inscrição: "Para John Huston, um Tremendo Cara. O Prêmio Macadamizado de toda a Equipe de *O segredo das jóias*".

Albert Band entrou na sala. Disse que ia ser muito divertido fazer o novo filme, especialmente quando a companhia fosse para a locação em Chico.

A sra. Huston disse que iria junto a Chico, onde pescaria um pouco. "Eu simplesmente *adoro* pescar", continuou ela, como se tentasse convencer a si mesma.

Huston entrou, cumprimentou a esposa e anunciou que todos precisavam de um drinque. Chamou sua secretária e lhe disse que a chave do bar estava sob um dos Oscar.

"Como vai o rapaz?", perguntou Huston à esposa.

O bebê estava bem, disse ela.

"Você trouxe meu carro, querida?", perguntou ele.

O carro estava lá fora.

"Tryst está correndo hoje, querida", disse ele com ternura.

"Já sabe da nova?", disse Band. "Tryst ficou sem dinheiro."

Huston pareceu espantado e, após um instante, riu de um modo tenso. Depois disse: "Albert, vá ao escritório do Gottfried e descubra quando o diabo dessa reunião deve começar".

Uma vez que a maior parte do filme seria rodada a cerca de cinqüenta quilômetros de Hollywood, no vale San Fernando, Huston arranjou para um dia dar uma olhada no terreno com Reinhardt e a equipe de produção. Cheguei à fazenda por volta das onze da manhã, e poucos minutos depois a equipe chegou numa grande limusine preta. Huston saiu de sua cabana para nos saudar; estava de boné xadrez vermelho e verde, camiseta cor-de-rosa, calça de montar cáqui, perneiras da mesma cor, suspensórios da mesma cor e pesados sapatos marrons que chegavam aos tornozelos. Da equipe faziam parte o cinegrafista Harold Rosson, um homem de meia-idade, atarracado, que mascava chicletes; o gerente de unidade Lee Katz, um homem troncudo de quase quarenta anos, com cabelos loiros e ralos, modos intrometidos e enérgicos, e um perpétuo e insinuante sorriso; o diretor da "carniça", Andrew Marton, um húngaro-americano sério e pedante, com forte sotaque e modos nervosos e solícitos, cuja função seria arranjar tudo para que Huston não tivesse de esperar entre as cenas; o diretor de arte Hans Peters, um alemão formal e rígido, com cabelos curtos, que também tinha um sotaque forte; outro assistente, Reggie Callow, um homem com aparência atormentada, com um grande rosto vermelho, que tinha a parte superior do abdômen côncava e uma voz grave e áspera de sargento que comanda recrutas; e o consultor técnico, o coronel Paul Davison, um oficial reformado, de bigode, óculos escuros e postura militar. Todos traziam cópias do roteiro.

Rosson deu um tapinha no ombro de Huston. "Feliz aniversário, meu chapa", disse ele.

"Eu quase esqueci", disse Huston. "Obrigado, Hal. Muito obrigado, garoto."

Reinhardt e Band chegaram num Cadillac conversível cinza com a capota abaixada. Reinhardt trazia uma boina azul-marinha na cabeça e um charuto na boca. Aproximou-se e apertou a mão de Huston: "Feliz aniversário, John".

"Ah, sim, eu quase esqueci", disse Huston. "Então, senhores, vamos começar."

Todos estavam com roupas grosseiras, exceto Reinhardt, que usava elegante calça de gabardine azul-clara e uma camisa macia, de um azul ainda mais claro. Band estava com botas de cossaco, nas quais se enfiava sua calça de algodão puída. Marton usava calça de brim e uma jaqueta cáqui, que, disse ele, trouxera da África, onde recentemente trabalhara como co-diretor de *As minas do rei Salomão*. O coronel Davison usava uniforme de faxina do exército.

Dusty, o caubói da fazenda que queria trabalhar no filme, ficou em volta enquanto a equipe se organizava. Ele entrou nos estábulos e voltou trazendo um grande cavalo negro, com sela e rédeas. Huston montou-o, e depois Dusty trouxe um pônei malhado de branco e marrom.

"Eu montarei Papoose, meu chapa", disse Rosson a Huston, e subiu no pônei.

"Ele foi casado com Jean Harlow", disse Band ao coronel Davison, apontando Rosson.

"Vamos, senhores!", chamou Huston, fazendo sinal com o braço. Encaminhou seu cavalo lentamente para a estrada.

"John sabe mesmo colocar uma sela", disse Dusty, observando-o se afastar.

Rosson foi atrás de Huston. Reinhardt e Band seguiram no Cadillac. O restante de nós, na limusine, fechávamos a cavalgada.

Pela janela, Marton espiou Rosson balançando no pônei. "Ele foi casado com Jean Harlow", disse pensativo. "Reggie, o que faremos primeiro?"

Callow disse que iam parar na locação da cena que mostrava o regimento do Jovem em marcha, para determinar quantos homens seriam necessários para dar a impressão de um exército em marcha. Era a cena 37. Tudo o que o roteiro dizia a respeito era: "PLANO GERAL MÉDIO — UMA ESTRADA — O EXÉRCITO EM MARCHA — ANOITECER".

"A matemática dessa discussão é importante", disse Callow.

Katz, cuja função principal era servir como homem de ligação entre a equipe e o escritório de produção do estúdio, estava sentado no banco da frente. Ele se virou e disse com um sorriso: "Matemática significa dinheiro".

"Tudo precisa de tanta produção", disse Marton. "Por que eles simplesmente não deixam Johnny solto com a câmera?"

O coronel Davison, que estava num assento dobrável ao lado de Peters, limpou a garganta.

"O quê, o quê?", perguntou-lhe Katz.

"Está quente hoje", disse o coronel, limpando a garganta de novo.

"Isso não é nada", disse Marton. "Na África, pegamos sessenta e cinco graus à sombra."

"Tanto assim?", perguntou o coronel.

Katz virou-se de novo. Havia gotas de suor em sua testa e na penugem de sua cabeça. "Vocês vão encarar uma barra, subindo esses morros hoje, rapazes", disse ele, animado. "Quente, quente."

Sem mover a cabeça, Peters disse: "Muito quente".

"Vai ser uma guerra dura", disse Callow.

A estrada para o PLANO GERAL MÉDIO era de terra, contornava um morro e atravessava campos crestados pelo sol. Um grande carvalho no sopé do morro projetava sombra sobre a estrada. Huston e Rosson ficaram em seus cavalos perto do topo, esperando que o resto do grupo se esfalfasse morro acima, através de ervas secas e espinhentas. Reinhardt carregava uma câmera de dezesseis milímetros. Um gavião passou voando, e Reinhardt parou e apontou a câmera para a ave. "Gosto de fotografar pássaros", explicou. Quando todos chegaram e rodearam Huston, ele apontou para a curva da estrada.

"O exército chega por ali", disse em tom imperativo. Fez uma pausa e afagou o pescoço de seu cavalo. "Coronel", chamou.

"Sim, senhor!", disse o coronel Davison, prestando atenção.

"Coronel, a que distância os soldados ficarão uns dos outros?", perguntou Huston.

"Mais ou menos um braço de distância, senhor", disse o coronel.

"Larga o meu roteiro!", disse Callow para o cavalo de Huston, que tentava comer o livreto.

Huston lançou um olhar de censura a Callow e afagou o pescoço do animal. "Não faz mal, querido", disse ele.

"Senhores", disse Rosson, "não se esqueçam de que não podemos ter essas montanhas do Oeste no que foi uma guerra sobretudo do Leste." Ele desmontou e deu as rédeas de seu pônei a Band, que montou desajeitadamente. O pônei começou a andar em círculos.

"Sou só eu, cavalinho", disse Band ao animal.

"Albert!", Huston o repreendeu. Band desceu do pônei, que se acalmou.

"Cavalheiros, o visor, por favor", pediu Huston.

Marton passou-lhe um tubo em forma de cone com uma janela retangular na parte mais larga. Serviria para determinar o tipo de lente necessário para a tomada. Huston olhou a estrada através do visor por um longo tempo. "Uma marcha lenta, desigual", disse ele, teatral. "O coronel da União e seu ajudante-de-ordens lideram a marcha a cavalo. Parece ótimo, simplesmente maravilhoso. Dê uma olhada, Hal." Deu o visor para Rosson, que olhou para a estrada através dele.

"Excelente, cara!", disse Rosson, mascando seu chiclete com rápidas mastigadas de coelho.

"Não é parecido com uma foto de Brady, garoto?", disse Huston a Rosson.

"Excelente, cara", repetiu Rosson.

Os dois discutiram sobre onde seria colocada a câmera, como seria a composição da tomada da coluna de soldados, quando seria feita a tomada (no início da manhã, quando a luz sobre os soldados viria de trás). Também discutiram o fato de que a cena, tal como a maioria das outras do filme, seria fotografada do ponto de vista do Jovem. Então começaram a conversar sobre quantos homens seriam necessários para a cena.

"Que tal quatrocentos e cinqüenta?", perguntou Katz.

"Oitocentos", disse Huston imediatamente.

"Talvez a gente pudesse resolver com seiscentos e cinqüenta", disse Reinhardt, dando um olhar significativo para Huston.

Katz disse que a coluna seria espaçada com cavalos e carros de munição e que seria possível fazer com menos de 650 soldados de infantaria.

Huston deu um olhar matreiro e uma piscadela para o coronel Davison.

O coronel limpou rapidamente a garganta e disse: "Senhor, para ser correto do ponto de vista militar, precisaríamos de mil soldados de infantaria".

"Meu Deus!", exclamou Reinhardt.

"Nunca, nunca", disse Katz.

"Faça o filme na África", disse Marton. "Os figurantes custam dezoito cents por dia na África."

"Isso é exatamente quinze dólares e trinta e oito cents a menos do que um figurante custa aqui", disse Callow. "Podíamos mudar o filme para a guerra dos bôeres."

"Então, teremos seiscentos e cinqüenta, cavalheiros?", perguntou Huston com impaciência.

"Se é assim que você quer", disse Katz. "Faço qualquer coisa por você."

Fomos de um lugar para o outro, nos arrastando morro acima e morro abaixo e abrindo trilhas através do mato cerrado.

O sol da tarde estava quente, e o pessoal da equipe ficou com o rosto sujo e suado, as roupas empoeiradas e cheias de carrapichos e capim cauda-de-raposa espinhento. Só Reinhardt parecia não ser afetado pelo esforço. Sua calça azul ainda mantinha o vinco, e havia um charuto novo em sua boca enquanto examinava com Huston o local para uma cena — a ser filmada em alguma tarde — que mostraria o encontro do Jovem com uma fila de homens feridos descendo por uma trilha na encosta. Huston e Reinhardt olharam para uma encosta cheia de ervas que descia para uma estrada e um grupo de árvores. A distância do topo da encosta até a estrada era de 250 metros, disse Callow a Huston e Reinhardt. Os três calcularam que precisariam de cem figurantes para fazer uma fila de homens feridos que causasse impressão.

Huston olhou a encosta através do visor. "O Jovem vê uma longa fila de feridos descendo cambaleantes", disse em voz baixa.

"Temos de dar alguma coisa para esses homens fazerem *de manhã*", disse Katz. "Não podemos ter cem figurantes na folha de pagamento sem nada para fazer durante a metade do dia."

Huston baixou o visor. "Vamos simplesmente anotar os números exigidos para cada tomada, sem referência a qualquer outra tomada", disse friamente.

Katz sorriu e ergueu as mãos.

"E se acharmos que precisamos de mais vinte e cinco homens...", começou Huston.

"Apelarei ao senhor Reinhardt", disse Katz.

"Você tem grandes poderes de persuasão", disse Huston.

Reinhardt balançou a cabeça e riu, olhando para seu diretor com admiração.

Callow sentou-se ao lado da trilha, tirando meticulosamente caudas-de-raposa de suas meias. "Estou todo arranhado", disse ele. "Já lutei na Guerra Civil uma vez, quando fui assistente de direção de ...*E o vento levou*. Nunca foi assim tão rústico, e ...*E o vento levou* é o melhor faroeste que já fizeram."

Reinhardt apontou sua câmera para um pequeno avião prateado e vermelho que voava sobre nossas cabeças.

"Aquilo não é um pássaro; é Clarence Brown", disse Band.

"Clarence está lá em cima procurando ouro", disse Marton.

"Tem uma ótima piada sobre Clarence Brown", contou Reinhardt. "Um amigo lhe pergunta: 'Para que você quer todo aquele dinheiro, Clarence? Não dá para levar com você'. 'Não dá?', espanta-se Clarence. 'Então não vou.' " Band e Marton concordaram que era uma ótima piada, e Reinhardt ficou satisfeito consigo mesmo.

Katz estava dizendo que a cena da primeira batalha teria quatrocentos soldados de infantaria, cinqüenta de cavalaria e quatro equipes completas de artilheiros e cavalos, perfazendo um total de 474 homens e 106 cavalos.

"Mais gente do que tivemos em ...*E o vento levou*", disse Callow.

Huston, agora montado em seu cavalo, inclinou-se na sela e apoiou a face no pescoço do cavalo.

"Fizemos muito hoje", disse Reinhardt.

Huston disse com grande convicção: "Parece realmente ótimo, Gottfried, maravilhoso mesmo".

"Vai ser um grande filme", disse Reinhardt.

"Grande", apoiou Band.

Huston fez o cavalo girar e começou a atravessar a encosta a meio galope. Aproximou-se de um tronco no topo de um monte de terra, esporeou o cavalo e deu um salto suave. Reinhardt acompanhou Huston com sua câmera até que ele desapareceu atrás de um outeiro cheio de árvores.

Naquela noite, John Huston comemorou seus 44 anos num jantar formal em Hollywood, ao qual compareceram duas dúzias de amigos e associados mais íntimos. A festa foi dada por Reinhardt, na sala de jantar privativa do Chasen's Restaurant. O anfitrião ficou na porta. Tinha uma aparência cética e desdenhosa de tudo ao seu redor enquanto apertava a mão de cada convidado que chegava, mas conseguia, com meio charuto bem preso no canto da boca, sorrir com prazer. Todos os convidados transpiravam uma atmosfera de exclusividade e intimidade. Era como se nada tivesse a ver com o aniversário de Huston. O aniversário era claramente uma mera ocasião, não a causa da efusão dos convidados. A boa vontade estava estampada no rosto de todos, mas não se sabia a quem ela se dirigia. Ao entrarem, trocavam olhares rápidos, como se estivessem tranqüilizando uns aos outros e a si mesmos de que estavam lá.

Numa das pontas da sala, dois barmen haviam posto taças de champanhe numa fila dupla sobre o bar. Garçons circulavam com bandejas de canapés. A esposa de Reinhardt, uma senhora esbelta, atraente, de aparência sarcástica, com grandes e céticos olhos castanhos e modos vagamente europeus, movimentava-se com uma espécie de malícia enfastiada entre os convidados. Usava um vestido azul diáfano com bordados prateados. As outras damas da festa — todas casadas com os amigos e associados — estavam enfeitadas quase tão festivamente quanto ela, mas havia em muitas um ar de derrota, como se tivessem desistido de uma batalha por algum objetivo indefinido. Reuniam-se em grupos, observando os grupos de homens. A sra. Reinhardt, como quem se recusa a admitir a derrota, foi na direção de Edward G. Robinson, John Garfield e Paul Kohner, o agente de Huston. Robinson, que acabara de voltar do exterior, falava sobre sua coleção de pinturas. Garfield representava com exuberância. Kohner era um observador tolerante e cordial. Quando ela se aproximou, Robinson abandonou suas pinturas, soltou um "humm" de prazer e fixou nela um largo sorriso de acolhida. "Silvia", disse ele, e continuou com o "humm".

"Corre um rumor", disse ela, pronunciando cada sílaba lenta e enfaticamente, "de que depois do jantar os homens vão jogar pôquer e as mulheres vão ficar com a vassoura. Vocês sabem do que estou falando?"

O sorriso de Robinson alargou-se mais ainda.

Garfield disse: "As garotas podem ir ao cinema ou coisa parecida. Eddie, você comprou quadros na Europa?".

"Julie, você *não* vai jogar pôquer", disse a sra. Reinhardt para Garfield.

"Quer saber de uma coisa?", disse Garfield. "Vou jogar. Então, Eddie?"

"Não nesta viagem", disse Robinson, sem parar de sorrir para a sra. Reinhardt. "Em Nova York, um Rouault. Da última vez na Europa, um Soutine."

"Ontem à noite, conheci alguém que tem um Degas", disse uma garota alta e glamourosa, mas nervosa, de cabelos ruivos, que se afastara de um grupo de senhoras e agora estava ao lado de Robinson. A sra. Reinhardt e os três homens não se preocuparam em prestar atenção na observação dela. "Este Degas", disse a infeliz ruiva, "está *saindo* da banheira, para variar, e não entrando."

"Você também vai jogar, Paul?", perguntou a sra. Reinhardt a Kohner, enquanto a ruiva, ainda ignorada, voltava para seu grupo.

"Talvez eu vá à Europa, Eddie", disse Garfield. "Acho que preciso de Europa."

A sra. Reinhardt juntou-se ao marido. "Gottfried! Eles fizeram os crepes Hélène, Gottfried?"

"Sim, querida, eu lhes mostrei pessoalmente como se faz",

respondeu ele, fazendo um afago na cabeça dela. "Junte-se às esposas. Você precisa se entrosar com elas."

"Não vou me entrosar. Estou com um clima interior estranho." Ela se afastou.

Huston, muito bronzeado, chegou com a mulher. Usava na lapela do smoking uma fita da Legião do Mérito, concedida por seu trabalho nos filmes do Corpo de Sinaleiros durante a guerra. "Então!", disse ele, com aparência de oprimido e levemente alheio à intimidade exuberante que avançava em sua direção.

"John!", exclamou Reinhardt, como se fizesse dois anos — e não um par de horas — que não se viam. "Ricki!", disse, saudando a sra. Huston com o mesmo entusiasmo.

Ao confrontar-se com a festa que estava prestes a envolvê-lo, o rosto de Huston contorceu-se como o de um bebê que estivesse a um passo de explodir em lágrimas; depois ele relaxou a postura e foi ao encontro dos convidados.

"Johnny", disse alguém, e ele logo se tornou o centro de uma roda de admiradores. A sra. Huston, tímida e linda, o seguiu insegura, mas parou atrás do círculo em que estavam o diretor William Wyler, o escritor Robert Wyler, o advogado de Huston, Mark Cohen, e Paul Kohner. Enquanto a sra. Huston se juntava a um grupo de esposas, corria muita risada no círculo formado em torno de seu marido. Cohen, um cavalheiro de pincenê de aparência acadêmica, ria afavelmente de tudo o que todos diziam. Robert Wyler, irmão mais velho de William e marido de uma atriz chamada Cathy O'Donnell, ria de tudo que William dizia. Huston ria sem esperar que alguém dissesse alguma coisa.

"Deus te proteja, Willie!", disse Huston a William Wyler, pondo o braço ao redor dos ombros de seu amigo e sacudindo-o.

Wyler, um homem baixo, atarracado, de fala mansa e expressão ensimesmada, recuou e olhou-o de alto a baixo. "Johnny, você está ficando velho", disse.

O riso, comandado por Robert Wyler, retumbou em toda a roda.

"Oh! Oh! Oh!", fez Huston, forçando cada riso com imenso cuidado. "Tive nove vidas até agora, e me arrependo de cada uma delas."

Na porta, Reinhardt recebia Sam Spiegel, o sócio de Huston na Horizon Pictures, e sua esposa, Lynne Baggett, uma atriz alta e escultural com anéis fofos de cabelos loiros empilhados no alto da cabeça.

"Então, Gottfried, você começa os ensaios na semana que vem", disse Spiegel, com os olhos percorrendo todos em volta, exceto a pessoa com quem falava. Spiegel, cujo nome profissional é S. P. Eagle, é um homem corpulento de quase cinqüenta anos, que tem o nariz adunco e os olhos úmidos e tristes, uma expressão de inocência atormentada e o hábito de passar a língua pelo lábio superior. Nasceu na Áustria, veio para os Estados Unidos em 1927 e estava trabalhando em Berlim para a Universal Pictures quando Hitler subiu ao poder, em 1933. Conheceu Huston no final daquele ano, quando ambos procuravam trabalho na indústria cinematográfica inglesa. Em 1947, ao saber que Huston estava em busca de 50 mil dólares, Spiegel conseguiu o dinheiro e o deu a ele em troca da promessa de fundar uma companhia de cinema independente — a Horizon Pictures — e injetar metade do dinheiro nela. Spiegel conseguira então um empréstimo de 900 mil dólares da Bankers Trust Company de Nova York para o primeiro filme da Horizon. Obtivera um amplo conhecimento do que todos os outros produtores de Hollywood pretendiam fazer e uma posse sobre Huston da qual a maioria deles sentia ciúme. Reinhardt sorriu para ele de forma tão calorosa quanto a que dedicara aos outros convidados. A sra. Reinhardt recebeu os Spiegel com um ar de surpresa intensamente brincalhão. Spiegel demorou-se à porta, olhou para os admiradores que cercavam

Huston e disse a Reinhardt, sem que fosse perguntado, que acabara de produzir um filme da Horizon com Evelyn Keyes, a terceira esposa de Huston (ele já está na quarta), e que planejava fazer mais dois filmes enquanto Huston terminava sua tarefa na Metro com Reinhardt. "Então John fará *Uma aventura na África* comigo", disse Spiegel. "Fico com ele logo depois, Gottfried."

"Ótimo", disse Reinhardt, balançando como um urso afável.

"*Uma aventura na África* pode ser um sucesso comercial. Dará a John o tipo de êxito comercial que teve quando fez *Relíquia macabra*, em 1941", disse Spiegel, em tom brando.

"Ótimo", disse Reinhardt, ignorando a insinuação de que *A glória de um covarde* seria um fracasso comercial.

"Quando começamos o jogo de pôquer?", perguntou Spiegel.

"Ótimo", disse Reinhardt, ainda balançando.

"Gottfried, quando começa o pôquer?", insistiu Spiegel.

"Gottfried!", chamou a sra. Reinhardt.

"Pôquer? Depois do jantar", respondeu Reinhardt.

A sra. Spiegel falou pela primeira vez: "O que *nós* vamos fazer?".

"Você vai ao cinema ou algo assim, querida", disse Spiegel. "Um bom programa duplo." Deu um tapinha no braço dela e os dois avançaram sala adentro.

A sra. Reinhardt, ao vê-los se afastarem, deu um grito de falsa histeria. "Gottfried, ninguém ouve ninguém!", disse ela. "É uma condição do mundo."

"Ótimo", disse Reinhardt a ela, e virou-se para receber um casal de retardatários. Eram Band e sua esposa, uma garota magra e esperta, ex-modelo fotográfico, cuja foto aparecera duas vezes na capa de uma revista chamada *Real Story*. Os Band estavam atrasados porque pararam para comprar um presente para Huston. O presente era um livro de reproduções dos impressionistas franceses.

"Eu acredito em amizade", disse Band a Reinhardt; em seguida foi até Huston e lhe deu o presente.

Huston abriu o pacote. "Excelente, *amigo*, realmente maravilhoso", disse a Band. Fechou o livro e tirou um maço de cigarros do bolso. Estava vazio. "Você me consegue uns cigarros, garoto?", disse ele.

Band saiu correndo atrás de cigarros.

Dave Chasen entrou no salão fumando cachimbo e perguntou a Reinhardt se estava tudo bem.

"Ótimo", disse Reinhardt.

"Vou ficar um minuto", disse Chasen, e suspirou. "E as coisas que eu sou obrigado a escutar! E todo mundo quer sentar na frente. Se eu puser todos na frente, quem vai sentar nos fundos?" Ele foi até Huston dizendo: "John!".

"Dave! Deus te proteja, Dave!", disse Huston, envolvendo o dono do restaurante com um abraço apertado.

"Dave!", chamaram algumas vozes. "Dave! Dave!" Todos pareciam fazer questão de pronunciar seu nome, mas somente a sra. Reinhardt parecia ter alguma coisa a lhe dizer. Ela lhe contou que estava preocupada com seu poodle preto. "Mocha é tão neurótico, Dave, que se recusa a comer. Dave, ele quer lagosta. Posso levar um pouco de lagosta para o Mocha, Dave?"

Chasen disse que tudo bem, suspirou de novo e retornou aos seus afazeres.

No jantar — antes que os homens começassem a jogar pôquer e as mulheres fossem ao cinema —, os convidados sentaram-se em mesas redondas de seis lugares, e, entre um prato e outro, andavam de mesa em mesa comentando a festa e comparando-a com outras. Todos falavam sobre o declínio das grandes festas. O pessoal estava cortando as grandes festas, diziam.

Quando foi que Nunnally Johnson dera aquela festona sob uma tenda? Fazia quatro anos. Só a tenda, esticada sobre a quadra de tênis, custara setecentos dólares. A tenda era de Pliofilm e através dela dava para ver as estrelas. Dificilmente se via agora uma festa em que o anfitrião alugava um salão de dança daquela empresa que alugava salões fantásticos. Era mais fácil e menos caro dar uma festa no Chasen's.

"Nós nos entretemos uns aos outros porque nunca sabemos como nos divertir com outras pessoas", disse Reinhardt aos convidados de sua mesa. "O pessoal de Hollywood tem medo de deixar Hollywood. Lá fora, no mundo, ficam com medo. Sentem-se inseguros. Nunca se divertem fora de Hollywood. Sam Hoffenstein costumava dizer que somos os crupiês de um cassino desonesto. E é verdade. Nós todos pensamos: eu realmente não mereço uma piscina."

Os convidados não pareciam se importar com o que ele dizia; por outro lado, não havia sinal de que alguém o estivesse escutando.

Tudo simplesmente decolou

Na semana anterior ao início dos ensaios de *A glória de um covarde*, Reinhardt e Huston acharam um pouco difícil acreditar que tinham realmente uma data para começar (25 de agosto de 1950) e um cronograma de trabalho (nove dias de ensaios e 34 de filmagens). À medida que os ensaios se aproximavam, Reinhardt repetia sempre a Huston que fariam "um *grande* filme", que seria lucrativo para a Loew's, Inc. e, ao mesmo tempo, reproduziria a qualidade do romance de Stephen Crane e seria *grandioso* do ponto de vista artístico. Huston, por sua vez, repetia que o filme tinha "um elenco maravilhoso, com rostos maravilhosos". Sempre que Huston ou Reinhardt recebiam uma comunicação interna de um dos 32 departamentos envolvidos na produção do filme, podiam se tranqüilizar quanto à realidade do projeto ao notar que, no memorando, o "Assunto" era descrito convincentemente como "Produção nº 1512" e que todos os principais executivos recebiam cópias, inclusive o próprio Schenck, em Nova York. Se um memorando ia para Schenck, então era real. Uma ou duas vezes, ao ler um memorando, Huston disse a Reinhardt: "Sabe, nós vamos realmente *fazer* o filme".

Na véspera dos primeiros ensaios, encontrei Huston e Reinhardt na casa deste, trabalhando no roteiro. Reinhardt morava em Bel Air, numa estrada sinuosa e estreita nos morros que dão para Beverly Hills. A casa ficava numa depressão e se parecia com a mansão inglesa da versão cinematográfica de *O morro dos ventos uivantes* — com outões, escura e amedrontadora. Encontrei os dois num estúdio que tinha poltronas fundas de couro, dois sofás para duas pessoas e uma lareira de ladrilhos verdes, na qual estavam duas plantas tropicais. Para além de uma passagem em arco havia uma sala cavernosa onde era possível ver a silhueta de um piano de cauda. Reinhardt, segurando uma cópia do roteiro, andava de cá para lá diante de uma poltrona na qual Huston, confortavelmente vestido com uma camisa de algodão xadrez cor-de-rosa, calça de flanela cinza e mocassins, estava escarrapachado, com suas longas pernas esticadas e uma cópia do roteiro no colo. O colarinho de Reinhardt estava desabotoado, e sua gravata pendia solta em volta dos ombros. Uma longa mecha de cabelos caíra sobre seu olho direito, e havia um toco de charuto em sua boca. Explicou-me que estavam criando um diálogo para a cena em que o Jovem e seus camaradas, em marcha para sua primeira batalha, são vítimas da zombaria de veteranos marcados pela guerra.

"Você conseguiu alguma coisa?", perguntou Reinhardt a Huston, passando por sobre as pernas dele. Albert Band entrou na sala e começou a andar atrás de Reinhardt. Huston encostava ritmicamente o queixo no peito. Então, depois de esboçar pequenos desenhos de Reinhardt na margem do roteiro, escrevinhou algumas palavras e falou: "Escreva isto aí, Albert: 'Pendurem suas roupas num galho de nogueira e fiquem longe da batalha!' ".

"Bom", disse Band, anotando a frase. "Muito bom."

"Vejamos!", disse Reinhardt, parando por um instante. "Precisamos de diálogos para a cena 110. Ou você pode improvisar na filmagem."

Huston virou as páginas do roteiro, um livreto mimeografado com as palavras "PRODUÇÃO Nº 1512" carimbadas na capa, e achou a cena:

> PLANO MÉDIO — ATRÁS DA LINHA DOS HOMENS ATIRANDO
>
> Um soldado está fugindo, aos gritos, de seu lugar na linha. Ele é detido pelo capitão das reservas, que o agarra pelo colarinho. O soldado se debulha em lágrimas e olha embasbacado para o capitão, que bate nele.

Huston disse: "Acho que seria bom se isso não fosse falado. Só esse pedaço da ação".

"É preciso dizer *alguma coisa*", retrucou Reinhardt.

"Faremos isso no set. Primeiro quero ver como fica."

Reinhardt girou o toco de charuto na boca. "Albert, vá dizer à cozinheira que comeremos dentro de meia hora." Band saiu da sala.

Huston mudou para um sofá e deitou-se com as mãos atrás da cabeça. Parecia perdido em algum pensamento remoto. De repente, sacudiu a cabeça de um modo conspiratório para Reinhardt e, tirando um pedaço de papel do bolso, disse que queria ler uma coisa em voz alta. No dia 23 de abril de 1863, disse ele, seu bisavô, coronel William P. Richardson, recebera uma espada com bainha de prata dos oficiais não comissionados e soldados do 25º Regimento de Infantaria dos Voluntários de Ohio, e ele ia pôr a espada no filme; seria usada pelo ator que fazia o papel de General do Jovem. "Precisamos pôr este tipo de fala no filme também", disse ele. "Escutem. Isto é do discurso que o oficial superior de meu bisavô fez quando o presentearam: 'Riqueza, influência ou favoritismo podem trazer um presente como este, mas a estima e a confiança de homens bravos não podem ser compradas'. Meu Deus, Gottfried, as pessoas não falam mais assim!"

Reinhardt assentiu com a cabeça, depois olhou com impaciência para o roteiro.

"Minha mãe mandou fazer uma cópia desse discurso", disse Huston. "Ele era avô dela. Tenho uma foto dele feita por Brady."

"Sua mãe teria ficado contente em saber que você está fazendo *A glória de um covarde*", disse Reinhardt. Ele parecia um tanto conformado com sua inabilidade para trazer o diretor de volta à tarefa do momento.

"Nada que eu tenha feito agradou minha mãe", disse Huston.

Band voltou, e Reinhardt disse que eles teriam de trabalhar no roteiro todas as noites depois dos ensaios. Huston lhe disse que estavam mais adiantados do que ele imaginava.

"Fizemos muito hoje", disse Band.

"Nós precisamos realmente acabar", disse Reinhardt, com desespero contido.

"Não se preocupe com isso, *amigo*", disse Huston.

"Lembra daquela noite nesta sala, quando nós dois dissemos que queríamos fazer o filme?", perguntou Reinhardt. "Eu lhe disse: 'O que acha de fazer *O emblema rubro da coragem*?'. E você disse: 'É o meu sonho'. E nós apertamos as mãos." Reinhardt parecia muito sério. "L. B. me implorou para não fazer este filme", disse ele. "Ele foi como um pai para mim."

A sra. Reinhardt entrou, de malha e blusa de balé de jérsei preto e sapatilhas. Trazia um avental preto amarrado na cintura, e os cordões flutuavam atrás dela como uma cauda. Estava acompanhada de Mocha, seu poodle preto. Band ia sentar numa poltrona, mas Mocha chegou antes.

"Hoje Mocha comeu quatro bananas", disse a sra. Reinhardt.

Reinhardt não olhou para ela. Disse a Huston: "L. B. me telefonou no escritório e falou durante horas sobre o tipo de filme que dá lucro. Afirmou que estava dizendo isso para o meu próprio bem. Achei que fosse chorar".

"L. B. *chorar*?", comentou a sra. Reinhardt.

"Ele não queria que a gente fizesse o filme, querida", respondeu Huston.

A sra. Reinhardt disse: "Gottfried, devo deixar Mocha comer morangos?".

Reinhardt continuou: "L. B. disse a Dore que se *ele* achava que devíamos fazer o filme, então que fosse em frente e o fizesse".

"Em outras palavras, enforquem-se vocês, rapazes", disse Huston alegremente.

Reinhardt olhou para ele de modo acanhado e riu. "Então L. B. põe Dore na reta com este filme. Ele está com o braço em volta de Dore. E diz que ama Dore." Riu de novo e depois ficou sério. "Francamente, estou preocupado. O livro é sobre os *pensamentos* do Jovem. Vamos realmente mostrar o que se passa no interior do rapaz?"

"Audie Murphy vai mostrar isso, Gottfried", disse Huston.

"Você quis Audie", disse Reinhardt.

"Sim", respondeu Huston, num tom paciente.

"Montgomery Clift...", começou Reinhardt.

"Não se preocupe, Gottfried", interrompeu Huston.

"Este filme precisa ser *ótimo*", disse Reinhardt.

"Não se preocupe, Gottfried", insistiu Huston.

Por aqueles dias, Paul Kohner, o agente de Huston, mostrou o roteiro a um psicólogo para ter certeza de que o tema de *A gló-*

ria de um covarde — o de um rapaz que foge de sua primeira batalha e depois, quando volta ao front, junto de seus companheiros, realiza atos heróicos em sua próxima batalha — era válido. O psicólogo mandou um relatório datilografado em que declarava que o roteiro contava a história de um soldado que supera seu complexo de medo e se torna um herói, de acordo com a teoria estabelecida de que uma ação corajosa pode ser uma reação direta à covardia. "Evidentemente, pressupõe-se no âmbito da dramaturgia que a psicose de medo é tomada como um fato", escreveu ele. "E assim surge automaticamente a questão de se tal concepção pode ser generalizada. [...] Uma vez que os motivos do heroísmo são de origem puramente psicopática, devo dizer que a descrição fílmica da evolução não convence em momentos importantes. Trata-se de uma falha fundamental em relação à concepção do tema." Ele então sugeria várias cenas adicionais que explicariam a mudança do Jovem da covardia para o heroísmo em batalha. "Esses *Zwischentöne* psicológicos diferenciados precisam ser plasticamente compostos", escreveu ele, e acrescentou que, se suas sugestões fossem seguidas, "o filme poderia ser o destaque do ano".

Huston e Reinhardt leram a análise, trocaram olhares desolados e a arquivaram.

Na manhã do dia do início dos ensaios na fazenda, Huston, de boné xadrez verde e vermelho, cigarrilha na boca e braços apoiados sobre a cerca branca que separava dos estábulos a área da cabana, observava seu filho adotivo, Pablo, selar um grande cavalo negro. Era do alto daquele cavalo que Huston pretendia dirigir o filme. O animal movia-se com impaciência sob a sela.

"Tudo bem, querido", disse Huston, delicadamente.

"Calma lá, querido", disse Pablo. "Papai, quer que eu ande com ele um pouco?"

"Não, só segure aí, Pablo", disse Huston, e exalou uma nuvem de fumaça da cigarrilha com uma expressão de grande satisfação. Montou no cavalo e, com um gesto rápido e teatral, puxou o boné para a testa e depois, tomando as rédeas em ambas as mãos, sentou-se de frente para a acidentada estrada de terra que partia dos estábulos. O grande cavalo ficou imóvel. Huston permaneceu em silêncio, olhando carrancudo para a frente por um instante. "Bem, agora, Pablo, fique de olho em tudo por aqui, *amigo*", disse então com bastante ênfase em cada sílaba. Depois seguiu pela estrada (PLANO MÉDIO) num passo suave e gingado, levantando uma nuvem de poeira.

Huston parou o cavalo junto a um grande carvalho, ao lado de um campo amarelo seco e árido. Limusines do estúdio e um grande ônibus estavam estacionados no campo. Havia uma pirâmide de rifles empilhados ao lado do ônibus. Sob o carvalho, estavam sentados o cinegrafista, Harold Rosson, o assistente de direção, Reggie Callow, o gerente de unidade, Lee Katz, o diretor de "carniça", Andrew Marton, o consultor técnico, coronel Paul Davison, e Albert Band.

Callow adiantou-se e fez uma saudação vigorosa: "As tropas estão em boa forma, senhor Huston. Exercitei-as durante uma hora".

"Muito bom, *amigo*", disse Huston.

"Dia duro", disse Katz. "Quente, quente."

Uma dezena de atores de apoio do estúdio, de uniforme e quepe azul, descansava sobre a relva. Não longe deles estava outro grupo, formado por um continuísta, um fotógrafo de cena, alguns diretores-assistentes e segundos-assistentes, alguns cinegrafistas-assistentes e segundos-assistentes, carpinteiros (o equivalente em cinema aos ajudantes de teatro) e contra-regras. Os principais atores do elenco, todos de uniforme azul, estavam sentados em círculo no chão, jogando pôquer: Audie Murphy, o

Jovem; Bill Mauldin, o Soldado Ruidoso; John Dierkes, o Soldado Alto; Royal Dano, o Homem Esfarrapado; e Douglas Dick, o Tenente.

"Muito bem, rapazes", disse Huston. Apeou, amarrou as rédeas do cavalo num galho da árvore e passou a hora seguinte conversando com Rosson sobre problemas de câmera. Os atores de apoio recostaram-se indolentemente, com o rosto inexpressivo e resignado. Estavam ganhando 175 dólares por semana, e as platéias não prestariam atenção suficiente para se lembrar da cara deles. Alguns estavam subindo, isto é, estavam conseguindo trabalho com regularidade cada vez maior. Outros estavam em queda. Todos tinham o aspecto de homens que não esperam grandes surpresas. Os atores principais deram uma grande demonstração de indiferença e tédio e depois ficaram genuinamente entediados, genuinamente indiferentes e desistiram do jogo de pôquer. Bill Mauldin, com seu quepe jogado para trás e uma piteira enfiada com elegância na boca, manteve a atenção dos outros durante um tempo com uma série de piadas.

"Diabos, este trabalho é o mesmo que cavar trincheira", observou Mauldin a certa altura. "Estou aqui juntando grana para poder voltar para casa e trabalhar na minha peça." Começou a enrolar um cigarro.

Dano pegou um maço do bolso e lhe ofereceu.

"Diabos, eu já enrolava meus cigarros quando você estava nos cueiros", reagiu Mauldin.

"Puxa, Bill, você fala como o Soldado Ruidoso", disse Dierkes, em tom arrastado.

"Diabos", repetiu Mauldin, com orgulho e satisfação, e abaixou a cabeça.

Dano observou, amável, que gostava de trabalhar em filmes. Parecia à vontade, além de adequado ao papel do Homem Esfarrapado, assim como Mauldin estava bem como o Soldado Ruidoso. Barbudo e macilento — tão magro que seus ossos ressaltavam —, tinha grandes olhos negros, longos cílios e cabelos pretos que cobriam hirsutos suas orelhas. Seu uniforme estava rasgado e a camisa saía para fora da calça. Era como se sempre tivesse usado andrajos. Ele bocejou, estendeu-se no chão, apoiando a cabeça sobre uma pedra, e dormiu.

Dierkes voltou-se para Murphy, que, com uma expressão perturbada, olhava para o topo de uma árvore, e perguntou como ele estava se sentindo.

Murphy disse que sua malária estava em ação de novo, que tivera um ataque de náusea enquanto dirigia até a fazenda e que ia se deitar na cabana de Huston.

Enquanto Murphy se afastava lentamente, Dierkes sacudiu a cabeça e disse a Mauldin que ficava pasmo sempre que se dava conta de que Murphy era o soldado mais condecorado da última guerra. "Quando a guerra terminou, ele não tinha idade nem para votar", acrescentou. Em tom de profundo respeito, Dierkes, que tem um enorme interesse pelas outras pessoas, contou que Murphy era um dos nove filhos de um meeiro do Texas que abandonou a família quando ele tinha catorze anos. A mãe morreu dois anos depois. Murphy trabalhava numa oficina de conserto de rádios quando veio a guerra. Tentou se alistar nos fuzileiros navais e depois nos pára-quedistas, mas foi recusado porque seu peso estava abaixo do limite. Finalmente, entrou para a infantaria. Entre suas condecorações estavam a Medalha de Honra, a Cruz do Serviço Distinto, a Estrela de Prata, a Legião do Mérito, a Estrela de Bronze, a Cruz de Guerra e o Coração Púrpura. "Agora olhem para o sujeito", disse Dierkes.

"Diabo, *amigo*, ele está num filme de guerra, não?", disse Mauldin.

"Muito bem, rapazes!", chamou Huston. Eles acordaram Dano, e o primeiro ensaio começou.

* * *

Os ensaios concentraram-se menos na representação do que nas preparações para fotografar os atores. Huston estudou seus atores de vários ângulos através de um visor e discutiu com Rosson o posicionamento da câmera, compondo o plano básico de cada cena com o cuidado meticuloso de um pintor que trabalha num quadro. Uma cena em que o Soldado Ruidoso deveria correr até um grupo de camaradas e gritar que o exército estava entrando em batalha teria de dar a impressão de acontecer perto de um rio onde, na cena anterior, ele ficara sabendo da notícia. Essa última cena seria filmada na locação do rio Sacramento, perto de Chico, na Califórnia, várias centenas de quilômetros ao norte da fazenda. No final do nono dia do período de ensaios, a companhia iria a Chico para mais vários dias de ensaios e filmagens.

Depois de duas horas, o elenco e a equipe receberam o almoço no campo, fornecido por um caminhão de provisões da MGM. Lee Katz disse a Huston que no decorrer da realização do filme seriam servidas 10 500 caixas de almoço, ao custo para a Metro de 15 750 dólares — um dos itens menos dispendiosos do orçamento. Durante o almoço, um contra-regra trouxe para Huston uma caixa contendo relógios antigos de vários tipos e pediu-lhe para escolher um para a cena em que o Soldado Ruidoso, temendo ser morto em batalha, dá seu relógio para o Jovem. Outro contra-regra trouxe três porquinhos guinchando e pediu que Huston escolhesse qual deles seria roubado de uma garota numa cena que mostrava um soldado saqueando uma fazenda. Huston escolheu o relógio e escalou o porco, depois convocou a companhia para o ensaio de uma cena entre Murphy e Mauldin, logo antes da primeira batalha deles.

Murphy sentou-se sob um carvalho e Mauldin, vários metros atrás da árvore. Huston e Rosson se agacharam diante deles.

Callow, com o roteiro aberto na cena, ficou atrás de Huston. O continuísta, cujo nome era Jack Aldworth, conversou com Callow sobre cronogramas. O coronel Davison estava sentado à beira da estrada com Marton, que começou a contar como escapara por pouco da morte nas mãos de nativos africanos durante a filmagem de *As minas do rei Salomão*. Os atores de apoio refestelavam-se ali por perto.

"Muito bem, Billy, venha", disse Huston a Mauldin, pondo o visor nos olhos. Através dele observou Mauldin descer e se inclinar sobre o ombro de Murphy, dizendo: "Ora, olá, Henry. É você? O que está fazendo aqui?".

"Ah, pensando", disse Murphy.

Huston não parecia prestar atenção ao desempenho dos atores. De vez em quando, interrompia para pedir-lhes que olhassem nesta direção ou naquela, e discutia com Rosson onde a câmera deveria ser colocada e quanto da árvore deveria aparecer no filme.

Depois de terminar o ensaio da cena, Huston fez seu primeiro comentário sobre o desempenho. Chamou Murphy à parte e lhe disse que havia um aspecto humorístico no medo do Jovem. "O medo em um homem é uma coisa trágica ou repreensível, não é, Audie? Mas medo num jovem — é *ridículo*."

Murphy assentiu solenemente com a cabeça.

"Muito bem, *amigo*", disse Huston, dando-lhe um tapinha no ombro. "Você resolve isso sozinho."

"Aí vem o produtor, rapazes!", alguém gritou. "Finjam que estão ocupados!"

Reinhardt arrastava-se lentamente pelo campo queimado pelo sol. Estava com um charuto novo na boca e uma boina azul na cabeça. Apertou a mão de Huston e perguntou-lhe como iam as coisas.

"Ótimo, Gottfried, simplesmente maravilhosas."

À medida que os ensaios avançavam, Huston mostrava um interesse maior pelo desempenho de algumas cenas e estava particularmente interessado em uma na qual Murphy descobria seu camarada, o Soldado Alto, Dierkes, na fila de homens feridos que se afastava da batalha da qual o Jovem fugira. Dano, o Homem Esfarrapado, caminha com dificuldade por uma estrada de terra, com um dos braços pendendo ao lado do corpo. Murphy vem de trás de uns arbustos e se junta a ele. O Homem Esfarrapado olha-o com veemência. "Os rapazes não tiveram uma chance justa até agora, mas desta vez eles mostraram quem são", diz Dano. "Eu sabia que seria assim. Você não pode vencê-los. Não senhor! Eles são lutadores. Você foi ferido, garotão?" Dierkes passa pesadamente por eles. Murphy vai atrás dele, chama seu nome e põe a mão em seu braço.

Nesse ponto, Huston acertou o passo com Murphy e Dierkes, com o rosto assinalando emoções grotescas e terríveis, que não apareciam na face dos atores. Band cobria a retaguarda, seguindo as falas do roteiro.

"Sempre fui um bom amigo para você, não fui, Henry?", disse Dierkes, numa espécie de delírio. "Sempre fui um bom companheiro, não é? E não estou pedindo muito, não é? Só me puxar para fora da estrada? Eu faria isso por você, não faria, Henry?"

Murphy tentou fazer Dierkes encostar-se nele para apoiar-se.

"Não, não, não, me largue", disse Dierkes, afastando-se.

Huston empurrou Dierkes para o lado e pôs a mão de Murphy em seu próprio braço. "Quando você diz 'Não, não, não, me largue', comece a *cair* e faça Audie soltar você", disse a Dierkes. Ele tropeçou e caiu para a frente, afrouxando o aperto da mão de Murphy. "Muito bem, tentem de novo — desta vez sozinhos."

Huston acendeu uma cigarrilha enquanto os atores voltavam para a trilha para repetir a cena. Com uma tragada profunda, como se estivesse com raiva, disse que Dano era maravilhoso. "Aquele garoto é um *ator*. Ele é um grande ator. Não preciso dizer nada a ele. O único outro ator que conheci que tinha isso foi papai. Dierkes vai ficar maravilhoso no filme. Aquele rosto! Mesmo quando um ator é limitado na sua experiência de representar, você pode lhe dar cobertura. Pode mandá-lo fazer coisas que não exijam representação." Jogou a cigarrilha no chão e a esmagou. "Você o faz soltá-lo quando começa a *cair*", disse a Dierkes com voz macia.

Dierkes parecia perplexo. "Eu não puxo meu braço para longe dele?"

"Faça o que quiser com a droga do seu braço. A questão é que você *o faz* soltá-lo ao cair", disse o diretor.

Dierkes parecia ainda mais perplexo. "Sei, John", disse ele.

"Mais uma vez", disse Huston com energia.

Faltavam poucos dias para o fim do período de ensaios. O grupo ficara tenso. Com certo ar de impaciência com o problema, Huston tentara comunicar aos outros suas idéias e sentimentos em relação à composição das várias tomadas e conversara sobre como as coisas poderiam aparecer na tela. Os outros tentaram demonstrar que compreendiam o que ele estava buscando. Mas a tensão começava a aparecer. Uma piada que percorreu elenco e equipe foi: "Isto já está virando uma longa guerra". A mais popular era: "Você soube do covarde que abandonou a MGM para entrar no exército?".

Reinhardt estava insatisfeito com o roteiro. Comportava-se como um homem sob pressão. Perdeu peso e fumava mais charutos a cada dia que passava. Huston não dava mostras de estar sob qualquer pressão. Era capaz de ir de uma coisa para outra com facilidade, bom humor e concentração. Em uma única hora de um dia ele fez o seguinte: Dusty, o caubói oficial da fazenda, quis saber quando ganharia um papel no filme, e Huston entrou numa extensa e envolvente discussão com ele sobre por que era necessário que um homem escolhesse entre uma carreira no cinema e a vida no campo e quão melhor era esta última a longo prazo. De Dusty, foi para Audie Murphy e pediu-lhe para olhar através do visor para o cume do morro onde o Soldado Alto morreria. "Ele vai para morrer no espaço aberto, Audie", disse Huston. "Você percebe a noção de vastidão lá?" Ele entrou numa longa explicação de por que um homem escolhe morrer ao ar livre. De Murphy, foi para Rosson, a fim de resolver os detalhes para pôr a câmera numa *dolly*, ou plataforma móvel, e montar trilhos para a plataforma, para as cenas em que a câmera teria de acompanhar os atores em movimento. Depois de Rosson, Huston atendeu um telefonema de Sam Spiegel, seu sócio na Horizon Pictures, e disse a ele que estaria livre para trabalhar no próximo filme da companhia, *Uma aventura na África*, dentro de quatro meses. Do telefone, foi até Hans Peters, o diretor de arte, para perguntar se uma cena noturna filmada num cenário do estúdio pareceria tão real quanto uma filmada em locação. Depois de Peters, Huston atendeu um fotógrafo de jornal que queria que ele posasse com a sra. Huston, que estava assistindo aos ensaios, para o que ele chamava de foto de uma família "otimista", e concordou em posar mais tarde naquele mesmo dia. Do fotógrafo, Huston voltou-se para um galho de árvore que jazia na estrada e com ele demonstrou como um jóquei torce um chicote. Do galho, Huston voltou-se para sua esposa, que lhe disse que o esperavam dentro de uma hora, em black-tie, para um jantar na casa de L. B. Mayer.

Agora o orçamento operacional para a Produção nº 1512 estava completo. Mostrava que o custo total deveria chegar a 1 434 789 dólares, incluindo:

Direção	156 010
História e continuidade	41 992
Elenco	82 250
Despesas gerais departamentais	238 000
Aluguel e compra de acessórios	80 800
Figurantes	145 058
Cinegrafistas	25 500
Som	35 177
Montadores e projecionistas	15 650
Honorários da unidade dos produtores	102 120
Equipe de produção	30 915
Fotografia de cena e fotógrafos	6 995
Filme e revelação	17 524
Som e revelação	8 855
Música	12 620
Guarda-roupa	43 000
Maquiagem e cabeleireiros	13 915
Aluguel de carros e caminhões	49 125
Refeições e alojamento	35 385
Viagens e transporte	6 360
Taxas e despesas de locação	18 255
Diversos	23 850

Numa decomposição desses números, a estimativa mostrava que Audie Murphy deveria trabalhar 47 dias, com um salário de 2500 dólares por semana; seu custo para a produção seria de 25 mil dólares. Bill Mauldin, trabalhando o mesmo número de dias a 2 mil dólares por semana, custaria 15 667 dólares. John

Dierkes trabalharia trinta dias a seiscentos dólares por semana e custaria 3 mil dólares; Douglas Dick, 46 dias a oitocentos dólares por semana, custaria 6133 dólares; Royal Dano, 24 dias a 750 dólares por semana, custaria 3 mil dólares. Os custos de história e continuidade incluíam 10 mil dólares pagos aos herdeiros e ao editor de Stephen Crane pelos direitos de filmar o romance e 28 mil dólares pagos ao autor do roteiro — Huston. Nos custos da direção estava o salário de 4 mil dólares semanais de Huston, totalizando 137 334 dólares.

O aluguel e compra de acessórios incluía 33 370 dólares para o uso de cavalos e do serviço de seus treinadores. Os números para as cenas de batalha indicavam que elas seriam tão caras quanto violentas: 80 mil cargas de armas de fogo a 110 dólares o milheiro somariam 8800 dólares; três carros de munição tiveram de ser recondicionados a 25 dólares cada um; 250 rifles 45-70 com baionetas e bandoleiras custariam duzentos dólares. Haveria dez bandeiras da Confederação (65 dólares) e duas bandeiras da União (treze dólares). Seis simulacros de carcaças de cavalos deveriam ser comprados a 275 dólares cada um. Entre os objetos de batalha que estavam sendo alugados, havia dois tambores de batalha da União, a cinco dólares semanais cada um; dois clarins curtos, a 3,50 cada um por semana; vinte pares de estojos de mosquetão, a 1,50 o par por semana; trinta embornais a um dólar semanal cada um; cem mochilas de infantaria e cobertores adequados para uso no chão a 1,50 cada um por semana; e 25 sabres de cavalaria, a cinco dólares cada um por semana. As despesas de 30 915 dólares com a equipe de produção incluíam o custo de Lee Katz (8718 dólares), de dois diretores-assistentes (5366 dólares, metade dos quais representava o custo de Reggie Callow para o filme), de dois segundos-diretores-assistentes (2609 dólares) e de Jack Aldworth, o continuísta (1430 dólares). A estimativa explicava que Aldworth receberia 160 dólares por semana nas locações e 140 no estúdio. Do dinheiro reservado para os cinegrafistas, Rosson, com um salário semanal de 750 dólares, receberia 11 250 dólares.

As despesas com o som estavam divididas da seguinte forma: 29 dias de gravação no estúdio custariam 7337 dólares; dois dias de *playback*, 506 dólares; o uso do sistema de alto-falantes por 58 dias, 4002 dólares; e cerca de 9 mil metros de regravação, ou dublagem, a 53 cents o metro, 4800 dólares. A estimativa de filme e revelação mostrava os gastos de compra e processamento de negativos e positivos, e que o trabalho usaria quarenta vezes mais filme do que ficaria no produto final. Os cerca de 55 mil metros de negativo preto-e-branco, a 13,45 cents o metro, custariam 7380 dólares; o processamento de cerca de 50 mil metros de negativo preto-e-branco, a 8,2 cents o metro, custaria 4125 dólares; cerca de 47 mil metros de positivo preto-e-branco, a 4,2 cents o metro, custariam 1989 dólares; e o seu processamento, a 8,5 cents o metro, custaria 4030 dólares.

A análise dos gastos de 43 mil dólares com guarda-roupa revelava que os uniformes de oficiais custariam mais do que os de soldados, tanto do exército da União como dos confederados. Além dos velhos uniformes disponíveis no departamento de guarda-roupa, haveria 125 novos para soldados da União, a cinqüenta dólares cada um (6250 dólares), 25 trajes de oficiais da União a 75 dólares cada um (1875 dólares), e dez uniformes de oficiais da Confederação, pelo mesmo preço (750 dólares). O custo da música, incluindo uma orquestra de 35 instrumentos, foi estimado numa base de seiscentos dólares a hora. As marmitas de almoço, como Lee Katz dissera, custariam 15 750 dólares.

O custo dos figurantes e pontas foi calculado cena por cena:

FIG. Rio Fording (Chico)

Cenas 65-66 — soldados escorregam pela margem, atravessam riacho e sobem morro 2850 dólares

FIG. Fazenda (Rancho)

Cenas 43-47 — soldados ficam ao lado da garota da fazenda enquanto ela repreende soldado gordo por tentar roubar um porco

Soldado gordo	150 dólares
Garota	150 dólares
Avulsos (4) a 55 dólares cada um	220 dólares
Figurantes — total	2431 dólares

Uma das cenas mais baratas mostraria o corpo de um soldado morto no mato. (O Jovem toparia com o corpo depois de fugir da batalha.) O único custo disso, além das despesas gerais e do salário de Murphy, seria o salário do figurante que faria o morto: 25 dólares. Os figurantes com falas ganhariam 23 dólares adicionais por dia com fala. As cenas de batalha seriam as mais caras. O ataque dos confederados que provoca a fuga de muitos soldados da União, inclusive a do Jovem, custaria 16 469 dólares.

Na ida a Chico para as primeiras filmagens de *A glória de um covarde*, Reinhardt, Huston, o elenco e a equipe tiveram a companhia das esposas do produtor e do diretor e de Pablo. Os Huston, os Reinhardt e os principais membros do elenco ficaram alojados no Oaks Hotel. (Os outros membros da equipe espalharam-se pela cidade.) O hotel era uma construção retangular, limpa e pequena no centro de uma cidade retangular, limpa e pequena.

No final da manhã do primeiro dia, a sra. Reinhardt estava sentada melancolicamente em uma cadeira de espaldar alto no saguão de entrada. Usava um vestido de gola alta de seda pura verde-musgo com uma borboleta dourada no pescoço e escarpins pretos de salto alto. Tinha uma aparência chique e elegante. As outras pessoas sentadas no saguão eram, em sua maioria, homens cochilando sob chapéus de feltro. Havia um jornal no colo da sra. Reinhardt: uma manchete em fundo preto ocupava toda a largura da página: "AMERICANOS ESMAGAM BLOQUEIO COMUNISTA DE ESTRADA". Huston e Reinhardt estavam no rio Sacramento, a doze quilômetros da cidade, com alguns dublês que tentavam encontrar um lugar seguro e cinematográfico para a cena em que o regimento do Jovem cruzaria o rio. Os atores estavam ensaiando em um parque, a seis quilômetros dali. Era um parque de quase mil hectares, e a sra. Reinhardt me contou que não tinha a menor idéia de como achar alguém lá, mesmo que estivesse vestida para a excursão.

"A região é selvagem, você precisa de calça", ela me disse. "Gottfried detesta que eu use calça. A temperatura lá fora é de *quarenta graus*. Você leu as notícias?" Ela abriu o jornal e apontou para uma manchete que dizia: "EQUIPE DE CINEMA CHEGA A CHICO PARA FILMAR CENAS DE DRAMA DA GUERRA CIVIL".

"Somos famosos", disse a sra. Reinhardt com frieza. Fechou o jornal e suspirou de puro desespero. "Por que estou aqui?", perguntou.

Huston estava de bom humor. Sentado a uma mesa num quarto do Oaks Hotel, com a cadeira inclinada para trás e os calcanhares sobre a mesa, ele examinava alguns cidadãos locais que, em resposta a anúncios, se candidatavam a fazer pontas no filme. Contou-me que adorava usar rostos de atores não profissionais em seus filmes, e, além do mais, custava menos contratar figurantes no local — duzentos homens custariam dez dólares por dia cada um para figurar como membros do regimento do Jovem — do que trazê-los de Hollywood. O primeiro candidato a entrar era um rapaz ansioso e de respiração pesada chamado Dixon Porter. Tinha um rosto inocente e redondo e uma incongruente barba preta e cerrada. Huston fez-lhe um sinal gracioso com a cabeça. "Bela barba você tem aí, Dixon", disse. Pegou um bloco de papel amarelo e começou a fazer esboços de Dixon e vários tipos de barba.

Reggie Callow, que estava presente ao teste, junto com o coronel Davison e Joel Freeman, o outro diretor-assistente, disse que a barba era quase tão importante quanto o talento para essas pontas.

"A MGM oferece um bônus de cinco dólares para cada homem com uma boa barba!", disse ele, com voz rouca. "Vá em frente, Dixon. Leia."

Dixon Porter leu: "Eles não estão uma gracinha, em seus uniformes novos?! Pendurem suas roupas num galho de nogueira e fiquem longe da batalha!".

"Obrigado, Dixon", disse Huston. "Muito bom, Dixon. Muito obrigado."

"Você será informado, Dixon", disse Callow mecanicamente, acompanhando o candidato até a porta.

"Este rapaz é bom", disse Huston. "Não é durão, mas é bom. Vamos achar *algum* uso para ele. Agora vamos pegar uns filhos-da-puta verdadeiramente grisalhos." Voltou aos esboços.

O próximo candidato era um jovem magro, com o rosto comprido e doloroso, óculos de aro de tartaruga e barba macia. Disse que pertencia ao grupo de teatro amador local. Depois que ele leu e saiu, Huston disse a Callow que precisavam de homens com aparência mais dura, durões como o diabo.

"Toda vez que vêm do teatro amador, aparecem esses caras delicados", disse Callow.

O terceiro candidato, que estava acompanhado de sua filha de três anos, explicou com sinceridade que não conseguira uma babá. Huston rasgou fora a página em que vinha desenhando, amassou-a e jogou-a no chão. O pai diligente e a menina de três anos saíram.

"Joel!", disse Huston asperamente ao outro diretor-assistente, um jovem sério com cabelo escovinha. "Joel, você vai hoje à noite aos salões de bilhar! Aos postos de gasolina! Encontre os caras durões e traga-os para cá. Precisamos de gente com aparência de valentão."

"Você quer dizer caras que pareçam...", começou Freeman.

"Durões!", interrompeu Huston.

Reinhardt conseguira finalmente agarrar Huston para revisar o roteiro com ele. Trabalharam no quarto de hotel de Huston, com Albert Band, fazendo algumas mudanças pedidas por Joseph I. Breen, o administrador do Código de Produção da Motion Picture Association of America. Huston estava deitado na cama, com as costas contra a cabeceira, e desenhava concentrado num bloco amarelo, enquanto Band lia as falas que haviam sido consideradas inaceitáveis.

"Meu Deus, ele está correndo", leu Band.

"Olhem, ele está correndo", disse Huston com voz entediada.

"Vai ser um inferno", leu Band.

"Vai ser o diabo", disse Huston.

"Não pode dizer isso", explicou Reinhardt.

Huston replicou: "Com os diabos que não pode!".

"Joe Breen...", começou Reinhardt.

"Tudo bem", interrompeu Huston. "Vai ser o *diacho*."

"Tabaco danado", continuou Band.

"Tire o 'danado'", disse Huston.

"Isso resolve os problemas do seu censor por enquanto", disse Band.

Reinhardt mandou-o fazer cópias das mudanças e mandálas para o departamento de roteiros da Metro. Depois olhou com incerteza para Huston. "Você não gosta de escrever?", perguntou.

"Quando ponho um lápis sobre o papel, me descubro desenhando", disse Huston. "Não consigo escrever sozinho — me sinto solitário demais. Preciso ditar."

Reinhardt pediu-lhe para tentar escrever algum diálogo para os oficiais do Jovem logo antes de o regimento entrar em ação, para dar ao público uma idéia da posição do regimento em relação à batalha. Relutante, Huston se pôs a trabalhar. Reinhardt foi ao seu quarto buscar um charuto. Quando voltou, Huston disse: "Eis aqui um discurso. O coronel vem da retaguarda e diz ao capitão: 'Capitão, os rebeldes estão lá naquele morro. Vamos tentar expulsá-los. Talvez consigamos, talvez não. De qualquer modo, posicionem-se naquela estrada lá embaixo e mantenham a posição aconteça o que acontecer!'. O capitão diz: 'Não cederemos, coronel!'".

"Muito bom!", explodiu Reinhardt.

"É preciso manter a simplicidade", disse Huston, parecendo satisfeito.

"Muito bom!", explodiu Band.

O telefone tocou. Band atendeu e disse a Huston que era Sam Spiegel, chamando de Hollywood. Huston mandou dizer que não estava. Reinhardt arrancou a ponta do charuto com os dentes e sorriu feliz.

Na tarde do dia anterior ao início das filmagens, Huston perguntou a Harold Rosson se ele queria ir pescar. Rosson disse que não, acrescentando que fora picado por uma vespa, e estava queimado de sol e exausto de atravessar o mato em busca de locações; além disso, estava muito resfriado: ia para a cama.

Impávido, Huston disse que ia pescar. Pablo acompanhou a sra. Reinhardt numa excursão de compras, da qual ela voltou com um traje, recomendado por Pablo, para usar na locação — calça de verão do exército cor cáqui, camiseta verde e um chapéu de pano verde. No Oaks, Andrew Marton fez circular um exemplar do *Hollywood Reporter* cuja coluna "Visões do negócio", escrita por W. R. Wilkerson, o dono do jornal, estava devotada inteiramente ao método de "carniça" aplicado na filmagem de *A glória de um covarde.* (Era uma referência ao trabalho de Marton de aprontar as cenas para Huston, de tal modo que pudessem ser filmadas sem demora.) A coluna dizia: "Reinhardt e Huston estão tentando fazer o filme com o menor custo possível. Essa iniciativa deve ser comemorada e receber todo o estímulo".

Às duas da manhã do dia em que a filmagem começaria, Reinhardt escreveu uma carta para Huston:

> Prezado John:
>
> Bem — hoje é o dia! Depois de todos os rochedos e baixios que tivemos de circunavegar, parece quase um milagre que este dia tenha chegado, e tão cedo. Lembro muito bem daquela noite em minha casa, quando às duas horas nos decidimos subitamente, com entusiasmo, de modo quase imprudente, fazer *A glória de um covarde*! Bem, a primeira fase está terminada. Nós não "amarelamos". No entanto, arrancar uma folha de nosso livro não é suficiente. Agora, precisamos provar que somos verdadeiros heróis. Ou melhor, você tem de provar. Pois eu, o tenente mais ou menos desarmado, só posso encorajá-lo. É você que terá de enfrentar o inimigo a partir de hoje, e eu sei que dará conta do recado. Para tanto, tem meus melhores votos, minha confiança inabalável e, se quiser, minha ajuda.
>
> Não preciso lhe dizer que o percurso à frente estará longe de ser fácil. As águas profundas a que chegamos apresentam perigos

muito maiores do que os pequenos rochedos políticos e os baixios financeiros que conseguimos evitar. E eles exigem muito mais do que seus notáveis talentos (que são um prazer de observar) e o pouco de ponderação que consegui emprestar a nossa aventura. Eles exigem sua vigilância constante e incansável.

Deixe-me — neste dia — apontar os principais problemas à medida que vêm à minha lembrança:

(1) Audie Murphy. Ele precisa de sua atenção constante, toda a sua engenhosidade (fotográfica e de direção), toda a inspiração que você possa lhe dar. Ele não deve ser deixado sozinho um único segundo. Nada deve ser tido como favas contadas. Com o risco de fazer papel de um tremendo chato, CONCENTRE-SE EM AUDIE MURPHY! Eu o observei. Acredito que ele será bom. Quão bom (e o filme inteiro depende desse grau) depende totalmente do apoio que você lhe der.

(2) Variedade. Mudança de ritmo. Na velocidade em que você vai fazer este filme, difícil em todos os aspectos, e com a continuidade maluca da filmagem, há o perigo de perder o ritmo da continuidade; o tempo pode se tornar muito igual, os climas, muito similares. Diante da mesmice do pano de fundo e da sutileza e introspecção do desenvolvimento, imploro a você que examine e reexamine cada cena à luz daquilo que precede e continua a ação. Isso pode parecer uma recomendação infantil. Mas eu sei como é fácil atolar-se só nas dificuldades físicas.

(3) Humor. Sempre que tiver uma oportunidade, traga-o à tona; sempre que puder, injete um pouco!

(4) Geografia. Sei que você está consciente disso. Mas repito: é fundamental que sempre saibamos onde estamos. Em especial, as transições de um local para outro devem ser suaves e claras.

(5) Roteiro. Cada hora que tiver de sobra (e sei que isso vai ser duro a partir de agora), você deve gastar no roteiro, até que, do começo ao fim, ele tenha uma forma que o satisfaça. Não preciso

dizer que estou à sua disposição o tempo todo. Você não tem idéia — ou talvez tenha — de como os dias e as horas que você dedicou ao roteiro (longe do set) nas últimas semanas o melhoraram.

É tudo. Em relação ao último ponto, devo acrescentar que você me deixou muito descontente na noite passada. Você sabe que eu estava esperando por você. Mas não foi tanto o fato de não me dizer que ia pescar que me perturbou (embora não fizesse mal me avisar), mas sei que teríamos feito muito, talvez terminado o roteiro, se você tivesse comparecido ao nosso encontro. Agora que as filmagens vão começar, será duplamente difícil. Afinal, este é o principal motivo de minha vinda. Se não podemos nos reunir, é melhor que eu faça as malas e vá para casa. Espero que você não se importe com minha franqueza ao lhe dizer isso. Você me pediu uma vez para ser seu "patrão". Não posso fazer isso. Só posso ser seu cúmplice e amigo. E nessas condições, estou ansioso e pronto para lhe dar qualquer ajuda que possa.

E agora, boa sorte! Tenho a sensação de que é provável que alguma coisa bastante extraordinária vá sair de tudo isso. Mas qualquer que seja o resultado, já posso lhe dizer uma coisa: foi uma excelente experiência trabalhar com você. E de alguma forma, estou bem calmo: vamos levar nosso navio com segurança e orgulho até o porto.

Sempre seu,
Gottfried

A carta de Reinhardt não foi a única que Huston recebeu pela manhã. Enquanto tomava o café com Murphy e Mauldin, leu uma mensagem de Dore Schary que dizia: "Hoje é o seu dia, e com esta vão meus melhores votos para você. Tenho certeza, John, que tiraremos um filme danado de bom de *O emblema rubro* — um filme de que poderemos nos orgulhar. Boa sorte e boa filmagem. Cordialmente, Dore". Joe Cohn, o chefe do escritório de produção da Metro (logística, orçamentos etc.) telegrafou para Huston: "VOCÊ ESTÁ FAZENDO UM FILME DE GUERRA. AÇÃO — AÇÃO — AÇÃO".

O clima na mesa do desjejum era de prontidão. Murphy e Mauldin, os dois atores principais, estavam com seus uniformes e quepes azuis. Escutavam distraídos enquanto o diretor, pondo a correspondência de lado e brincando nervosamente com duas moedas de 25 cents, falava-lhes de Nate Leipsig, que, segundo ele, era o maior manipulador de moedas da história. Depois Huston, que estava com uniforme de verão do exército, levantou-se, enfiou um chapéu de palha mexicano na cabeça, tomou um gole de café e disse que ia ver os rapazes lá fora. Poucos minutos depois, saíram Huston e Reinhardt, que estava de calça de algodão azul e camisa de malha combinando e trazia na mão um capacete de aba larga. Ambos pareciam soturnos. "Eu quero atravessar isso com *você*, Gottfried", estava dizendo Huston. Reinhardt fez um sinal de assentimento batendo com o capacete na cabeça.

A primeira cena a ser filmada, a de número 72, dizia:

> PLANO MÉDIO — NOVO ÂNGULO
> O regimento encontra o corpo de um soldado morto, e as fileiras se abrem discretamente para evitar o cadáver.

A cena estava sendo montada numa estrada de terra que cortava um parque de arvoredo cerrado. Uns duzentos habitantes de Chico, muitos deles usando barbas de cinco dólares de bônus e todos vestidos com o uniforme azul da União e carregando rifles ou espadas, estavam alinhados na estrada, em colunas de quatro. Perto da testa da fileira estava Dixon Porter, com a espada e a faixa vermelha de tenente; ele era um dos figurantes. Longos trilhos de madeira para a *dolly* haviam sido colocados ao lado da estrada. A câmera, fixada num tripé, estava sobre a plataforma com rodas de borracha em uma das extremidades dos trilhos. As árvores que margeavam a estrada formavam um arco bem acima dos arranjos de guerra. Todos os membros da equipe de Huston, com a consciência atormentada pelo valor em dinheiro de cada minuto, pareciam apressar uns aos outros. Rosson, de pé sobre a plataforma, olhava através das lentes para a fileira de soldados e fazia sinais apressados aos assistentes que o ajudavam a posicionar a câmera. Huston e Reinhardt fizeram uma inspeção apressada no exército de moradores de Chico. Marton correu até Mauldin, pôs-lhe o colarinho e empurrou-o para as fileiras da União, atrás de Murphy e Dierkes. O relógio marcava 8h38 da manhã.

Na estrada, adiante das tropas, jazia um soldado, rosto para baixo, rifle sob o braço flácido, pernas abertas. Callow arrumava e rearrumava as pernas dele. Um fotógrafo de cena apontou uma Speed Graphic para o homem morto; o flash disparou, e ele virou rapidamente a câmera para as tropas. Band chegou e começou a seguir Huston, que foi em direção à câmera.

"Bom dia, rapazes", disse Huston a Rosson e seus assistentes. "Boa sorte, cavalheiros!"

Jack Aldworth escrevia numa caderneta de capa dura. Na primeira página estava escrito: "DIÁRIO — PROD. Nº 1512 — HUSTON". Sob o título, ele já escrevera:

7h45-8h00 — Viagem até a locação
8h00-8h20 — Localizar equip. e descarregar caminhões
8h20-8h32 — Alinhar plataforma com soldados

Agora escrevia:

8h32-8h40 — Montar câmera na plataforma —
enquanto isso, ensaiar e treinar soldados.

Aldworth apresentaria seu diário a Reinhardt e Callow, que o apresentariam a Lee Katz, que mandaria cópias a Joe Cohn, Dore Schary e L. B. Mayer, em Culver City, e para Nicholas Schenck, em Nova York. (Junto com o diário iria um relatório cotidiano da hora que a equipe partiu para a locação, a hora em que a filmagem começou e terminou, o número de cenas filmadas e o número de figurantes usados.) Reinhardt estava ao lado da câmera, lendo uma carta que acabara de receber de um mensageiro:

> Prezado Gottfried:
>
> Bem, partimos! E partimos com uma boa partida. Tenho certeza de que será bom, Gottfried, danado de bom. Nós faremos que seja assim. Boa sorte, e meus melhores votos.
>
> Cordialmente,
>
> Dore

O ensaio começou. Callow gritou: "Vamos lá, rapazes! Entrem em fila!". Os soldados começaram a marchar na direção do homem caído na estrada. Callow ordenou que fizessem uma pausa e olhassem para o corpo enquanto passavam. Huston espiou através da câmera e observou a marcha, depois gritou para os soldados que aquele era o primeiro homem morto que eles já tinham visto e que não se esquecessem disso quando olhassem para o corpo. O relógio marcava 8h56.

Apesar de toda a tensão, pressa e confusão, tudo estava muito quieto. Ao comando de Callow, os soldados da União, depois de passar pelo cadáver, voltaram ao ponto inicial. Estavam em silêncio, um silêncio respeitoso. Uma máquina de fumaça montada num caminhão escondido atrás dos arbustos começou a funcionar com um estrondo, e a fumaça espalhou-se lentamente entre as árvores, no calor quase sem vento da manhã.

Huston andava por todo lado com rapidez e suavidade. Foi até o homem morto na estrada e pediu um balde de água. Um contra-regra saiu correndo e voltou com o balde em poucos segundos. Huston emaranhou os cabelos do figurante e espalhou terra neles, no rosto e na mochila. Reinhardt lançou um olhar descrente enquanto ele misturava um punhado de terra com água e besuntava de lama o rosto e as mãos do homem. Huston levantou-se. Aldworth estendeu-lhe um lenço branco limpo. Huston esfregou as mãos nele e pediu sangue. Um maquiador acorreu com um tubo de "sangue pancromático" — óleo mineral com corante vegetal. Huston, com os polegares enfiados nas costas do cinto, dirigiu o processo de ensangüentar. Callow chegou correndo e perguntou: "Senhor Huston, a esta altura os soldados já perderam as mochilas ou ainda não?". Huston, com o olhar concentrado no homem morto, disse que ainda estavam com as mochilas. Borrifou outro punhado de terra sobre o sujeito. Marton chegou correndo e perguntou se os soldados ainda estavam com as mochilas, e Huston deu a mesma resposta que dera a Callow. Eram 9h10.

O coronel Davison veio dizer a Huston que os rapazes dos tambores pareciam nus demais carregando apenas os tambores. Huston mandou um contra-regra pôr mochilas nos rapazes. Aldworth estava escrevendo:

8h40-9h12 — Cont. alinhamento tomada da *dolly*

Um maquiador remexeu na peruca de Mauldin, sob o quepe, até ela cobrir a maior parte do pescoço. Huston viu a peruca e disse que estava tudo errado. A peruca foi removida e substituída por uma menor. A fumaça pairava agora sobre tudo e todos. A máquina de fumaça fazia um barulho parecido com o de duas pás mecânicas. "Desliguem aquele motor!", berrou Callow.

Um homem carregando uma caixa de alto-falante sobre o ombro e um microfone na mão caminhou até Huston. "Muito bem", disse Huston ao microfone, num tom teatralmente calmo. "Muito bem, rapazes." Todo mundo olhou para ele. "A idéia é que esses soldados estão entrando na área de batalha. Esta é a primeira vez que vocês escutaram tiros. Vou disparar um revólver. Este será o primeiro tiro que vocês já escutaram na vida. Cada soldado, quando passar pelo morto, vai diminuir a marcha. Este é o primeiro homem morto que vocês já viram. Certo?" O relógio marcava 9h26.

Houve um breve silêncio — a calmaria antes da batalha. Huston disse para o sujeito da fumaça para não fazer fumaça, porque seria um ensaio. Callow relembrou aos soldados que não deveriam passar por cima do homem morto, mas ao redor dele. Huston foi até a câmera e pediu ação. Callow disse aos homens para partir. Eles começaram a andar na direção do homem morto. A câmera apontada para eles rolou adiante, puxada sobre os trilhos por cabos. Huston caminhava de costas atrás da *dolly*, olhando bem atento para o rosto dos soldados. Lançou um olhar ameaçador aos figurantes de Chico e ergueu devagar o revólver acima de sua cabeça. Disparou o revólver, ainda olhando severamente, depois atirou de novo. Os soldados passaram inquietos ao lado do corpo do homem morto. Callow gritou: "Meia-volta, volver!", e os homens retornaram à posição inicial. Huston foi até o homem morto e borrifou mais terra em cima dele. Reinhardt riu: "Como ele adora fazer isso!".

Eram 9h35. Jack Aldworth escreveu:

9h12-9h35 — Ensaio

Katz disse a Reinhardt: "Joe Cohn me perguntou ontem à noite quando você volta".

"Bem que eu gostaria de saber", respondeu Reinhardt.

"Faça de conta que não perguntei nada", disse Katz. Ao final de cada dia, contou a Reinhardt, o filme que já tivesse sido rodado seria levado de avião até Culver City para ser revelado.

Reinhardt disse que queria ver as cenas filmadas de cada dia — chamadas de *rushes* ou *dailies** — no dia seguinte. Não queria esperar dois ou três dias. "Não me importo com o que eles possam pensar a respeito de gastar esse dinheiro", acrescentou.

"Posso repetir o que você disse?", perguntou Katz com um sorriso.

"É importante", respondeu Reinhardt.

"Deixe-me achar minhas anotações do estúdio", disse Katz, procurando nos bolsos.

"Se pudermos receber as cenas duas *horas* antes, eu gostaria", disse Reinhardt.

Katz pegou suas anotações e as estudou. "Isso significaria uma diferença de dez ou doze dólares por noite. Vou falar com Joe Cohn sobre isso."

"Tudo isso por duas linhas do roteiro", disse Albert Band. "A televisão se daria a todo esse trabalho por duas linhas de roteiro?"

Callow anunciou que todos deveriam ficar muito quietos porque iam começar a filmar. Um contra-regra escreveu a giz numa pequena tabuleta:

Huston Cena 72
Prod. 1512 Set 01
FIG. ESTRADA E SOLDADO MORTO

* No Brasil, o conjunto de cenas reveladas de um dia de filmagem é chamado de copião, nome dado também ao conjunto de todas as cenas reveladas do filme. (N. T.)

A máquina de fumaça começou de novo. Aldworth escreveu:

9h35-9h40 — Efeito de fumaça no FD [fundo]

Pistola na mão, Huston ajoelhou-se diretamente na frente da câmera.

"Silêncio, e roda!", gritou Callow.

A câmera zumbiu. O contra-regra segurou a claquete na frente dela por um momento.

"*Ação!*", disse Huston. Os soldados avançaram. A câmera avançou à frente deles.

Reinhardt olhou para Huston com um longo suspiro. "Agora não tem volta", disse ele. "Estamos comprometidos."

No seu quarto encontro com o cadáver desde o início das filmagens, os soldados aparentemente tiveram o desempenho que Huston queria. "Corta! É isso", disse ele. "Copiar!"

Aldworth anotou:

9h40-10h00 — Filma quatro tomadas (tomadas 1-2-3 — ação NB [nada boa])

O homem morto levantou-se e passou a palma lamacenta de sua mão em seu rosto lamacento. Perguntou a Band se ganharia um extra por ficar deitado na estrada todo aquele tempo.

"Só por cima do cadáver de Joe Cohn", disse Band.

Às 14h30, a temperatura no bosque era de 42 graus. Oito figurantes haviam desmaiado enquanto Huston ensaiava uma cena que exigia que alguns soldados saíssem correndo da estrada, entrassem na floresta e começassem a cavar trincheiras, enquanto o Tenente do pelotão do Jovem, interpretado por Douglas Dick, caminhava na direção da câmera alisando o bigode, numa pose de jovem arrogante que espera o primeiro gosto de batalha. Às 14h32, Huston mandou a equipe copiar a tomada das tropas.

Às 16h02, começou a trabalhar no close de Dick alisando o bigode. Ergueu levemente os ombros para mostrar arrogância juvenil e estimulou Dick a imitá-lo. Às 16h28, depois de sete tomadas, Huston disse: "É isso aí".

Às 16h45, Huston começou a trabalhar em closes dos soldados cavando.

"Nós esperamos um ataque?", perguntou-lhe Dixon Porter.

"Você não sabe o que esperar. É por isso que está cavando", disse Huston.

Katz aproximou-se e disse que não queria apressar ninguém, mas o filme tinha de sair de avião de Chico às 18h30. Huston assentiu com a cabeça, lacônico.

Ele orientou a câmera para ficar bem atrás de um figurante idoso que estava cavando. O homem tinha um rosto longo com rugas profundas. Ajoelhado ao lado da câmera, atrás do homem, Huston mandou que ele relaxasse e avisou que lhe diria exatamente o que fazer. "Ação!", gritou. "Muito bem, senhor. Mova-se um pouco para a frente. Agora vire-se e olhe para trás, lentamente. Isso. Agora cave. Com sua bainha. Força nisso. Agora com seu prato. Força. Mais força. Muito bom. Corta!" Ele agradeceu ao homem e parecia muito contente. Era um rosto de que ele gostava.

Huston estava ensaiando um grupo de soldados numa cena de cavação quando Rosson lhe disse que travavam uma batalha perdida contra o sol. Na cena, Arthur Hunnicutt, um ator com um rosto atormentado, estava apoiado em seu rifle e observava meia dúzia de companheiros cavando um buraco. "Não concordo com a idéia de ficar deitado e atirar de trás de um pequeno morro", dizia ele. "Não teria nenhum orgulho disso. Vou fazer minha luta de pé." Um dos soldados que cavava disse: "Se você quer levar um tiro, o problema é seu". Hunnicutt respondeu: "Bem, não vou me deitar *antes* de levar um tiro — e é isso que importa!".

"A luz está acabando!", gritou Rosson. "Vamos filmar."

Jack Aldworth escreveu:

> 18h10-18h17 — Movendo câmera e ator para conseguir luz do sol

Às 18h20, Huston filmou a última cena do dia. Depois foi até um tronco caído e sentou-se. Pôs os cotovelos sobre os joelhos e o rosto entre as mãos.

Jack Aldworth anotou em seu relatório — uma cópia do qual estaria no escritório de Nicholas Schenck, em Nova York, no dia seguinte — que onze cenas de *A glória de um covarde* haviam sido filmadas, de um total de 347.

No segundo dia de filmagem, John Dierkes, o Soldado Alto, chegou à locação antes dos outros atores. Uma estrada de terra poeirenta atravessava sinuosamente trechos de floresta e moitas até a locação, um campo plano, amplo e sem vegetação ao lado do rio Sacramento. Perto da margem do rio, os carpinteiros trabalhavam numa torre de aço de quase oito metros de altura, de onde a câmera filmaria cenas de exercícios dos soldados da União. Um trilho para a *dolly* de quase trinta metros atravessava o campo fazendo um ângulo reto com o rio. Sobre a plataforma estava a câmera que filmaria uma cena dos soldados treinando diante de uma fileira de barracas do exército. Dierkes caminhou até o extremo oposto dos trilhos e sentou-se em um deles. Esfregou as costas de uma mão na barba alaranjada por fazer e com a outra desabotoou o colarinho duro e alto da túnica. Tirou o quepe e largou-o no chão. Com uma bandana amarrotada, limpou o suor do pescoço. O sol já estava quente no céu azul, o ar da manhã, úmido, e zuniam enxames de moscas gigantes. Passaram arrastando-se dois caminhões com oito carpinteiros, todos com músculos de lutadores de vale-tudo. Dierkes levantou-se e os cumprimentou. Os carpinteiros não retribuíram a saudação. Pareciam distantes e superiores, impermeáveis ao calor, à umidade, às moscas e ao isolamento, fixados como que para sempre uns na companhia dos outros, e completamente absortos em seus caminhões de ferramentas, escadas, cordas, refletores, tábuas de cinco por dez centímetros e tripés. Os caminhões pararam. O chefe dos carpinteiros gritou que algumas árvores pequenas seriam necessárias. Os carpinteiros pegaram serras e machados e foram na direção de um arvoredo. Um caminhão de som estava sendo colocado em posição, perto da câmera. Ao parar, um rapaz saltou e pôs um suporte de microfone perto da câmera. Dali a pouco, chegou o caminhão dos acessórios. O encarregado do material era um homem troncudo, sem camisa, com tatuagens nos braços, no peito e nas costas. Ele descarregou, animado, a carroceria basculante do caminhão: dentro havia pilhas de rifles, espadas, quepes e uniformes extras. Poucos minutos depois, chegaram ônibus com o exército azul dos moradores de Chico, que se enfileiraram para receber os rifles do contra-regra. Então as limusines do estúdio trouxeram os outros atores principais e o diretor.

Huston fez um rápido giro de inspeção pelas fileiras de barracas, com as pirâmides de rifles em frente. Atrás dele vinha Reinhardt, com seu capacete de abas puxado para a frente, e em seguida, embaixo de outro capacete de abas, vinha Band. Huston conferenciou brevemente com Reinhardt, depois foi na direção de Audie Murphy. Dierkes pôs o quepe na cabeça, foi até uma das limusines e enfiou a cabeça pela janela. O motorista estava dormitando em cima de um jornal.

"Estão fazendo você dar duro, Ferd?", perguntou Dierkes ao motorista.

Ferd ergueu a cabeça. "Estou ferrado! Estava tudo certo para eu pegar uns caras amanhã e levá-los a Reno, onde toparia com aquelas adoráveis mesas de dadinhos. Então fico sabendo que eles têm novidades para mim. Nós vamos trabalhar. No *domingo*."

"Puxa, Ferd", disse Dierkes.

"Domingo era para ser um dia de descanso."

"Acho que eles não querem que o filme atrase."

"Só se fala em atraso", disse Ferd, e voltou ao seu jornal.

Pelo alto-falante, Callow berrava para que os atores formassem filas preparatórias para o exercício. Dierkes, a caminho de pegar um rifle, passou pela *dolly*. Huston estava de pé sobre ela, falando com o cinegrafista. Dierkes parou, tirou o quepe e enxugou o rosto de novo. Huston continuava falando com o câmera. Dierkes pegou seu rifle e voltou pelo longo caminho até o campo de treinamento, passando pela plataforma outra vez. Esperou um momento, depois deu bom-dia para Huston e o cinegrafista. Huston retribuiu o cumprimento com exuberância, mas de modo mecânico. Depois, como se alguma coisa acabasse de lhe ocorrer, desceu da plataforma e chamou Dierkes com um de seus gestos conspiratórios. Os dois agacharam-se. "Só quero dizer como estou contente de ter você no filme", disse Huston, com ênfase lenta e teatral. "Tenho certeza de que você se sairá bem, John."

A barba alaranjada pareceu avermelhar-se enquanto Dierkes dizia: "Obrigado". Depois acrescentou: "Eu quero muito que o filme se realize".

"Estará acabado antes de você perceber", disse Huston. "É sempre assim. Depressa demais."

"Quando um filme é um sucesso, é um sucesso do diretor", disse Reinhardt durante o jantar daquela noite. "Se é um fracasso, é um fracasso do produtor." Ele estava confiante em que *A glória de um covarde* não seria um fracasso, e que seria, na verdade, em ambas as coisas: uma obra de arte e um sucesso comercial. O filme rodado no primeiro dia fora revelado, e a chefe de montagem da MGM, Margaret Booth, cujo título oficial era editora executiva de filmes, telefonara para lhe dizer que vira as primeiras cenas.

"Margaret diz que está tudo ótimo", contou Reinhardt a Huston. "Ela adorou a marcha floresta adentro. Diz que as árvores estão fantásticas, e Audie também. Achou a cena do homem morto muito interessante."

"Já é alguma coisa, se essa senhora diz que está bom", disse Huston. "As pessoas dão mais valor ao que ela diz do que àquilo que qualquer outra pessoa possa dizer. Ela é dura como o diabo."

"E ela contou a Dore", completou Reinhardt.

No terceiro dia de filmagens, o entusiasmo nervoso que permeara a companhia no início desapareceu subitamente. Até o exército de Chico parecia perder de repente toda a sua ansiosa expectativa. "Companhia bem barata, essa MGM", disse um deles durante um intervalo da marcha no campo quente de treinamento. "Dez dólares por dia, e não passa de *trabalho*."

Dixon Porter disse para um amigo: "Suponho que de todo esse caos acabe saindo uma ordem".

O amigo disse: "Todo esse negócio de se apressar e esperar. É bem como no exército".

Reinhardt trouxera uma câmera de dezesseis milímetros e estava fazendo seu próprio filme das filmagens. "O meu vai ser em technicolor", contou-me. Sua esposa chegou ao set com sua calça nova e chapéu. Reinhardt gemeu quando viu a roupa dela. "Gottfried!", anunciou ela. "Vou mantê-lo abastecido de garrafas de refrigerante."

A sra. Reinhardt pôs uma cigarrilha no canto da boca.

"Silvia!", gritou Reinhardt, horrorizado.

"Estamos em constante estado de osmose", disse ela, sem dar atenção à agitação de Reinhardt. "A osmose vem acontecendo há muito tempo. Um líquido de menos densidade fluindo na direção de um líquido de densidade maior através de uma membrana fina." Ela soltou uma risada estridente e desesperançada e deu um puxão em sua calça de verão do exército.

Reinhardt secou o rosto com um grande lenço de seda, que ficou imediatamente ensopado de suor. Ele olhava de mau humor para o lenço molhado quando Katz se aproximou, sorridente. "Está fazendo muito calor, caso você não tenha notado", disse ele. "Há alguma coisa que eu possa fazer?"

Reinhardt perguntou-lhe se o estúdio dera permissão para que o exército atravessasse o rio Sacramento.

"O pessoal do seguro está estudando a segurança do rio", disse Katz. "Eles mesmos vão entrar."

"Vou com eles", disse Reinhardt.

"Bom, bom", disse Katz.

Huston aproximou-se e perguntou sobre a travessia do rio.

"Se eu fosse nomeado chefe do estúdio, iria até você e diria: 'Nada de atravessar o rio!'", respondeu Reinhardt.

"Tome cuidado, ou isso poderá acontecer", retrucou Huston, e soltou seu riso sufocado.

"Então vamos atravessar logo o rio", disse Reinhardt.

Poucos minutos antes da meia-noite, acompanhei Huston e Reinhardt até o cinema Vecino, na rua principal de Chico. Na marquise, luzes elétricas anunciavam a atração atual: Jack Carson em *Sorveteiro em apuros*. Esperando sob a marquise estavam Rosson, Marton, Callow e Band. Depois da sessão normal, íamos ver o primeiro copião de *A glória de um covarde*. As cenas estavam voltando em 48 horas, em vez de 24.

"É isso, rapazes", anunciou Rosson em voz baixa quando nos juntamos a eles.

Por alguns instantes, ninguém disse nada. Os homens olhavam nervosamente uns para os outros. Pareciam presos pela mesma expectativa tensa que marcara o primeiro dia de filmagem. "Vamos lá, turma", disse Huston por fim.

Seguimos Huston na escuridão barulhenta: na tela, vários homens e uma garota batiam com paus uns na cabeça dos outros. Achamos lugares no fundo. Na tela, um burro escoiceou um homem, e os ruídos da trilha sonora misturaram-se ao riso da platéia. Depois, Jack Carson segurou uma garota em seus braços, houve um estrondoso acorde final de música, e as luzes se acenderam. "Meu Deus!", disse Huston. Ele olhava espantado para o público que saía do cinema.

Katz entrou, e Reinhardt, sentado na primeira poltrona, ameaçou levantar para deixar passá-lo.

"Fique sentado", disse Katz, e sentou-se atrás dele.

"Cigarro, Albert", disse Huston. Band deu-lhe rapidamente um e o acendeu para ele.

"Estão prontos, senhores?", gritou um homem da sala de projeção.

"Vá em frente", disse Huston, com uma voz que soou muito alta no cinema agora vazio. Ele afundou no assento, pondo suas longas pernas no encosto da poltrona da frente. Reinhardt bateu a cinza do charuto e deu um suspiro profundo. As luzes se apagaram.

Na tela, o exército de Chico arrastou-se pela estrada; os rostos refletiam o sentimento de tensa expectativa que marcara todo o primeiro dia de filmagem, e, de alguma forma, o efeito na tela era perfeito do ponto de vista dramático. Depois da estridência de Jack Carson, o arrastar de pés dos soldados soava estranhamente amortecido. A cena cortou para um close do homem morto na estrada e depois para um primeiro plano de Audie Murphy, iniciando ao som do revólver de Huston. A cena da coluna se dispersando pelo mato foi seguida de dois closes de Douglas Dick alisando o bigode. Na primeira, Dick mantinha os ombros rígidos, e os dedos que passava pelo bigode pareciam inseguros de sua direção, de onde estava o bigode. Na segunda cena, ele erguia um ombro de forma arrogante, numa aproximação do modo como Huston lhe mostrara que devia representar. Huston exalou um pouco de fumaça e mudou sua posição, de um jeito que os joelhos agora pressionavam o assento à sua frente. "Usaremos a segunda, Albert", disse ele. "Faça uma anotação."

Quando as luzes se acenderam, Huston e Reinhardt saíram do cinema rapidamente.

"Então, a coisa parece muito boa, *muito* boa, Gottfried", disse Huston.

Reinhardt concordou que a maioria das cenas parecia boa, mas não gostara da tomada do regimento passando pelo soldado morto. Não havia choque na cena, disse ele. Não servia ao seu propósito — mostrar a primeira impressão assustadora que o Jovem teve da guerra.

Huston disse que a tomada ficaria perfeita — tudo que precisava era de uma impressão mais escura. "O corpo está claro demais, só isso", disse com impaciência.

Reinhardt ainda parecia perturbado. "Não há *surpresa*", disse ele.

"Ficará bom, Gottfried", disse Huston.

* * *

Dixon Porter fora promovido de figurante a ponta. Era agora um dos soldados veteranos maltrapilhos que implicavam com o Jovem e os outros recrutas. Huston borrifou o rosto dele com água, depois jogou terra e, por fim, mandou-o rolar numa poça de lama, tudo com a finalidade de dar-lhe uma aparência de durão. Outro veterano era o homem que fizera o papel de morto. Era um pintor e consertador de chaminés chamado Jack O'Farren, e enquanto esperava pela filmagem da cena, distribuía a todos os recrutas cartões de visita que diziam: "O céu é o limite com Jack O'Farren". Dois dos outros veteranos, um corretor de imóveis chamado Smith e um estudante de artes da Chico State College chamado Feingold, rolaram sobre o limo de trechos do rio, por iniciativa própria, depois que Huston os mandou rolar na lama. Estavam maravilhosos, disse-lhes o diretor. Ele parecia estar se divertindo. Conduziu os veteranos para a cena às gargalhadas e disse-lhes que estavam ótimos, simplesmente ótimos. Depois da tomada, liderou o aplauso dos espectadores para a performance.

Com uma boa dose de entusiasmo, Huston preparou-se então para filmar a cena em que o Jovem encontra o corpo de um oficial morto encostado numa árvore, na orla do bosque. O efeito, de acordo com o roteiro, deveria ser o do interior de uma catedral, com os raios do sol atravessando uma espessa bruma de fumaça da batalha. Huston mostrou ao figurante que faria o morto como deveria ficar, de olhos abertos e fixos no alto das árvores; depois mostrou a Murphy como ele deveria se aproximar da visão e recuar com lento e hipnotizado fascínio. Então Huston voltou ao papel do oficial morto. Parecia mais do que se identificar com as personagens: a identificação se estendia para a cena como um todo, incluindo a árvore. Sentou-se encostado na árvore, com a mão agarrada na espada, e de novo a aparência da morte surgiu em seus olhos. Levantou-se com agilidade, voltou à posição do Jovem e demonstrou novamente sua idéia de como alguém reagia quando topava com o horror da morte. Reinhardt estava por perto, observando. Huston não falou com ele.

Naquela tarde, Reinhardt parecia deprimido. Estava impaciente para dar uma olhada no último copião e foi vê-lo enquanto Huston ainda filmava. Eu o acompanhei ao cinema. Katz estava do lado de fora; mandou-nos entrar e sentar e disse que traria um refrigerante para Reinhardt.

"Ele vai trazer a bebida errada, você vai ver", disse-me Reinhardt. "Vai trazer *root beer*,* e eu detesto *root beer*."

Katz voltou com uma garrafa de *root beer*, e as luzes do cinema se apagaram. Havia cenas dos soldados se exercitando, de Dierkes marchando com Murphy e Mauldin e de Murphy correndo pelo bosque; no final, outra tomada da cena do homem morto, que desapontara Reinhardt. "Muito melhor", disse ele. "Eu os mandei revelar esta outra tomada." Ele parecia se esforçar para fazer uma avaliação mais animada do filme. O campo de treinamento, segundo ele, parecia exatamente uma fotografia de Brady. Excelente atmosfera, disse a Katz, mas deveriam ter usado mais homens na cena.

"Parece um monte de gente", disse Katz. "Parece quase uma *multidão*."

Reinhardt não quis discutir. Dierkes estava excelente, comentou. Huston certamente sabia o que estava fazendo quando o escolheu. E, na segunda tomada, o soldado morto *realmente* parecia um soldado morto e causava um efeito mais chocante. Murphy seria muito bom. "John pode convencer qualquer um a fazer qualquer coisa", acrescentou.

* *Root beer*, bebida não alcoólica feita de raízes. (N. T.)

Quando voltamos ao set, Reinhardt disse a Huston que as cenas estavam excelentes. Huston pareceu satisfeito. Eles caminharam até um lugar sombreado e sentaram-se.

"Conte-me sobre as cenas, Gottfried", disse Huston.

"O soldado morto está bem agora. Se eu tivesse visto aquela tomada, não teria reclamado."

"Está tudo bem agora, então, Gottfried?", perguntou Huston, sorrindo para ele pela primeira vez desde que viram as primeiras cenas juntos.

Reinhardt soltou uma risada de alívio e disse que sim. "E é realmente a Virgínia, porque há uma nuvem", acrescentou.

A sra. Huston e a sra. Reinhardt tinham voltado para casa. "Parto com muita pressa, confusa, num súbito acesso de ambivalência em relação a Chico, atores, diretores, produtores e a Guerra Civil", escreveu a sra. Reinhardt num conciso bilhete de adeus para mim. "Estou voltando para Mocha, que me compreende."

O departamento jurídico da MGM dera finalmente permissão para que 250 figurantes uniformizados e armados atravessassem o rio Sacramento enquanto duas câmeras filmavam. Seria uma das cenas mais importantes do filme, disse-me Reinhardt, e fora reservada para o último dia em Chico. Às quatro da manhã, Huston foi pescar com Murphy. Quatro horas depois, fui de carro até o local da travessia do rio com Reinhardt e Band. Uma lancha a motor alugada nos levou até o outro lado do rio, e atracamos perto do ponto onde a câmera fora montada sobre uma plataforma. Huston não estava por perto. Rosson, vestido apenas com calção de banho, rondava a câmera, cercado por seus assistentes, e Callow supervisionava a montagem de um sistema de alto-falantes bastante elaborado pelo qual Huston daria as ordens aos homens que cruzariam o rio. Reinhardt preparava sua própria câmera para a grande cena. "Gostaria que Dore visse isto", disse ele.

Do outro lado do rio, os soldados estavam se enfileirando.

"Todo mundo pronto para o dia D?", gritou um dos cinegrafistas.

Rosson disse que tinham de esperar por Huston. Ele desceu da plataforma da câmera e foi olhar em torno da relva alta na margem do rio, onde encontrou Huston em sono profundo. Rosson o acordou, e o diretor o seguiu de volta para junto da câmera, sacudindo a cabeça sonolenta. Subiu na plataforma e sentou-se lá, queixando-se de que ele e Murphy não tinham conseguido pegar um único peixe. Olhou taciturno para as frenéticas preparações da travessia.

"Vamos lá, companheiros!", gritou Rosson.

"Estou morto de medo", disse Reinhardt, posicionando sua câmera de dezesseis milímetros no olho.

Huston ordenou pelo sistema de alto-falantes que a travessia começasse. O exército de moradores de Chico atravessou o rio e emergiu ensopado, mas triunfante. Huston foi até o sistema de alto-falantes e disse aos homens que eles tinham sido simplesmente ótimos. "Quando vocês assistirem a este filme, verão uma das cenas mais impressionantes já filmadas", disse ele. "Agora precisamos de alguns voluntários para outra tomada. Vão ter de voltar um pouco para dentro do rio."

"Eu vou", disse Dixon Porter, bem na frente, como de costume.

"Bom menino, Dixon", disse Huston.

Porter se iluminou. "Tive de lutar com a água o tempo todo na primeira travessia", disse ele.

"Você estava maravilhoso, simplesmente maravilhoso", disse Huston.

Albert Band apareceu de uniforme azul, agarrou um rifle e entrou no rio com os voluntários, como advertira a Huston e Reinhardt que faria. "Sensação deliciosa", disse ele ao sair da água.

Durante o dia, circulou uma nova piada. Todo mundo contou para todo mundo que a cena da travessia do rio teria de ser filmada de novo porque uma peruca estava errada. Reinhardt telefonou para Dore Schary assim que retornou ao hotel. Quando encontrou Huston outra vez, disse que havia feito um relatório completo da travessia do rio para Schary.

"Dore me disse: 'O.k., querido'", contou ele a Huston.

Jack Aldworth fizera sua anotação final do trabalho em Chico ("Empacotar tudo — retornar ao hotel — equipes começam a recolher o equipamento para retornar ao estúdio"), e a companhia se preparava para voltar a Los Angeles. Huston, Reinhardt e Band iriam voltar no conversível de Reinhardt, e me ofereceram uma carona.

Band parecia altamente estimulado por sua recente experiência militar. "Um-dois-um-dois-esquerdo-direito-esquerdo-direito", entoava, marchando em círculos ao redor de Reinhardt.

"Albert!", disse Reinhardt.

Band parou e fez uma continência.

"Traga minha câmera, Albert", disse Reinhardt.

Band fez continência de novo e saiu, cantando seu refrão de campo de treinamento. Huston apareceu pouco depois e ficou lendo um jornal enquanto Band arrumava a bagagem. Reinhardt levou a câmera ao olho e enfocou Huston, que lia a manchete "TROPAS AMERICANAS ATACAM VERMELHOS".

"Ponha a câmera no banco de trás, Albert", ordenou Reinhardt. Suspirou e disse que estava cheio de fazer sua própria filmagem. "Já gastei uma fortuna neste filme", acrescentou.

Band sentou-se no banco de trás, e nós nos acomodamos na frente.

"Muito bem!", disse Huston quando partimos. "Quantos dias estamos adiantados no cronograma, Gottfried?"

"Um dia e meio", respondeu Reinhardt. "Reggie diz que se tivéssemos feito a cena da travessia do rio no tanque do estúdio, teria custado doze mil dólares a mais. Albert, a caixa de charutos. Embaixo do meu casaco, do seu lado."

"Podemos ter a travessia do rio na tela por um minuto", disse Huston.

"Tanto assim?", perguntou Reinhardt, que dirigia o carro.

"A cena merece", disse Huston. Ele afundou no assento, pondo suas longas pernas numa posição confortável. Reinhardt pisou fundo no acelerador. "Não corra", disse Huston, olhando para os montes de feno nos campos. "Não estamos com pressa, Gottfried. Gosto de olhar para este tipo de campo. Adoro ver isto."

Ninguém falou durante algum tempo, depois Huston disse: "Estou muito contente com o que fizemos em Chico".

"Não foi nada mau, não é?", disse Reinhardt.

"Um-dois-um-dois", disse Band lá atrás.

Huston endireitou-se no banco e falou devagar: "Cometi um erro".

Reinhardt sobressaltou-se.

"Nos closes dos veteranos", explicou Huston. "Esqueci o movimento de câmera. A tomada longa era para ser feita com a câmera móvel. Esqueci disso nos closes."

Reinhardt apertou o charuto nos lábios. Talvez pudessem refazer algumas tomadas quando voltassem à fazenda, disse Huston. Depois fechou os olhos e tratou de dormir. Reinhardt pisou fundo no acelerador.

Uma das primeiras coisas que Reinhardt fez quando voltou ao seu escritório na Metro-Goldwyn-Mayer foi escrever uma carta a Dore Schary:

> Caro Dore:
>
> Ao retornar da selva de Chico, descobri que no calor da luta da Guerra Civil (e põe calor nisso!) perdi seu aniversário, então gostaria de lhe enviar meus melhores votos atrasados hoje. Seu presente são as cenas e o tempo em que elas foram filmadas.
>
> Com os mais cordiais cumprimentos pessoais,
> do seu
> Gottfried
>
> P.S. E põe luta nisso. Eu até atravessei a pé o rio Sacramento para convencer o sujeito do seguro de que era possível fazer a travessia sem grandes riscos. Afinal, que gesto mais nobre pode ter um estúdio do que arriscar a vida de seus produtores?

As cenas filmadas em Chico foram montadas aproximadamente na ordem em que entrariam no filme acabado, e Reinhardt as vira dessa forma. Agora, Huston assistia ao filme numa sala de projeção do estúdio, e Reinhardt o esperava em seu escritório. Schary também vira as cenas, disse ele, mas Mayer não queria ver nada antes da pré-estréia. "Mayer realmente *odeia* o filme. E vai continuar odiando enquanto achar que não temos uma história. Ele gostaria que reescrevêssemos o roteiro e déssemos à história de Stephen Crane uma nova *inflexão*." Reinhardt riu com tristeza. "Lembra-me da época em que deram a Sam Hoffenstein um filme de Tarzan para reescrever. Disseram-lhe para dar uma nova inflexão. Ele reescreveu o roteiro — todo em iídiche." Sorriu acanhado. "Adoro essa história. É ótima."

Huston irrompeu no escritório, seguido por Albert Band.

"A coisa parece tremendamente boa, Gottfried", disse ele. "Montar vai ser sopa. Tenho poucas críticas."

"Quais são as suas críticas?", perguntou Reinhardt.

"Bem, praticamente nada, *amigo*", respondeu Huston. Então se sentou e, inclinando-se para trás, pôs os pés sobre a escrivaninha de Reinhardt.

Reinhardt recostou-se em sua cadeira e também pôs os pés sobre a mesa. "Este é um costume americano que eu adotei com entusiasmo", disse ele. "Que críticas?"

"Já vou dizendo que Audie está soberbo", declarou Huston. "Ele é simplesmente maravilhoso. Sensível. Vivo. Esse rapaz é uma coisa."

"Você me faria um favor, John?", perguntou Reinhardt.

"O quê?"

"Faça Audie sorrir no filme. Só uma vez."

"Tudo bem, Gottfried", respondeu Huston, afável.

Alguns dias depois, era Huston, e não Reinhardt, que parecia insatisfeito. Estava preocupado com o roteiro. Disse a Reinhardt que estava especificamente preocupado com o modo como o filme parecia estar se transformando num relato da luta entre o Norte e o Sul na Guerra Civil. "Tudo o que queremos mostrar é que aquilo que o Jovem está fazendo não tem nada a ver com a grande batalha", disse ele. "A batalha durou três dias e vai continuar por mais três dias. O Jovem entra no giro da roleta e fica durante um tempo, depois é jogado fora, e é só com isso que devemos nos preocupar. Temos de arranjar alguma coisa para o fim que mostre isso." Tudo o que tinham no final até agora, disse Huston, era uma cena em que o regimento do Jovem tomava um muro de pedra defendido pelos confederados; esta era a última cena de ação do filme. O que o incomodava é que não havia uma grande cena no final. Achava que estava faltando alguma coisa.

Reinhardt disse que era melhor não buscar um clímax. "Às vezes, um final calmo causa mais impressão", disse ele. "Sempre penso no forte efeito da tranqüilidade de *Till Eulenspiegel*. O sujeito médio do cinema diria que é um anticlímax. Eu não acho." Reinhardt parecia tirar imenso prazer desse tipo de discussão.

Huston, ignorando a referência a *Till Eulenspiegel*, apenas repetiu que eles teriam de arranjar alguma coisa nova para o fim do filme. "Eu gostaria que a situação ficasse clara. O Jovem e seus camaradas lutaram todo o dia e no dia anterior. Agora nós abrimos a última batalha seguindo o General em seu cavalo branco cavalgando ao longo das linhas. Vamos para o Jovem e seu regimento. Eles fazem parte dessa coisa grande. Eles tomam um fragmento do muro. Começamos com uma coisa grande e acabamos com uma coisa pequena. Se a batalha dependesse desse muro, então saberíamos que situação é essa. Mas não sabemos bem o que aconteceu."

Reinhardt disse: "Eles tomam o muro. Pense, isso é uma grande coisa. Eles fazem prisioneiros. De repente, recebem ordens para entrar em forma e ir embora, e vêem outro regimento assumir a posição".

"Eu gostaria de saber o que está acontecendo do ponto de vista da própria batalha", disse Huston. "E não sei, nem mesmo *eu* sei." Então riu e disse que iria pensar em algo. Depois acrescentou: "Outra coisa, Gottfried. Não gosto do soldado morto que Audie encontra no bosque. Parece teatral demais".

Reinhardt protestou, dizendo que gostava da cena.

Huston disse que a faria de novo.

Todas as noites, após o jantar, Dore Schary passava em sua sala de estar os copiões de todos os filmes em produção na MGM, e certa noite me convidou para ver as cenas já filmadas de *A glória de um covarde.* Schary mora em Brentwood, um elegante distrito residencial, numa casa em estilo inglês de cor creme. O capacho da entrada traz estampadas as palavras "Schary Manor" — nome da residência de seus pais em Newark, onde possuem um bufê. No verão de 1950, Schary estava com 45 anos — um ano mais velho que Huston, sete anos mais velho que Reinhardt e vinte anos mais moço que Mayer. Nascido em Newark, era o caçula de cinco filhos. Freqüentou a escola pública, que deixou aos treze anos, depois de uma discussão com um professor sobre um problema de álgebra. Seis anos mais tarde, depois de trabalhar de vez em quando no negócio da família, ter sido vendedor de gravatas e tentado outros empregos, retornou à escola e, freqüentando-a dia e noite, terminou o curso secundário em um ano. Em 1928, entrou para a companhia de teatro de repertório Stuart Walker, em Cincinnati, onde permaneceu como ator durante uma temporada. Posteriormente, passou um verão como diretor-assistente de recreação no Flager Hotel, nos Catskills (o diretor era Moss Hart), e depois representou pequenos papéis nas produções da Broadway de *Four walls* [Quatro paredes] e *The last mile* [A última milha]. Schary escreveu uma peça que não foi montada, mas foi lida por Walter Wanger, que lhe propôs um contrato de cem dólares por semana como roteirista na Columbia, em 1932. Ele aceitou, mas ao final de doze semanas, Wanger não o efetivou. Schary permaneceu em Hollywood e, vários meses depois, ajudou a escrever para a MGM o roteiro de *Labirintos do destino*, estrelado por Spencer Tracy. Depois, também para a MGM, colaborou no texto de *Com os braços abertos*, pelo qual ganhou Oscar. Em seguida, colaborou em *O jovem Thomas Edison* e *Edison, o mago da luz*, e lhe deram o emprego de supervisor da unidade de produção do estúdio da MGM que fez *Cumpre o teu dever*, *Sublime alvorada* e *A força do coração*, este último com a cadela Lassie. Depois disso, Schary foi trabalhar na companhia independente de David O. Selznick, onde produziu *Ambiciosa* e *O solteirão cobiçado*. O sucesso desses filmes levou à sua contratação como chefe de produção da RKO, onde fez *Rancor* e *Lar, meu tormento*. Retornou à MGM no verão de 1948, a convite de L. B. Mayer. Não demorou para que, além de ser o superintendente de produção de todo o estúdio, produzisse pessoalmente *O preço da glória*, com Van Johnson, e *A voz que vão ouvir*.

Schary recebeu-me na porta de sua casa com um sorriso despreocupado e me disse que estava prestes a ver a última das cenas do dia. Vestia calça de flanela cinza e um blazer azul com botões brancos. Levou-me a uma grande sala de estar. Numa das extremidades estava sua esposa, pintora que usa o nome artístico de Miriam Svet, seus três filhos (Jill, de quinze anos, Joy, de treze, e Jeb, de onze) e a chefe de montagem da MGM, Margaret Booth, uma mulher magra com um rosto magro e ossudo. Schary conduziu-me até uma cadeira perto delas e estalou os dedos. Um largo painel se abriu na parede oposta da sala, expondo uma tela branca, e a luz foi apagada. Um projecionista que estava numa cabine atrás de nós mostrou-nos as cenas de *A glória de um covarde*. A elas se seguiram cenas em technicolor de Clark Gable e uma garota indígena se amando no alto de uma montanha. Schary disse à srta. Booth como queria que as cenas fossem cortadas, e então as luzes se acenderam. As crianças agradeceram ao pai pela permissão para ver os filmes. Ele as beijou e mandou-as para a cama, acrescentando que, se ficassem comportadas, poderiam ver os copiões na noite seguinte também. A srta. Booth disse que tinha um encontro para ir ao cinema e saiu. A sra. Schary se desculpou, dizendo que precisava trabalhar numa pintura.

Schary sentou-se. Até então, as cenas de *A glória de um covarde* eram magníficas, disse-me ele. "John e Gottfried mostraram que tinham razão e que podiam fazer este filme. A estimativa original estava perto de dois milhões, e nossos analistas disseram que levaria quarenta e oito dias. John e Gottfried disseram que poderiam fazê-lo em trinta dias e segurar os custos em um milhão e meio. Ninguém acreditou. Mas *eu* acreditei. Acho que nenhum filme é igual a outro. Então acreditei que os rapazes poderiam fazer o que pretendiam. Creio que uma das coisas mais debilitadoras é ter um quadro de referência grande demais."

Antes do início da produção, disse Schary, Huston e Reinhardt pareciam quase dominados pela dúvida, e ele teve de acalmá-los. Tinham ido visitá-lo em casa, quando estava doente. "Ficaram tão preocupados que repassei a coisa toda com eles. Eu disse: 'Não tenho como confortar vocês dizendo que este vai ser um grande filme. Só sei que John é um diretor brilhante. O roteiro é maravilhoso. Pode ser um filme inspirador. Não acho que alguém vá ser capaz de dizer que é um filme ruim. Vamos seguir nossos primeiros palpites e primeiros instintos, e vamos fazer o filme! Vamos fazê-lo com o máximo de eficiência e economia, e com o máximo de entusiasmo. Vamos parar de pensar nele como um filme *se*. É para fazer. É isso aí'. A partir de então, tudo simplesmente decolou."

Schary lançou-me um olhar cândido. "Eu adoro John", disse ele. "Aquele cara vai viver para sempre. É um sujeito vigoroso, durão. Quando quer alguma coisa de você, senta-se ao seu lado, e a voz dele fica meio rouca, e logo, logo você está no papo. Ele queria Audie para o papel do Jovem e conseguiu." Deu de ombros com ar benevolente. "Um homem criativo. Quando quer vencer uma discussão, usa argumentos contundentes e teatrais." Schary sacudiu os ombros de novo. "Adoro fazer esta imitação de John quando vem dizer oi." Fez a imitação — levantou-se, deu uma torcida de noventa graus no corpo e disse "o-i-i" — e sentou-se com um risinho de satisfação por sua performance. "Eu visualizara o Jovem como um tipo sardento, mais alto e mais loiro, uma espécie de Van Johnson mais moço", continuou. "Eu disse a ele: 'John, você é um grande canastrão. Se fosse vinte anos mais jovem, adoraria fazer esse papel você mesmo'. Ele respondeu que eu estava certo. Esse era o tipo de sujeito que eu tinha em mente — um cara com um rosto estranho, interessante, com o cabelo caindo na testa. Mas no teste final, aceitei Audie. John nunca abandonou seu palpite e acabou conseguindo. Grande sujeito, o John. Ele está sempre voando para cá e para lá. Vai de avião ali, acolá, a qualquer lugar. Um infeliz como eu entra num avião, e o avião cai. Eu adoro John."

Schary abriu um sorriso. "*Show business!*", exclamou. "Sou maluco pelo *show business*. Sou vidrado em fazer filmes. Todos os tipos de filmes. Mas meus favoritos são os filmes simples, com os pés na terra, desses sobre a vida cotidiana. *A voz que vão ouvir* é esse tipo de filme. Sou louco por ele. Eu *amo* aquele filme." Schary continuou dizendo que gostava de ver os copiões todas as noites. "Gosto de me reafirmar", disse ele. "O maior trabalho é a transferência de uma imagem para a tela. Para *A glória de um covarde*, eu tinha uma imagem na cabeça de uniformes azul-escuros contra um fundo de estradas poeirentas. Uma imagem que John transferiu com sucesso para o campo da produção." Schary fez um movimento professoral com a cabeça. "Os rapazes estão fazendo um filme impressionante. A única controvérsia em relação a *A glória de um covarde* é se vai ser um sucesso ou um fracasso de bilheteria. Nada mais."

Flautins para o seu nome, cordas para o meu

A glória de um covarde estava um dia e meio adiantado em relação ao prazo de 34 dias de filmagens quando, em setembro de 1950, o elenco e a equipe se apresentaram na fazenda de Huston para começar a trabalhar nas principais cenas de batalha. Nas duas semanas passadas em Chico, Huston e Reinhardt haviam terminado oitenta das 347 cenas delineadas no roteiro — em sua maioria, cenas que mostravam o Jovem treinando no campo, marchando através do bosque, atravessando o rio com seu regimento e fugindo pela floresta. Reinhardt não gostara muito de uma cena que Huston queria manter (aquela em que o regimento do Jovem encontrava o cadáver de um soldado na estrada), e Huston não gostara muito de uma cena que Reinhardt queria manter (na qual o Jovem encontra um soldado morto sentado na floresta), mas quanto ao resto os dois concordavam que haviam começado bem. As oitenta cenas tinham sido vistas e elogiadas por Schary; para ele, elas indicavam que *A glória de um covarde* seria um filme impressionante e inspirador, e que Reinhardt e Huston estavam cumprindo a promessa que lhe fizeram de produzir o filme ao custo máximo de um milhão e meio de dólares, terminá-lo dentro do prazo e tentar fazer dele um sucesso comercial. Nem Mayer, nem Schenck tinham visto qualquer parte do filme, mas em interurbanos Schary mantinha Schenck informado sobre os relatórios da Produção nº 1512 que chegavam à sua mesa no estúdio (com cópias na mesa de Mayer); eles mostravam que do custo total de 1 434 789 dólares estimado para o filme, 468 044 dólares já haviam sido gastos até o momento em que Huston se preparava para filmar a primeira cena de batalha. (Outros relatórios mais ou menos da mesma época revelavam que o musical da MGM *Um americano em Paris* — Produção nº 1507 — teria uma seqüência de balé de treze minutos que custaria 400 mil dólares, e que *Quo vadis* — Produção nº 1312 — custaria 8,5 milhões de dólares, mas contava com um lucro líquido projetado de 12 milhões de dólares.) A primeira cena de batalha, que daria ao Jovem sua primeira visão do combate, custaria à Loew's, Inc. 155 mil dólares.

A cena de batalha foi filmada do topo de um morro alto e íngreme que ficava diante de outro morro, mais alto, mas menos íngreme. Os morros desciam até uma ravina rasa, local onde o Jovem travaria sua primeira luta. Do alto do morro mais íngreme, ele veria o choque entre as cavalarias da União e da Confederação, em meio à explosão de granadas. Bonecos empalhados de homens e cavalos haviam sido espalhados pelo campo de batalha. Uma ambulância do estúdio ficava estacionada fora do alcance da câmera; qualquer pessoa ferida, foi anunciado, seria levada ao Los Angeles Hospital em quarenta minutos. Lee Katz, gerente de unidade, homem de ligação entre a Produção nº 1512 e o escritório de produção do estúdio, chefiado pelo vice-presidente Joe Cohn, subiu ao topo do morro e, ofegante, perguntou a Huston se ele estava pronto para a batalha. "E que batalha!", exclamou Katz. "Está custando cento e cinqüenta e cinco mil dólares."

"Não está uma maravilha?", disse Huston.

Uma grande quantidade de gente estava à disposição para a batalha. Cerca de duzentos figurantes vestidos com o azul da União perambulavam por ali com rifles e esperavam que lhes indicassem seus lugares. (À medida que o filme progredisse, a maioria dos figurantes deveria trocar de roupa e vestir os uniformes cinzentos dos soldados confederados.) Bill Mauldin, John Dierkes e os atores que interpretavam papéis menores estavam reunidos num canto; junto com Audie Murphy, eles seriam dispostos de tal modo que uma das três câmeras em uso registrasse suas reações à batalha.

"O novo restaurante de Mike Romanoff terá um só ambiente", dizia um dos atores secundários. "Todas as mesas estarão em pé de igualdade. Todos serão iguais."

Andrew Marton, o diretor da "carniça", parecia ter abandonado as batalhas futuras para cuidar da atual. Examinou atentamente o rosto dos soldados e depois, com a mesma atenção, examinou o terreno e fez um sinal de aprovação com a cabeça: "Johnny gosta que esse tipo de coisa pareça ameaçador e agreste".

"Vai ser melhor do que ...*E o vento levou*", disse Albert Band.

Audie Murphy estava sozinho, concentrado em enfiar a baioneta no chão. "Tudo pronto para a grande batalha?", perguntou-lhe o coronel Davison. Murphy sorriu polidamente e disse que sim.

Huston, vestido com uniforme de verão do exército e um boné xadrez vermelho e verde, corria morro acima e morro abaixo sem perder o fôlego; organizava os soldados da União em linhas irregulares e voltava correndo para ver com Harold Rosson como eles ficavam através da câmera.

"Onde está seu cavalo, meu chapa?", perguntou Rosson, mascando chiclete rapidamente.

Huston disse que dirigir o filme montado, como fizera no começo, exigiria demais de seu cavalo. "Puxa, Hal, não parece ótimo?", disse ele enquanto observava as tropas.

"Estamos começando a fazer a coisa se aproximar de Brady, meu chapa", disse Rosson.

Huston riu. A ironia que há na fuga do Jovem de sua batalha inicial e em seus feitos heróicos numa batalha posterior deve ficar clara no filme, ele disse ao cinegrafista — sua guerra no filme não devia parecer uma guerra do Norte contra o Sul, mas uma guerra que mostrasse a inutilidade da coragem do Jovem ao ajudar a capturar, perto do fim do filme, um fragmento de muro. Para deixar isso claro, disse Huston, ele escrevera algumas cenas adicionais, inclusive uma em que os soldados de outro regimento dizem ao Jovem que ele não participara de uma batalha importante, mas de uma ação diversionária. "Acho que ficará muito bom, garoto", disse Huston.

"Certo, meu chapa", disse Rosson com um sorriso. "Só me diga o que você quer."

O homem encarregado de deflagrar as explosões durante a filmagem das cenas de combate estudava um grande mapa que mostrava a localização dos explosivos enterrados no campo de batalha. Com sua ajuda, Huston e Reggie Callow instruíram a cavalaria da União a atacar sem se ferir com as explosões.

"Parece a Guerra Civil", disse Reinhardt. Com um capacete de abas largas e uma camisa com o colarinho aberto, ele ficou de pé ao lado de uma das câmeras, com as mãos na cintura.

"Você quer dizer a Guerra entre os Estados", disse Band. "O estúdio diz que não podemos chamá-la de Guerra Civil nos filmes."

Reinhardt foi até Audie Murphy e contou-lhe que a batalha teria uma aparência completamente realista. Murphy escutou, mudando a baioneta de uma mão para a outra, e depois, em um de seus raros momentos loquazes, disse que a psicologia em todas as guerras era a mesma, que ele acreditava que a psicologia de um recruta inexperiente na Guerra Civil era a mesma de um jovem nas guerras mundiais.

"Você acha que o alemão era um bom soldado?", perguntou Reinhardt.

"Nós tínhamos respeito pelos alemães", disse Murphy. "Não havia nada dessa coisa de soprar anéis de fumaça no rosto deles. Foi um erro subestimar o soldado alemão."

"Pois é", disse Reinhardt rindo. "Sabe, existem três tipos de inteligência: a inteligência do homem, a do animal e a do militar. Nessa ordem."

Murphy continuava a mudar a baioneta de mão.

"Pronto para a grande batalha, Gottfried?", perguntou Katz, jovial. Reinhardt sorriu e fez que sim com a cabeça.

Um grupo de dublês a cavalo estava prestes a começar um ataque da cavalaria da União através do campo de batalha. Um deles, um jovem chamado Terry Wilson, montava um cavalo inquieto, resfolegante. Um grupo de figurantes que representavam soldados do exército da União cercou Wilson enquanto ele acalmava o animal e lhe dizia que ele lideraria o ataque. Seria o primeiro de muitos serviços — que ele chamava de "levar pancada" — prestados a Huston, entre os quais estavam destruir carros de munição, cair de cavalos, ser arrastado por cavalos através do campo de batalha, fazer cavalos caírem como se fossem atingidos por tiros e ser jogado pelos ares por supostas granadas. O ex-fuzileiro naval Wilson e os outros dublês eram rudes e desdenhavam os atores-soldados, muitos dos quais levavam loção bronzeadora na mochila. Wilson disse que os dublês estavam dispostos a dar o sangue por um homem como John Huston. "Ele é *o cara*, sabe?", disse ele aos figurantes. "Um *tremendo* cara."

"A gente ganha mais grana nesta guerra do que no *exército*", disse um dos figurantes.

"Esse negócio de guerra não paga tão bem", concordou Wilson. "Vou ganhar quatrocentos dólares para detonar um carro de munição e cento e cinqüenta dólares para voar pelos ares. Cento e cinqüenta para cair de um cavalo. Setenta e cinco para empinar um cavalo. Talvez quatrocentos e cinqüenta para cair com um cavalo. Se quebrar o pescoço, ganho uma compensação de trinta dólares por semana. Não faço isso para me divertir, mas farei qualquer coisa que o senhor Huston queira."

Um homem idoso com uma grande barba grisalha, que estava trabalhando como figurante, murmurou que Wilson devia tomar cuidado. "Participei de todas as guerras da história desde os filisteus", disse ele. "E vou lhe dizer uma coisa: esta parece ser a mais perigosa. Fui soldado de infantaria na revolução americana. Lutei contra os filisteus em *Sansão e Dalila.* Estive na Primeira Guerra Mundial em *Sargento York.* Estive com Errol Flynn na repressão da rebelião irlandesa em *Meu reino por um amor.* Estive em todas as guerras napoleônicas, na guerra hispano-americana e na Segunda Guerra Mundial. Até já participei da Guerra Civil uma vez, em *...E o vento levou.* Estive em todas as guerras, e falo com experiência — esta vai ser a guerra mais dura. Você ainda não viu nada."

"Se o senhor Huston quer desse jeito, por mim tudo bem", disse Wilson.

"Silêncio!", gritou Callow pelo alto-falante. "Todo mundo quieto. Isso vale para as altas patentes e todo mundo."

"Em frente, marchando!", disse Katz para ninguém em particular.

"O homem do Pentágono está tentando acelerar as operações", disse Band.

"Muito bem, agora!", disse Huston, com ar inebriado e feliz. Tirou o boné e o jogou no chão. Então pegou o microfone e pediu a todos os soldados que fossem cuidadosos ao descer o morro; se alguém escorregasse, deveria tomar cuidado para proteger de sua baioneta o homem à frente. Depois gritou: "Ação!". Seguiu-se uma gritaria e confusão. A cavalaria da União atacou morro abaixo. Os explosivos foram detonados no campo de batalha. As máquinas de fumaça mandaram fumaça sobre a cena. A linha de soldados de infantaria da União, com Murphy à frente, com os lábios horrivelmente apertados, começou a avançar na direção da batalha. Depois de cerca de cinco minutos, Huston gritou: "Corta!". Deu uma risada e disse que tudo fora uma maravilha.

No dia seguinte, apareceu na fazenda um homem da publicidade da MGM para pegar material sobre o filme. Depois de examinar os destroços no campo de batalha, disse: "Isto é arte de primeira. Pena que não podemos usar. Batalhas ainda não vendem ingressos. Duas coisas vendem ingressos. Primeira, estrelas. Segunda, histórias. Não há estrelas nem histórias aqui. Não podemos vender Huston. Diretores não vendem ingressos, exceto DeMille. Vamos pensar em *alguma coisa*".

Huston recebeu de Margaret Booth, cuja opinião era respeitada por todos os produtores e diretores do pedaço, uma comunicação interna que dizia:

Prezado sr. Huston:

Não tive a oportunidade de lhe dizer como achei os copiões. Ontem, a cena entre Audie Murphy e Royal Dano [o Homem Esfarrapado], quando eles descem o morro depois da morte de John Dierkes, estava simplesmente maravilhosa. Também a cena do exército descendo o morro estava muito boa; na verdade, eu poderia continuar mencionando cenas e mais cenas que achei ótimas. Espero ir em breve até a locação.

Margaret Booth

Alguns dias depois, Reinhardt me disse que ia ver o primeiro corte — uma reunião em filme de todas as cenas até então rodadas. Ele não queria que Huston soubesse que já estava pronto, explicou, pois queria ver o material com Margaret Booth e Benny Lewis, o montador que ela designara para o filme, antes que Huston o visse. Acompanhei Reinhardt até uma sala de projeção no porão do edifício Irving Thalberg, no estúdio da MGM, onde ganhamos a companhia de Lewis e da srta. Booth. O trecho começou com os homens cavando no campo de Chico. A srta. Booth perguntou imediatamente por que havia apenas uma tomada dos homens em marcha.

"Huston disse apenas uma tomada e o close mais rápido que conseguíssemos fazer", respondeu Lewis.

"Bobagem", retrucou a srta. Booth. "A marcha deveria ser engraçada, mas não ficou engraçada. Não se sabe que tipo de marcha é esta."

"Então vamos aumentá-la", disse Lewis. "Poremos mais marcha no filme."

"Mais marcha antes e depois; então vai ficar engraçado", disse a srta. Booth com impaciência.

"Eu poderia incluir uma cena em que o sujeito gordo passa caminhando", sugeriu Lewis.

Reinhardt falou pela primeira vez: "Ponha".

Na conclusão da exibição, a srta. Booth criticou a cena que mostrava um grupo de soldados veteranos rindo dos recrutas; disse que não sabia o que aquilo significava. Reinhardt limpou a garganta e explicou que não estava claro porque o plano geral, ao contrário dos closes, era uma tomada com *dolly*. "John filmou errado. Ele se esqueceu do movimento de câmera", disse ele.

"Filmem de novo", disse a srta. Booth, e continuou: "Aquela cena dos homens cavando — para mim está muito chata. Corte até o osso, Benny".

"A do velho com rugas no rosto, que se vira e olha por sobre o ombro?", perguntou Lewis.

"O que ele está olhando?", perguntou a srta. Booth.

"John gosta daquilo", disse Reinhardt.

"O que ele está olhando?", perguntou ela de novo.

"Para o produtor", respondeu Lewis.

"Ele é um acionista", disse Reinhardt.

"Quer saber de uma coisa?", disse Lewis. "Ele está olhando para o senhor Mayer. Bem, seus dias de olhar terminam aqui."

"Não entendo isso, Gottfried", disse a srta. Booth. "Toda essa cavação individual."

"John gosta desses rostos", disse Reinhardt.

A srta. Booth riu com desdém. "Corte isso!", disse ela, levantando-se. "Preciso ir. Não ponha nada de volta, Benny."

Depois que ela saiu, Reinhardt disse a Lewis: "Por enquanto, pode manter a tomada do velho se virando para a câmera. John gosta especialmente dela". Ele se ergueu e me disse, com um sorriso triste: "Vamos até o meu escritório". Enquanto subíamos, comentou: "É assim que fazemos filmes. Isso será recortado trinta vezes. A cena da cavação vai acabar ficando de fora. Mas precisamos ir devagar. Não podemos chocar John fazendo tudo de uma vez".

Sentado à escrivaninha, Reinhardt recostou-se em sua cadeira. “Na verdade, cada diretor deveria fazer ele mesmo o primeiro corte — o filme montado do começo ao fim pela primeira vez”, disse ele, e mordeu a ponta de um charuto. “Mas é uma impossibilidade quase física. Depois que o diretor terminou, em geral você pode fazer o que quiser com um filme.” Suspirou e acendeu o charuto. “Quando assistir à primeira montagem, John talvez berre como o diabo. Talvez peça a Benny Lewis para pôr tudo de volta. Mas depois vai concordar com tudo o que Margaret Booth quer. Há muita coisa no cinema que não tem nada a ver com arte.” Suspirou de novo e continuou: “Para mim, há três momentos terríveis na realização de um filme. Primeiro, o primeiro corte. Segundo, a primeira pré-estréia. Terceiro, saber que o filme estreou em Nova York. Para John, o primeiro corte será o mais doloroso. Direi a ele: ‘Este é o melhor filme que você já fez’. Ele me responderá: ‘Este é o melhor filme que *você* já fez’. John é como um cavalo de corrida. É preciso mantê-lo de bom humor o tempo todo. Você sabe que o John é um sedutor, mas é na verdade muito desesperançado, um homem muito solitário. Ele não está em sintonia com as emoções humanas”. Reinhardt mascou o charuto durante algum tempo. Depois disse: “Eu deveria ter feito John refilmar o homem morto na estrada. A cena não revela nada. Senti isso quando vi o primeiro copião. Não importa que estejamos entusiasmados com o roteiro, o elenco e o diretor; o impacto das primeiras cenas geralmente lhe diz se o filme vai ser bom ou não. Passado o primeiro impacto, é fácil e costumeiro enganar a si mesmo. As cenas subseqüentes vão parecer boas. Os desempenhos vão parecer extraordinários. As cenas vão funcionar. A tensão, a pressão, o sentimento de autopreservação, o apelo todo-poderoso do pensamento desejante ajudarão a enterrar a primeira impressão e criar esperança — até mesmo confiança”. Sorriu cinicamente e pegou um memorando que escrevera a Schary sobre Tim Durant — amigo e companheiro de cavalgadas de Huston que, embora não fosse ator profissional, fazia o papel do General em *A glória de um covarde* —, no qual dizia que Huston achara que seria um belo gesto, uma vez que Durant estava fazendo o General por um salário nominal, se a MGM lhe desse de presente um sobretudo de caça, feito pelo departamento de guarda-roupa. Sobre o memorando, Schary anotara que aprovava a idéia e instruía Reinhardt a encomendar o sobretudo. Reinhardt sacudiu a cabeça, distraído. "Era diferente quando trabalhei para Ernst Lubitsch", disse ele. "Lubitsch era um produtor e diretor que fazia tudo sozinho. A montagem. Cada quadro. E era brutal consigo mesmo." Reinhardt parecia pesaroso, como um homem que não soubesse como ser brutal consigo mesmo.

Margaret Booth, continuou Reinhardt, o ajudava muito. Ela fora a montadora de Irving Thalberg e conhecia Reinhardt desde quando ele chegara à MGM, em 1933. "Margaret realmente me salva. Ela não trabalha num filme desse jeito tão próximo com todos os produtores. Ela é como uma mãe para mim."

Várias vezes por semana, Reinhardt ia à fazenda de Huston para ver como o filme progredia. Um dia, chegou quando o diretor preparava-se para filmar, como parte da primeira batalha, um ataque de baionetas dos confederados — a parte específica da batalha que faria o Jovem fugir. "Realismo!", Reinhardt me disse enquanto observava Huston. "Como L. B. Mayer odeia isso!"

"Parece excelente", disse Albert Band.

"Parece", disse Reinhardt. "Sabe, Mayer acha que todo o ponto de vista de John está corrompido. Ele acha que John representa o realismo cru, que ele odeia. Ele acha que sou um europeu intelectual e que quero fazer filmes que não farão sucesso em Kalamazoo, em Michigan. Mayer me disse que eu estava cometendo um grande erro com este filme. Implorou-me para não fazê-lo." Reinhardt olhou confiante para o cenário.

Huston, de macacão e camisa azul rasgada, dizia a Rosson que queria muita fumaça para obliterar o inimigo em ação no momento em que chegasse à trincheira onde o Jovem e seus camaradas estavam postados. Explicou que o público não deveria ver o que acontecia depois disso. "Os rebeldes caem sobre nós com baionetas, e depois fica tudo apagado pela fumaça. Entendeu, Reggie?", disse a Callow.

"Sim, senhor!", disse Callow, e instruiu o inimigo a descer com baionetas, e em seguida foi falar com os homens da fumaça.

"Ou eles querem ou não querem você neste negócio", continuou Reinhardt, ainda observando Huston. Fez uma pausa, como se tivesse acabado de ter uma idéia. "A mim eles não querem, mas têm de engolir." Ele riu e limpou o rosto com um lenço branco que tirou do bolso. "Eles são muito cruéis neste negócio quando decidem que não querem você. Tudo o que você precisa fazer é observar a cara de seus subordinados. De repente, suas palavras não significam mais nada para eles, e você se vê num canto dizendo para si mesmo: 'O que aconteceu comigo?'. Por que não compro uma casa aqui, como todo mundo? Porque, no fundo, sei que não quero ficar amarrado aqui. Não quero ficar aqui. Jamais comprarei uma casa em Hollywood."

De repente, Reinhardt saiu caminhando e foi até onde Huston estava, ao lado da câmera, num buraco atrás do Jovem e de seus camaradas, para observar a filmagem do ataque. Foi um ataque feroz e assustador. Os soldados de cinza começaram a correr na direção da câmera através do campo cheio de destroços, com as baionetas apontadas para a frente, e saltaram na direção do Jovem no mesmo instante em que a máquina de fumaça lançava uma nuvem grossa e impenetrável. "*Eu* fugiria disso", comentou Reinhardt.

"Eu também", disse Huston e gritou: "Corta!"; afastou-se da câmera, com o rosto escurecido pela fumaça e as roupas manchadas de suor e fuligem.

Um visitante acabara de chegar à locação — Sam Spiegel, o sócio de Huston na Horizon Pictures. Quando o diretor emergiu da fumaça da batalha, Spiegel avançou e deu-lhe um tapinha nas costas. "Como vai o general ianque?", perguntou. Huston sorriu para ele.

Spiegel estava imaculado em seus sapatos de camurça marrom, meias Argyle laranja e verde, calça de gabardine cáqui e uma camisa esporte xadrez marrom e branca. Carregava uma jaqueta de cashmere amarelo-clara e fumava um cachimbo. "Gottfried!", gritou. "Como vai o comandante das forças?" Tirou o cachimbo da boca. "Como vai a guerra, Gottfried?"

Reinhardt disse que as coisas iam muito bem.

"Bom, muito bom, Gottfried", disse Spiegel, olhando para todos ao redor, exceto para a pessoa com quem estava falando. "Quantos metros vocês já rodaram, Gottfried?"

"Uns mil e duzentos", respondeu Reinhardt. "Estamos conseguindo um material excelente. Fantástico!"

"Bill!", gritou Spiegel. "Bill Mauldin!"

Mauldin, recostado na trincheira, virou-se e acenou.

"Como é que é ser ator, Bill?", gritou Spiegel.

"Com os diabos, Sam, é bom", disse Mauldin.

"Lembra daquela festa na minha casa, Billy?", perguntou Spiegel.

"Claro, Sam! Uma tremenda festa!"

Spiegel pôs a cabeça para trás e murmurou um baixo e satisfeito "ah-h-h". Depois olhou com tristeza para Huston, que estava fincando uma baioneta numa ponta de cigarro no chão. "Então, Gottfried", disse Spiegel, de olho em Huston. "O filme está legal?"

"Vai ser um grande filme", disse Reinhardt.

"Que bom", disse Spiegel. "Eu pego John em seguida. Para *Uma aventura na África*. Gosto de pegá-lo quando ele está se sentindo bem."

Howard Strickling, diretor de publicidade da MGM, divulgou um livreto mimeografado que delineava uma campanha de promoção para *A glória de um covarde*. Na apresentação, declarava: "Tem GRANDEZA. Tem EXCELÊNCIA! Em primeiro lugar, em última instância e sempre, é ENTRETENIMENTO na melhor tradição!". O livreto dava a substância dos artigos que deveriam ser escritos pelo pessoal da publicidade para revistas de fãs, entre eles "O Audie que conheço", por Bill Mauldin, e "Eu conheço Bill Mauldin", por Audie Murphy. Em outra parte, afirmava-se que as histórias da Guerra Civil produziam filmes populares há muito tempo; *...E o vento levou* rendera milhões de dólares, e *O nascimento de uma nação* fora o filme de maior renda bruta de todos os tempos.

A glória de um covarde poderia ser um grande filme, disse-me Strickling, mas, por outro lado, não dava para ter certeza disso. "Saberemos quando o senhor Mayer o vir", disse ele. "Dore é bom. Ele é a coisa mais parecida com outro Irving Thalberg que o estúdio já teve. É idealista, mas isso ele perderá com o tempo. O realista do estúdio é o senhor Mayer. Ele sempre mostra o que sente. Quando vai a uma pré-estréia, se sai correndo sem falar com ninguém depois de ver o filme, você sabe que lá vem complicação. Se ele fica e conversa, você sabe que está tudo bem."

Uma tarde, no final de setembro, Reinhardt estava numa sala de projeção do edifício Thalberg, trabalhando com Benny

Lewis na montagem do filme. O colarinho da camisa de Reinhardt estava desabotoado, e a gravata pendia afrouxada. Ele andava na sala para cá e para lá, fumando seu charuto; estava preocupado com uma cena que mostrava Dierkes, o Soldado Alto, correndo para o topo do morro, onde morreria.

"Temos de fazê-lo ir mais devagar", disse Lewis. "Meu Deus! Um homem ferido subindo o morro tão depressa! Vão convocá-lo para a equipe de atletismo da universidade."

"Comece com ele subindo o morro", disse Reinhardt, sem parar de andar. "Depois corte para Audie e o Homem Esfarrapado correndo atrás dele. Então corte de volta para Dierkes. Isso vai retardá-lo." Ele parou ao lado de um telefone e pediu para que ligassem para o seu escritório. "Não quero ser perturbado", disse à secretária. Desligou e virou-se para Lewis. "Preciso do material amanhã de manhã. Bill Rodgers e Si Seadler vieram de Nova York, e devo mostrar a eles o que temos. Quanto você pode liberar até amanhã de manhã?"

Todas as cenas filmadas em Chico, disse Benny Lewis, mais algumas cenas mostrando batalhas e a morte de Dierkes — cerca de cem metros, ou quarenta minutos, no total.

"Quero isso", disse Reinhardt. Os dois visitantes, contou-me depois, eram figuras importantes da Loew's, a companhia que produz e distribui os filmes da MGM. Rodgers era um diretor-geral encarregado das vendas, e Seadler era o gerente de publicidade da Costa Leste. Ambos eram assistentes importantes de Schenck. "Eles podem fazer ou destruir um filme", explicou Reinhardt, e retomou seu andar nervoso.

Na manhã seguinte, no estúdio, houve uma exibição de *A glória de um covarde* à qual compareceram Rodgers e Seadler. Reinhardt apresentou-os a mim. Ninguém falou quando as luzes se apagaram, e ninguém falou durante a projeção. O único som durante os breves intervalos de silêncio da trilha sonora vinham de Reinhardt: ele respirava pesadamente. Assim que a exibição terminou e as luzes se acenderam, ele se levantou e encarou seus convidados.

"Impressionante", disse Seadler, um homem magro com um ar constante de amabilidade preocupada.

"Hummm", disse Rodgers. Era um homem de cabelos brancos, cortês, digno, com olhos tão frios quanto os do vendedor de ingressos do cinema.

"As cenas de morte são absolutamente soberbas", comentou Seadler.

"Vocês acham que devemos explorar Audie Murphy ao máximo?", perguntou Reinhardt.

"Podemos conseguir a cooperação dele?", perguntou Rodgers.

"*Temos* a cooperação dele", disse Reinhardt. "E o Departamento de Defesa ficará muito, muito grato pelo que fizermos."

"Eles vão cooperar ao máximo", disse Seadler.

"Precisamos lançar este filme depressa", disse Reinhardt. "Aproveitar a atual situação da guerra. Temos de vender este filme. Nova York tem de vender este filme. Deverá ser um dos grandes filmes da MGM. Como ...*E o vento levou.*"

"Não há como saber", disse Seadler.

"Que tal usar desenhos de Bill Mauldin para a promoção?", sugeriu Reinhardt. "No front da Guerra Civil com Bill Mauldin."

"Os cartuns de Mauldin são soturnos demais", disse Seadler. "Para este filme, é preciso se concentrar na beleza da fotografia e, ao mesmo tempo, transmitir o poder das grandes batalhas."

"Tentemos tudo", disse Reinhardt. "Precisamos contar com todo o apoio do escritório de Nova York neste filme. Não tem Gable nem nada parecido nele. Precisamos vendê-lo como um filme importante, na grande tradição. Como *O grande motim*. Como *Terra dos deuses*."

"Quando o senhor Schenck assistir ao filme em Nova York, saberemos como vendê-lo", disse Seadler.

"Se este filme não for *vendido*, então todo o dinheiro irá pelo ralo", argumentou Reinhardt.

Rodgers manifestou-se, de forma cortês e lenta: parecia examinar o assunto com distanciamento. "Hoje, somos obrigados pela lei a vender cada filme sozinho. Jamais um filme nosso foi lançado sem ter sido testado. Não os colocamos no mercado enquanto não tenham sido experimentados. Mas você pode ter certeza de que ele será vendido. A grandeza dele depende de como será recebido pelo público. Mas pode ter certeza de que estamos aparelhados para fazer a nossa parte."

Reinhardt parecia ansioso para pegar a deixa de Rodgers: "Este é um filme artístico, mas, francamente, não estou interessado nisso. Quero ver este filme fazer dinheiro". Parecia estar se perdendo em sua própria ânsia de vender: "Quero ver este filme fazer milhões".

Rodgers deu um ligeiro sorriso. "Pode ter certeza de que, quando o recebermos, iremos atrás disso."

"Se o filme for bom, eu direi", prometeu Seadler. "Sou do tipo que diz o que pensa. Até mesmo para o senhor Schenck."

"Quando vocês terminarem, podem achar que têm em mãos um grande filme, mas aí a responsabilidade é *nossa*", disse Rodgers.

"Tudo o que me interessa é que o filme faça dez milhões de dólares", disse Reinhardt.

"Saberemos como estão as coisas quando o senhor Schenck assistir ao filme em Nova York", disse Seadler.

O filme com quase tudo o que havia sido filmado de *A glória de um covarde* — finalizado pelos montadores, sob a supervisão de Reinhardt — foi mostrado algumas noites depois para Huston, Reinhardt e os auxiliares do diretor, Rosson, Marton, Callow, Katz, Band e o coronel Davison. Após a projeção, Huston e os outros pareciam satisfeitos e um pouco agitados. Todos sorriam para todos.

"Então, garoto", disse Huston a Rosson, pondo a mão no ombro do cinegrafista.

"Não me importo de dizer que a fotografia está excelente, meu chapa", disse Rosson com um sorriso.

"Não está simplesmente formidável, garoto?", disse Huston.

Todos foram até o escritório de Reinhardt e sentaram-se. A expressão de Reinhardt era solene. "Farei um pequeno discurso", disse ele. "Não haverá saudação. As pessoas achavam que este filme não sairia do jeito que nós achávamos que sairia. O clima mudou. Os mandachuvas de Nova York vieram aqui, viram o material e gostaram."

Agora, a expressão de todos era solene.

"Estamos fazendo um trabalho notável", continuou Reinhardt. "Trabalhamos com duzentos figurantes, quando deveríamos ter dois mil. Na noite passada, alguém viu o material na casa de Dore Schary e perguntou quanto custaria o filme. Ao saber que seria um milhão e meio, disse: 'Já parece um filme de *três* milhões'. É isso que o nosso filme parece."

Todos ficaram ainda mais solenes.

Reinhardt pôs um charuto na boca. Todos esperaram que ele falasse de novo. Ele acendeu o charuto, soprou a fumaça e depois disse: "Se ainda por cima nós terminarmos o filme três ou quatro dias *antes* do prazo, não seremos todos apenas artistas, mas heróis".

Os artistas e heróis em potencial entreolharam-se.

Lembrando que o cronograma só previa mais doze dias de filmagem, Callow disse: "Não podemos terminar em nove, senhor Reinhardt".

"Então terminem em *dez*", respondeu Reinhardt.

Huston disse que não haviam economizado tempo com o sistema de "carniça", porque não conseguiram executá-lo. "Não tínhamos o que deveríamos ter — atores substitutos para servir de dublês e fazer o que os verdadeiros atores iriam fazer." Callow disse que detestava discordar, mas a questão é que haviam sido detidos pelos fazedores de fumaça, que não conseguiram pôr a fumaça no campo de batalha no momento certo e da forma correta. "Tivemos pouca sorte com o vento", explicou ele. Huston repetiu que o problema era a falta de homens. "Se é que estamos interessados em *dias*", acrescentou. Callow disse que o sistema de "carniça" não teria funcionado, por mais homens que tivessem, porque era basicamente inseguro — a única pessoa que podia saber que tipo de cena Huston queria era o próprio Huston. Então todos começaram a falar ao mesmo tempo. Reinhardt parecia atônito. Quando houve uma calmaria momentânea na conversa, ele disse rapidamente: "Se não podem terminar em dez dias, terminem em *onze*. Um dia antes. É tudo o que peço".

Alguns dias depois, uma longa fileira de soldados da União caminhava lentamente pelo campo de batalha de Huston, numa cena que mostrava o regimento do Jovem começando um ataque ao inimigo. Eles seguravam os rifles embaixo, com as baionetas apontadas para a frente. A câmera, sobre a plataforma móvel, avançava junto com a fileira. Huston caminhava ao lado, do outro lado do trilho da *dolly*, e estudava a fila de soldados enquanto eles começavam a caminhar cada vez mais rápido e finalmente irrompiam numa corrida. Explosões foram detonadas em posições predeterminadas no campo, e os soldados na fileira — escolhidos por Callow para ter a honra de morrer em ação — abraçavam a barriga, deixavam cair os rifles, erguiam os braços e caíam. Huston gritou: "Corta!", e, com satisfação, disse que a cena estava simplesmente ótima. Fez alguns closes dos pés dos soldados nos vários estágios entre a caminhada lenta e a corrida e depois, quando se preparava para filmar closes dos homens em queda, pareceu subitamente surpreso e mandou Rosson segurar as coisas por um minuto. "Tive uma idéia, Hal", disse ele, no tom de espanto que usa às vezes. "Pode ser o máximo, garoto." Fez um gesto conspiratório com a cabeça para um dos figurantes, um rapaz esquelético com um rosto comprido e magro e queixo mole, que usava óculos com aro de metal. Huston agachou-se no chão com o figurante, no que parecia ser uma profunda e concentrada consideração do problema. Depois fez um sinal abrupto com a cabeça. "Muito bem, *amigo*, vamos ver você fazer isso", disse ele.

O rapaz sorriu envergonhado; depois deu alguns passos para a frente carregando o rifle, ergueu as mãos, deixou cair o rifle e tombou.

"Essa é a idéia, *amigo*", disse Huston, e deu uma risadinha de contentamento. Realizou outra breve conferência com o rapaz, e de novo ele sorriu envergonhado.

Dessa vez, o rapaz ajoelhou-se e deu os óculos para Huston, que os colocou no chão, diante dele. O rapaz piscou, tateou em busca dos óculos, colocou-os no rosto e depois tombou, como se estivesse morto.

Huston deu outra risadinha. "Muito bom", disse ele. "*Muito* bom." Pôs um cigarro na boca, ofereceu um ao rapaz e então chamou Rosson. "Tenho uma pequena cena extra aqui, Hal", disse, animado. Acendeu o cigarro do figurante, depois o seu, e tratou de trabalhar com Rosson no posicionamento da câmera para filmar a cena de um soldado que cai e procura seus óculos antes de morrer.

No dia seguinte, Huston trabalhou numa nova cena que havia escrito para enfatizar a ironia da ação heróica do Jovem no esquema geral da batalha. Essa cena ocorreria logo antes do combate final, no qual o Jovem e seus camaradas capturam o muro. Huston dirigiu Tim Durant, no papel do General (que usava, além do uniforme fornecido pela MGM, a espada que pertencera ao bisavô de Huston), numa cena em que ele deveria cavalgar seu cavalo branco ao longo da fileira de recrutas novos que se preparam para entrar em batalha, parar diante de cada companhia e convidar as tropas a jantar com ele após vencer a batalha; depois fazer uma pausa para conversar com alguns veteranos esfarrapados e, em vez de lhes fazer o convite espúrio, oferecer-lhes um naco de seu tabaco. Durant tinha uma voz fina, quase um resmungo. Quando ele partiu, um dos veteranos gritou: "Vai jantar conosco esta noite, general?". O General se afastou a cavalo, seguido por gargalhadas amistosas dos veteranos. Huston ficava cada vez mais exuberante enquanto dirigia Durant num close — o General tirando o chapéu e murmurando em oração: "Seja feita a tua vontade, senhor".

"Muito bom, Tim", disse Huston, rindo, depois de gritar: "Corta!".

"Eu agora me tornei um dos imortais de Beverly Hills", disse Durant.

"Oh! Oh! Oh!", fez Huston.

Benny Burt, outro amigo de Huston, ganhara um papel de soldado do regimento do Jovem no filme. Era um homem baixo e magricela, com olhos grandes e melancólicos. Falava com o canto da boca, num ritmo estacado, e não estava completamente feliz com seu papel. Interpretara um delator em *O segredo das jóias*, de Huston, e desde então obtivera papéis pequenos em vários filmes, como *Golpe do destino, O maldito, Um preço para cada crime, No mato sem cachorro, O sentenciado* e *Chain gang*. Esperava algo maior em *A glória de um covarde*, mas era apenas um soldado anônimo. Em suas duas semanas de trabalho, perdera muito peso, chegando a 49 quilos. "Quero agarrar um bom papel e vou tocar fogo nesta cidade", disse ele.

Burt esperava uma oportunidade desde 1933, quando chegou a Hollywood. Antes disso, trabalhara no vaudeville e no teatro burlesco, num número de Gus Edwards chamado "O motorista de táxi rabugento". "Eu estava no teatro burlesco quando era *burlesco*", contou-me. "Não sou um desses picaretas. Faço sete dialetos diferentes, incluindo um chinês bem razoável. Meu personagem grego mata você de rir. Eu costumava matar de rir Al Capone e todos os seus rapazes com meu dialeto grego quando trabalhei para as Royal Frolics de Capone, em Chicago. A cada seis semanas eu queria ir embora, então eles me davam um aumento. Capone e seus rapazes me ensinaram a apostar nos cavalos. Deviam ir para o inferno pelo que me fizeram. Mas se não fosse pelos cavalos, eu nunca teria conhecido *ele*", disse, apontando o polegar para Huston, que estava fuçando na câmera. "Foi na pista de corridas. Eu estou no jóquei, com três bandidos de Chicago. Estou na bilheteria dos cem dólares apostando três mil e quinhentos para aqueles caras. Ele", apontou de novo o polegar para Huston, "está atrás de mim e me diz: 'Vejo sempre você aqui'. Então eu lhe digo para apostar em tal cavalo. Ele aposta e o cavalo ganha. Então ele me diz: 'Aqui estão cem dólares para você'. Eu digo: 'Você não me deve nada'. E ele me diz: 'Então venha tomar um drinque comigo'. Aí tomamos alguns. Depois ele diz: 'O que você vai fazer no jantar?'. Ele quer que eu jante com ele. A partir de então, estou com ele manhã, tarde e noite. Estava com ele na noite em que seu pai morreu. Eu lhe disse: 'John, não se preocupe. Eu vou cuidar de você'. Toda a minha vida, ninguém nunca me deu nada, mas desde então fomos como dois irmãos. Fiz tudo para ele. Levei-o de carro para ali, para acolá. Deixei que me hipnotizasse. Cuidei de suas roupas. Seus ternos custam trezentos e cinqüenta dólares cada um. Ele tem cinqüenta pares de sapatos que custam cinqüenta e cinco dólares o par. Fiquei mordido quando Cholly Knickerbocker disse que ele era um dos homens mais malvestidos. Eu estava com ele no Dia de Ação de Graças e no Natal. Eu era sua família."

Burt coçou seu queixo barbudo e pôs um cigarro na boca. Huston costumava escutar seus conselhos nas apostas em cavalos, contou-me com tristeza, mas agora não dava mais atenção. "A única coisa que eu faço aqui é engolir duas toneladas de terra nas batalhas."

Band, fumando um longo charuto, aproximou-se e contou a Burt que, um a um, os atores coadjuvantes no papel de soldados estavam morrendo no filme, e que ele estava encarregado de decidir quem sobreviveria. "Conhece Crawford? Acabei de matá-lo", ele disse. "Um a menos na folha de pagamento."

"Albert, não me mate", pediu Burt.

"Só vou deixar você ferido."

"Não faça nada comigo. Deixe-me continuar lutando", disse Burt. Seu rosto se iluminou. "Ei, Albert! Você devia ter me visto quando trabalhei no Slapsie Maxie. Eu costumava entrar e gritar: 'Ei, Maxie! Jane Russell está na platéia!',* e ele gritava de volta: 'Ela sempre está!'."

Band deu uma baforada importante em seu charuto e depois disse que talvez fizesse Burt levar apenas um tiro na perna.

* Em inglês, "Jane Russell's out in front", que pode significar também "Jane Russell está com o peito de fora". (N. T.)

"Não faça nada comigo", insistiu Burt.

Huston aproximou-se, com um cigarro apagado no canto da boca. Burt riscou um fósforo. "Obrigado, Benny", disse Huston.

"Como vai, chefe?", perguntou Burt. "Está tudo bem?"

"Ora, sem dúvida, muito obrigado, Benny."

"Você vai deixar Bargin Lass descansar?", perguntou Burt, referindo-se a um dos quatro cavalos de corrida de Huston.

"Hum-hum", fez Huston, com a cabeça obviamente em outra coisa. "Bem, agora, Benny, preciso de um close para a próxima tomada. Você pode ser bom para isso. Você pode ser *muito* bom para isso, Benny."

Burt não pôde conter sua satisfação. "Claro, claro", disse.

Huston riu, e recomendou que ficasse atento ao chamado.

De vez em quando, Huston recebia mensagens de Dore Schary, animando-o. "Houve uma pequena epidemia no estúdio e algumas pessoas estiveram ausentes", escreveu Schary quando a filmagem se aproximava do fim. "Andei trabalhando tanto que nos fins de semana tive de ficar meio perto de casa, o que explica minha incapacidade de levantar para ir vê-lo e agradecer pessoalmente a você e a todos por um filme que acho que vai se transformar numa fita muito importante."

Dois dias depois, Huston teve notícias de Schary outra vez. "O material continua excelente", ele escreveu.

> Porém tenho duas pequenas preocupações: (1) Acho que em algumas das tomadas a poeira é tão pesada que acaba não funcionando. Obviamente, é muito provável que na montagem você planeje eliminar algumas delas e usar as partes mais claras. (2) Acho que a risada dos veteranos é um pouco exagerada quando nosso novo regimento passa por eles depois da luta. Não parece

haver provocação ou motivação suficiente para tanto, e temo que isso estabeleça uma ambivalência geral que pode nos prejudicar; em vez de criar interesse, irá provavelmente criar confusão. O material com o General passando pelos homens e os convites para jantar é maravilhoso — muito rico, real e humano. De novo, meus cumprimentos — e fique firme.

Com grande afeto,

D. S.

Huston ia fazer uma ponta no filme, como fez em muitas de suas obras. Estava com uma barba de três dias, vestiu um traje maltrapilho de soldado veterano da União e ficou na linha de veteranos zombeteiros para uma nova tomada da cena que Schary criticara. Ele disse sua fala — "Pendurem suas roupas num galho de nogueira e fiquem longe da batalha!" — de um jeito empedernido, mostrando desprezo pelo Jovem e os outros recrutas. A interpretação da ponta encheu-o de energia, e ele entrou numa tremenda atividade. Foi cuidar de seu trabalho ainda vestido de soldado. Quando o dia estava chegando ao fim, o ar esfriou, ele vestiu um casaco esfarrapado de oficial confederado e sentou-se no estribo de um caminhão de som para escutar com cuidado, com fones de ouvido, a gravação de soldados da Confederação e da União gritando uns para os outros do outro lado do que afinal lhe pareceu ser um rio. Sem qualquer diminuição da energia, convidou Reinhardt e sua equipe para ir à casa da fazenda tomar um drinque, e lá mostrou-lhes um presente que os membros principais do elenco lhe haviam dado. Era uma sela, na qual estava afixada uma placa de prata em que estavam gravadas as palavras: "Para John Huston, com afeto, de seus malditos ianques". Pôs os braços em volta da sela e disse que era a melhor que já vira. A parte anterior era linda, como o pára-lama de um Rolls-Royce. "Ela segue o formato do cavalo", disse ele, acariciando-a com a mão. "É tão bonita por baixo como por cima. É uma escultura abstrata, isso é o que ela é."

Reinhardt ajeitou a boina que estava usando e bocejou.

"Nenhuma sela jamais se comparou a esta", disse-lhe Huston.

"Linda!", concordou Reinhardt, subitamente entusiasmado, e depois instou Huston a trocar de roupa para que pudessem ir ao estúdio, em Culver City. "Precisamos conversar sobre a música para o filme", disse ele.

"Pensei sobre isso, Gottfried", respondeu Huston. Ele falou das cenas de morte. "A música deveria ter o sentimento da morte. Como quando você é anestesiado. Circular. Chegando cada vez mais perto."

"Ótimo", disse Reinhardt. "Assim vai ficar excelente."

Nos dois dias seguintes, a equipe de *A glória de um covarde* trabalhou no estúdio, num cenário que representava o acampamento do Jovem. Fizeram algumas cenas do acampamento à noite. Em outra parte do estúdio, conhecida como Joe Cohn Park, Huston refilmou a cena do soldado morto que o Jovem encontra no bosque. A nova tomada, disse ele, estava mais satisfatória — tão horripilante quanto aquela feita em Chico, mas menos teatral.

Schary assistia aos copiões todas as noites. "Estou mesmo louco pelo filme", disse a Reinhardt. "Ele transmite um grande sentimento. Audie está ótimo. Muito melhor do que eu esperava. Vai ser um grande filme. Não terminará antes do tempo, mas será um filme excelente."

No último dia de filmagem — três além do previsto —, Reinhardt e Huston sentaram-se no escritório deste e conversaram como se fosse difícil pensar em coisas para dizer.

"Meu Deus, até que é engraçado, não é?", disse Reinhardt.

Huston estava desenhando rostos apavorantes num bloco, e franziu o cenho enquanto desenhava. "Terminado", disse ele, sem erguer os olhos do papel.

"Meu Deus!", disse Reinhardt.

"Você viu a última tomada do filme, em que eles marcham para longe do campo de batalha?", perguntou Huston.

"Vi", respondeu Reinhardt.

"Essa deve rolar, rolar e rolar", disse Huston, desenhando círculos no ar.

"Sim", concordou Reinhardt. "E você até conseguiu que Audie sorrisse uma vez."

Houve um longo silêncio. Huston amassou a folha em que desenhava e jogou-a do outro lado da sala.

"É engraçado", disse Reinhardt. "É uma sensação engraçada. Agora entregamos o filme nas mãos do polvo."

"Vou sair por uns dias para descansar", anunciou Huston.

Reinhardt quis saber para onde ele ia. Para o Norte, com Terry Wilson, o dublê, disse Huston. Iam caçar patos.

"Eu não deveria dizer isso", começou Reinhardt, e bateu na madeira três vezes. "Mas temos uma coisa sólida."

Huston riu. "É como ver sua namorada ir embora", disse ele. "Você a levou ao aeroporto. O avião dela decolou. Você fica lá. Jamais faremos *A glória de um covarde* de novo."

"Acho que temos algo excelente. É raro grandes romances se transformarem em grandes filmes", disse Reinhardt.

"*David Copperfield* foi o que chegou mais perto."

"Se *A glória de um covarde* ficar excelente, causará muita inibição em mim e em você quanto ao que faremos depois", previu Reinhardt.

Huston disse que sabia o que iria fazer. Iria dirigir e colaborar no roteiro de *Uma aventura na África* para sua própria companhia, e queria que o filme fizesse dinheiro. "Não tenho nenhuma inibição em relação a ganhar muita grana, Gottfried", acrescentou, e riu.

A equipe reuniu-se no Joe Cohn Park e filmou o que supunha ser a última cena — uma cena noturna que mostrava o Soldado Jovial encontrando o Jovem caído inconsciente no campo. O intérprete do Soldado Jovial foi uma surpresa para a equipe: era o conhecido ator Andy Devine. (Como era um papel pequeno, Devine não quis ser mencionado nos créditos do filme.) Com muita vitalidade e entusiasmo, Huston estimulou Devine, que carregava uma lanterna (acesa por um sistema de fios enrolados sob o uniforme) em uma das mãos e sustentava Murphy na outra, enquanto orientava o Jovem pela floresta no caminho de volta até o regimento.

"Enfim — morrer é só morrer. Suponho que você não ouve os passarinhos cantarem amanhã, nem vê o sol nascer atrás de uma nuvem. Vai acontecer do mesmo jeito!", disse o Soldado Jovial ao Jovem.

"Morrer é só morrer", disse Huston em tom cantado para Devine. "Dê uma animada nisso, garoto. Diga mais rápido e divertido."

"Morrer é só morrer", começou Devine, captando imediatamente o ritmo de Huston. Foi uma cena rápida e alegre.

Depois de filmada, Callow trouxe um microfone para Huston, e todos se reuniram em volta. Callow disse que, por ter a voz mais alta da companhia, fora escolhido para presentear Huston com uma demonstração de apreço da equipe. A lembrança era um binóculo.

"Puxa, não é uma coisa linda?", disse Huston. "Meu Deus, é simplesmente maravilhoso." Muitos dos membros da equipe pareciam estar quase às lágrimas. Huston disse que sabia como tinham trabalhado duro para ele. "Este foi o meu filme mais fácil de dirigir, graças a vocês, e apesar de todas as dificuldades eu estaria disposto a começar tudo de novo amanhã."

"Estou tão triste", disse Reinhardt a Huston.

"Nunca tive uma equipe como esta", respondeu Huston.

"Estou tão triste", repetiu Reinhardt. Também ele parecia estar quase às lágrimas.

"Uma vez eu disse a você que jamais faríamos este filme", lembrou Huston.

"E eu falei: 'Depende de nós'", disse Reinhardt. "Jamais esquecerei isso."

Huston e Reinhardt apertaram as mãos e combinaram que voltariam a se reunir dentro de poucos dias, quando o diretor voltasse de sua caçada.

Reinhardt escrevera uma longa carta sobre a promoção do filme a Howard Dietz, vice-presidente encarregado da publicidade, divulgação e exploração da Loew's, em Nova York. Dietz respondera que era perigoso trombetear um filme sem estrelas com muita antecedência. Agora, ele fazia sua visita bimestral ao estúdio, e Reinhardt persuadiu-o a ir ao Beverly Hills Hotel para tomar um drinque com Huston, que acabara de voltar de sua viagem de caça aos patos. Dietz e Reinhardt esperavam por Huston no bar do hotel. Homem afável com ar de tédio, Dietz colaborara em vários musicais da Broadway antes de se tornar diretor de publicidade. Trabalhara para Samuel Goldwyn antes da fundação da MGM; fora ele que criara a marca do leão e, com o advento do cinema falado, sugerira que acrescentassem o famoso rugido. Seu tédio parecia aumentar à medida que Reinhardt tentava levar a conversa para a promoção de *A glória de um covarde.*

"Temos um material incrível no filme", disse Reinhardt. "Precisamos vendê-lo como um dos grandes filmes da MGM."

Enfastiado, Dietz ergueu as sobrancelhas.

"Espere até falar com John", disse Reinhardt, olhando com ansiedade na direção da porta. "Quero que você converse com John."

Dietz suspirou e disse que gostaria de estar de volta em casa, jogando bridge. "Por que vocês aqui não jogam bridge?", perguntou.

"Você não gosta daqui?"

"Não gosto daqui porque tenho de ficar num hotel. Não gosto de hotéis", reclamou Dietz.

A essa altura, Huston e sua esposa entraram. Ele apertou a mão de Dietz e lhe contou que estivera caçando patos.

"Minha geladeira está cheia de patos selvagens", disse a sra. Huston.

"Odeio frango, mas adoro o gosto de pato selvagem", disse Huston.

Dietz deu um meio sorriso entediado.

"Estive falando com Howard sobre o filme, John", disse Reinhardt.

"Ah, como vão as coisas do filme?", perguntou Huston bruscamente.

"Temos formidáveis...", começou Reinhardt.

Huston deu a impressão de não escutá-lo. Estava cumprimentando Sam Spiegel, que acabara de entrar no bar. Spiegel disse que era uma grande surpresa encontrar todos ali. "Talvez você possa me contar quando vai começar a escrever *Uma aventura na África*", disse a Huston. "Então, que tal jantarmos amanhã à noite para conversar sobre isso?"

Huston assentiu vagamente com a cabeça.

"O que vamos fazer com todos aqueles patos, John?", perguntou a sra. Huston, alarmada.

"Você simplesmente limpa os patos, querida, e *cuida* deles", disse Huston, enunciando cada sílaba com cuidado. De repente, contra um fundo fora de foco do bar, Huston, sua bela esposa e a pergunta sem resposta sobre os patos se transformaram numa cena de John Huston cheia de possibilidades misteriosas, até mesmo sinistras.

Dedicaram-se 38 dias às filmagens de *A glória de um covarde* — mais do que o tempo previsto. Do custo total estimado de 1 434 789 dólares, 1 362 426 dólares já haviam sido gastos, e o último custo estimado do filme estava em 1 548 755 dólares. O primeiro corte estava pronto para ser mostrado a Huston. Seus 2100 metros de filme teriam uma hora e dezoito minutos de projeção. O close do homem com o rosto enrugado fora cortado, mas quando Huston, acompanhado por Reinhardt, viu o filme, não deu nenhuma indicação de que notara o corte. O close de Huston como veterano esfarrapado também fora eliminado, mas ele não disse nada sobre isso. Fez algumas sugestões a Reinhardt para encurtar uma cena e para alternar uma longa cena do regimento do Jovem em marcha com closes de soldados e cavalos, mas disse que, em geral, era um notável trabalho de montagem. Parecia satisfeito e pronto para tirar o filme do horizonte de suas preocupações, mas Reinhardt o impediu. O filme estava curto demais, disse ele, e a história não estava clara. "Pus no papel meus pensamentos sobre isso", acrescentou, dando a Huston um memorando de três páginas e meia, datilografado em espaço um.

Huston olhou para aquilo com impaciência.

"Isto é muito sério, John", disse Reinhardt, com ar de quem sente prazer na seriedade das coisas. "Por favor, leia."

Huston leu:

> Além de seu encanto espetacular, da satisfação subconsciente de reviver um capítulo glorioso e vital da história americana, e da nobreza, beleza e tragédia profundamente emocionantes de suas cenas, A GLÓRIA DE UM COVARDE deve cumprir algumas exigências básicas para se tornar um sucesso, tanto artístico como comercial: a história do Jovem deve ser convincente. Seu desenvolvimento deve ser orgânico, consistente e sem rupturas. O Jovem deve inspirar simpatia desmedida; temos de sentir com ele, estar com ele todo o tempo. Temos de compreendê-lo, torcer por ele e, por fim, admirá-lo.
>
> Embora eu pense que os primeiros requisitos mencionados tenham sido admiravelmente cumpridos pelo filme — e digo "filme", pois agora a película deve falar por si mesma, e todas as boas intenções, todos os argumentos sobre fidelidade a Stephen Crane, todas as promessas do roteiro, todas as noções preconcebidas que poderiam ser projetadas no filme devem ser agora brutalmente desconsideradas como irrelevantes — embora eu creia que temos um filme espetacular, arrebatador, puro e lindo e, às vezes, profundamente comovente, apresento esta pergunta a todos que estão ajudando a fazer A GLÓRIA DE UM COVARDE, e faço isso na undécima hora: fizemos justiça ao Jovem? Porque se falhamos nisso, então fracassamos redondamente.
>
> Qual é a história do Jovem? (Não nos iludamos, por mais atraente que o invólucro possa ser. O que importa é o conteúdo. O filme precisa ter uma história.) Um dia, num campo de treinamento do front da Guerra Civil, encontramos um sujeito jovem. Ao contrário de seus camaradas, ele está desesperado de medo da batalha...

O memorando continuava traçando a seqüência do filme e declarava que não havia nada nele que indicasse *por que* o Jovem parava subitamente de ser um covarde e se tornava um herói. "Está faltando uma peça", terminava o memorando. "A história do Jovem fica um tanto perdida. A linha está rompida. Essa peça também daria ao filme sua duração adequada."

"Você tem razão, Gottfried", disse Huston quando terminou a leitura.

Reinhardt pareceu satisfeito. Disse que tinha encontrado Mayer algumas horas antes e lhe dissera que *A glória de um covarde* se transformara num grande filme.

"O que ele disse, Gottfried?", perguntou Huston, paciente.

"Ele disse apenas uma coisa — 'O filme tem uma *história*?'."

Os dois homens ficaram no estúdio até tarde aquela noite, criando cenas com que esperavam dar ao filme uma história.

Na noite seguinte, Huston e Reinhardt mostraram o filme para Dore Schary, em sua casa. Algumas horas antes, Reinhardt fora a uma festa que Mike Romanoff dera para comemorar a colocação da pedra fundamental de seu novo restaurante. Albert Band levou-nos do estúdio à festa no carro de Reinhardt. "Estou tão preocupado com Mocha", disse Reinhardt no caminho. A sra. Reinhardt estava em Nova York, e não havia ninguém em casa para alimentar o poodle. "Pobre Mocha", enfatizou Reinhardt.

"Vamos para a festa", disse Band. "Mocha ficará bem."

"Mocha ficará com fome enquanto você se empanturra na festa", retrucou Reinhardt.

"Mocha vai ficar *bem*", insistiu Band, irritado.

"Albert", disse Reinhardt em tom de reprovação, "um dia você será chefe do estúdio, mas agora acho que alguém deveria ir lá em casa e alimentar Mocha. *Então* ele ficará bem."

O local da festa era um grande terreno em Beverly Hills, a algumas quadras de distância do antigo Romanoff. Haviam montado uma cobertura sobre as mesas cheias de comidas e bebidas. Uma multidão já estava num avançado estado de celebração da pedra fundamental quando chegamos.

"Todo mundo está aqui", disse Band, dando uma olhada geral na festa. "Clark Gable. Todo mundo." Ele estava prestes a se integrar na festa, quando Reinhardt lhe disse que antes precisava ir alimentar Mocha.

"E fique ao lado de Mocha enquanto ele come", disse Reinhardt quando Band ia saindo. "Ele é muito nervoso."

Band partiu, e Romanoff perguntou a Reinhardt por que ele estava atrasado. "Você perdeu a cerimônia", disse ele com desdém. "Perdeu o discurso de Ethel Barrymore." Levou os dedos aos lábios, num gesto de aclamação. "Ela foi melhor do que Franklin D. Roosevelt."

"Toda aquela argamassa e pilão, como se fosse uma pedra fundamental de museu", dizia uma senhora que estava ali perto.

"Em nenhum outro lugar do mundo você encontra tudo isso", disse o cavalheiro que estava com ela, fazendo um largo gesto com o braço. "Temos de tudo em Hollywood. Em que outro lugar você encontraria Picassos no banheiro?"

Reinhardt, que observava Ronald Colman e Clark Gable rindo e conversando com Louella Parsons, pegou um martíni de uma bandeja que passou. "Do que eles estão rindo?", perguntou a um escritor chamado Charles Lederer, que estava ali ao lado.

"Não faça perguntas. Ria", respondeu Lederer.

Reinhardt riu.

Band retornou à festa, Huston apareceu e nós três fomos com Reinhardt à casa de Schary. Encontramos Schary em sua sala de estar, de calça cinza, blazer azul-marinho, camisa esporte azul-bebê e mocassins, com aparência descontraída e feliz. Com ele estavam a sra. Schary e Benny Lewis.

"Olá, querido", disse Schary, sorrindo para Huston.

Huston deu um tapinha afetuoso nas costas de Schary: "Como *vai*, garoto?". Todos se sentaram.

"Onde você tem andado, garotão?", perguntou Schary.

Huston disse que estivera caçando e começou a falar de patos, mas o painel da parede já estava subindo, revelando uma tela branca, e ele se calou.

As mudanças sugeridas por Huston na exibição anterior haviam sido feitas. Agora era a vez de Schary fazer sugestões. "Benny, faça uma anotação sobre esta cena", disse ele quando os soldados começaram a cavar na tela.

"Sim, senhor", respondeu Lewis.

"Faça uma anotação sobre a travessia do rio", disse Schary.

Lewis anotou.

"Pegue o cara dizendo 'Oh, não!' depois da cavação. É moderno demais", disse Schary.

Quando Tim Durant fez seu cavalo dançar e gritou "Iupiii" várias vezes, Reinhardt riu alto.

"Tem de melhorar esses 'iupiiis' ", disse Schary.

"Temos alguns 'iupiiis' novos que ainda não pusemos, Dore", disse Huston.

A cena do encontro do Soldado Jovial com o Jovem no bosque estava escura demais, apontou Schary, e todos concordaram que seria melhor refilmá-la.

As luzes se acenderam. O painel retornou, e a tela branca desapareceu. Houve um silêncio momentâneo.

"Querido, aquela fala 'virou guaxinim'", disse Schary a Huston. "Tivemos uma fala exatamente como essa em *Rancor*. Sobre estar mais ocupado que um guaxinim. Tivemos dois cartões na pré-estréia com objeções. Não acho que devemos arriscar neste aqui."

"Gambá", disse a sra. Schary. "Está aí um bom animal pequeno."

Schary apontou imediatamente para Band. "Diga 'gambá', diga 'guaxinim'", ordenou.

Band disse depressa: "Gambá, guaxinim. Gambá, guaxinim. Gam...".

"Ganso", disse Huston.

"Virou ganso", disse Schary. "É isso."

Então Schary disse que não havia luta no filme depois que o regimento do Jovem encontrava o inimigo no muro. Huston disse que queria evitar a luta corpo-a-corpo e qualquer coisa que caísse sob a classificação de "Norte contra Sul".

Schary falou: "O principal é que sinto uma falta de clímax e culminação no ataque. Não se sente aquela conquista e exaltação. O que tivemos em *O preço da glória*, por exemplo".

"Bem", disse Huston, "tivemos outra crítica, e é mais grave do que esta." Ele se levantou e, com as mãos nos bolsos, disse que a queixa era que o filme não mostrava qual era o estado mental do Jovem depois que ele foge da batalha e antes de retornar e se distinguir. "É uma coisa emocional, e não lógica. Se pudesse haver uma cena tranqüila depois que o rapaz volta ao acampamento. O Tenente encostado numa árvore, dormindo. Outro escrevendo uma carta. E o Jovem agitado em seu sono. Uma espécie de sossego. Para mostrar que o rapaz não é o mesmo de antes."

"Quanto mais mostrarmos o Jovem no acampamento, antes de se tornar um herói, mais história teremos", disse Reinhardt.

"Faça uma fusão para o rapaz deitado lá, semi-acordado e de olhos arregalados", disse Schary. "Então chega o amanhecer, e uma corneta toca."

Reinhardt e Huston concordaram com Schary que uma cena assim daria mais história ao filme, e Huston disse que a ditaria no dia seguinte.

As cenas da morte de Dano e Dierkes estavam ótimas, disse Schary — grandes cenas.

"É bom o material de batalha, não é?", perguntou Huston.

"Fabuloso", disse Schary. "Tomadas fabulosas."

Houve uma pausa, e a sra. Schary contou a Huston que quase acabara uma pintura e gostaria que ele desse uma olhada. Huston disse que adoraria. Schary sugeriu uma mudança na seqüência de algumas cenas menos importantes no final do filme. Huston disse que as sugestões eram muito boas, excelentes, depois voltou-se de novo para a sra. Schary. "Mostre-me sua pintura, querida", disse ele.

"Dore", disse Reinhardt, enquanto Huston e a sra. Schary saíam da sala, "você acha que alguém vai ver este filme?"

Schary disse que sim.

Reinhardt perguntou-lhe sobre Audie Murphy.

Murphy estava muito bom, respondeu Schary. "E Mauldin é bom", completou. "Parece Howard Hughes."

Reinhardt suspirou de alívio.

Quando a sra. Schary e Huston voltaram, ela disse a Reinhardt que adorava *A glória de um covarde*, e a Huston disse: "Você fez um bom filme".

"Obrigado, querida", disse Huston, com veemência teatral.

"O filme transmite um grande sentimento do período", disse Schary quando estávamos para sair. "Tem legitimidade."

"Será um grande filme", disse Reinhardt.

"Boa noite, queridos", disse Schary.

Enquanto nos afastávamos, Reinhardt disse: "Todas as noites ele faz isso. Meu Deus, que quantidade de lixo ele deve ver!".

Na manhã seguinte, Reinhardt viu um anúncio de *A glória de um covarde* em um jornal da indústria cinematográfica. Estava ilustrado com uma fotografia de Audie Murphy conversando através de uma cerca com a garota da fazenda cujo porco era roubado no filme. Nessa foto, a garota tinha um olhar de adoração para Murphy. Não havia tal cena no filme. A promoção de *A glória de um covarde* tinha começado.

Huston teve sua sessão final com Reinhardt e os principais membros da equipe numa sala de projeção, onde viram a versão revisada do filme, com as refilmagens e cenas adicionais no acampamento do Jovem com que Reinhardt e Huston esperavam dar ao filme um pouco mais de história. A exibição durou uma hora e 28 minutos — dez minutos mais do que a primeira versão. Huston disse que o filme parecia estar com enchimentos. Ele era a favor de clareza e de declarações diretas e curtas, e não queria mais filme do que o necessário. Reinhardt e ele rearranjaram a seqüência de várias cenas e encurtaram algumas tomadas, e com tais artimanhas conseguiram mover o Jovem pelo campo de batalha de modo que ele lutasse no filme de uma maneira mais satisfatória do que lutara na batalha travada na fazenda de Huston. Então Benny Lewis, sob o comando coordenado de Reinhardt e Margaret Booth, começou a juntar as tomadas para montar de uma vez por todas os movimentos revisados do Jovem, assim eles pensavam.

A MGM dera a Huston permissão para suspender seu contrato enquanto fazia um filme independente, e ele levou seus pertences do escritório de canto no edifício Thalberg para um pequeno chalé no California Studios, em Hollywood, onde ficava a sede da Horizon Pictures e seu sócio, Sam Spiegel.

Quando Huston partiu, deixou para trás seu filme e seu

salário de 4 mil dólares por semana. Ganharia agora 2500 dólares semanais na Horizon, pelo trabalho de converter o romance de C. S. Forester *Rainha africana* em um roteiro. Também deixou Albert Band na MGM. Antes de partir, prometeu conseguir que Band ganhasse crédito pelo esboço da adaptação de *O emblema rubro da coragem* e lhe disse que conversaria com Dore Schary sobre um novo emprego para ele. Na Horizon, Huston parecia ter esquecido tudo sobre Schary, Albert Band, Gottfried Reinhardt, Audie Murphy, Stephen Crane e *A glória de um covarde*. Reinhardt teve uma reação filosófica sobre a saída de cena de Huston depois de conviverem constantemente durante dez meses: "Você vê seus colegas com muita freqüência quando faz um filme. Você os vê, sejam amigos ou inimigos, e depois o filme acaba, e você não os encontra mais. Nem a proximidade nem a distância afetam a relação básica". Porém o trabalho de Reinhardt em *A glória de um covarde* não terminaria até que o filme estivesse pronto para a distribuição, e seu trabalho o fazia relembrar constantemente John Huston. Do mesmo modo, disse ele, estava perturbado pela incerteza do futuro de Albert Band. Band sentia falta de Huston. Não sabia o que devia fazer na MGM, e ficava lendo em seu escritório. Assim como Reinhardt, estava no primeiro andar do edifício Thalberg, mas, diferentemente de Reinhardt, tinha apenas uma sala pequena com uma cadeira de couro puído, um carpete gasto, uma escrivaninha, uma máquina de escrever e um sofá velho. Seu nome não estava gravado numa placa de metal na porta: fora datilografado num cartão branco enfiado numa pequena moldura, de onde poderia ser facilmente removido. Havia várias fotos de Huston nas paredes, e de tempos em tempos Band olhava para elas, taciturno. Por fim, Reinhardt assumiu a questão da carreira de Band. Mandou a Dore Schary um memorando dizendo que Band prestara um serviço muito valioso em *A glória de um covarde*, não só durante a produção e a montagem, mas também durante a preparação do roteiro. "Acredito que, se lhe derem uma chance, ele se revelará um grande trunfo do estúdio como roteirista, bem como, talvez, um dia, diretor. De qualquer modo, gostaria de recomendá-lo e pedir-lhe que o mantenha na folha de pagamento e lhe dê um encargo." Schary respondeu oferecendo Band a Reinhardt, e o indicado tornou-se assistente de Reinhardt.

A festa de domingo à noite na casa de David Selznick é uma espécie de instituição entre os notáveis da indústria cinematográfica, onde Huston às vezes aparecia. As festas aconteciam numa elegante casa de Beverly Hills que pertencera a John Gilbert. Certa noite, perto do fim da festa, Selznick, que era produtor independente havia muitos anos, chamou Huston a um canto. "Então você terminou o filme", disse ele. "Estou realmente surpreso."

"É", disse Huston, com ar constrangido.

"Estou espantado que eles o tenham feito. Estou espantado mesmo."

"Eles fizeram o filme. Dore o defendeu o tempo todo."

"Estou muito espantado", repetiu Selznick. "Quanto custou? Um milhão e meio?"

"Mais ou menos isso, David."

"Estou realmente espantado."

Eles conversaram um pouco sobre o apoio de Schary à realização do filme e a oposição de Mayer. "Eu gostaria de saber o que L. B. pensa do seu filme", disse Selznick.

"Eu não", disse Huston.

Bronislau Kaper, que, segundo Reinhardt me contou, era um músico sério e talentoso, estava compondo a trilha sonora de *A glória de um covarde*, e membros do departamento de som acrescentavam efeitos sonoros à trilha. A Produção nº 1512 era o 65º filme para o qual Kaper escrevia a música em dezesseis anos de trabalho para a Metro-Goldwyn-Mayer. É um homem loquaz, de quarenta e tantos anos, que nasceu na Polônia e, quando jovem, fez carreira como compositor na Alemanha e na França. No início dos anos 30, L. B. Mayer escutou-o tocar algumas de suas composições em Paris e o contratou para a MGM. Entre seus talentos está a capacidade de tocar no compasso dois por quatro com uma das mãos enquanto com a outra toca em três por oito, e a capacidade de fazer observações que provocam risos. Enquanto compunha para *A glória de um covarde*, parecia estar constantemente trabalhando duro e fazendo observações que provocavam risos, expressando sua espirituosidade com insultos suaves e oblíquos. Sempre sorria quando soltava um deles, e, por algum motivo, quem o recebia em geral sorria de volta. Kaper parece eternamente jovial, mas tem um persistente ar de insatisfação, junto com um tremendo entusiasmo para compor música para filmes.

"Todos os filmes estão doentes", disse-me Kaper. "Esta é minha premissa. Precisamos descobrir do que eles precisam para ficar bons e saudáveis." Vira *A glória de um covarde* três vezes. Conhecia cada quadro, disse ele, e tudo de que o filme precisava seria fornecido pela música — um fortalecimento da continuidade e um ponto de vista definido em relação aos principais personagens —, e me fez uma breve palestra sobre como planejava realizar tudo isso. "Depois que o regimento do Jovem vence a primeira batalha, os soldados parecem felizes. Mas chego eu e digo à platéia, com música triste: o que há de bom nisso? Torno um pouco ridícula toda a idéia de um americano matando outro americano. Às vezes, ponho emoções falsas no filme para despertar a platéia. Outras vezes, num close, paro a música. Algumas das cenas são fortes demais. Preciso diminuir a intensidade. A música proporciona o clima sustentado que dará continuidade e suavidade ao filme. A contribuição da música é contar a *história* do rapaz. Ela deve ser contada musicalmente. Eis um menino que é covarde e depois se torna um herói. Por quê? A *música* vai contar isso. O menino vê dois homens morrendo. As duas cenas de morte são as mais esmagadoras já vistas no cinema. Isso provoca alguma coisa no rapaz. O poder das cenas de morte elimina o rapaz, então você tem de musicar o efeito das mortes *sobre* o rapaz. O que é a coisa mais importante no filme. Eu musico a morte do Soldado Alto deixando que sua respiração seja a solista. Quando ele morre, há um súbito silêncio. Nenhuma música. Nenhum comentário. Dou à platéia a chance de fazer seu próprio comentário. A segunda morte, quando o Homem Esfarrapado perambula morro abaixo para morrer, seguido pelo Jovem, faço apenas com dois instrumentos. Uma corneta para a morte militar, e uma gaita-de-boca — uma canção alegre — para mostrar a ironia da coisa. Na cena em que o Jovem escreve a carta, eu disse a John Huston: 'É importante não ficar sentimental. O Jovem está escrevendo uma carta para casa'. 'O rapaz está com medo', disse John, 'e é engraçado.' Eu disse: 'Não sei como instrumentá-lo de um jeito engraçado'. John disse: 'Ele não deve ser tratado tragicamente. Ele é um pouco ridículo'. Então ele disse: 'Banjo!'. Tacada de gênio! Temos um som engraçado vindo de fora enquanto o Jovem está sentado em sua barraca e escreve. Um som engraçado para uma situação triste. Desse modo, damos uma *história* ao filme. É musicalmente interessante quando o rapaz foge da batalha. Eu musico seus medos interiores. A música é espasmódica. Como uma batida de coração. Todo o prólogo do filme, uma cena curta que mostra o Jovem no serviço de sentinela, será silencioso. Nenhuma música pode ser tão alta quanto o silêncio."

Enquanto isso, Reinhardt trabalhava com um escritor chamado Jan Lustig e com Albert Band na história para um filme chamado *The burning secret.* Durante as conversas com Lustig e Band sobre o plano geral do roteiro, Reinhardt fazia digressões freqüentes sobre outros assuntos. Um dia, contou-lhes que sua mãe, Else Heims, de 72 anos, estava protagonizando uma peça em Berlim. Depois falou sobre o trabalho deles e lhes disse para não se preocuparem com problemas como tamanho ao escrever. "Sempre dá para cortar depois", explicou. Contou-lhes que passara a jogar golfe porque queria ter algo sobre o que falar, assim como outras pessoas conversavam sobre tênis ou cavalos. Falou de Hollywood e disse que jamais compraria uma casa lá, porque no fundo sentia que não queria ficar lá. Disse que as pessoas de Hollywood ficavam inseguras quando se afastavam de Hollywood. "Como Sam Hoffenstein costumava dizer, somos crupiês de um cassino desonesto", disse ele. Falou sobre o que estava errado no negócio do cinema. "Ainda se pagam dividendos, mas os ativos são se Gable é um astro. Se podemos maquinar uma boa história."

Reinhardt deu um suspiro triste e passou a falar de *The burning secret.* Um dos problemas a resolver era se deviam incluir uma implicação de adultério e, se assim fosse, como fazê-lo e ainda deixar bastante espaço para a dúvida na mente da platéia. Outro problema era se o herói de onze anos de idade deveria ser mostrado usando um traje de Hopalong Cassidy. Enquanto Reinhardt estava mergulhado nessas questões, a secretária entrou e lhe deu uma comunicação interna de Dore Schary.

Caro Gottfried:

Odeio sobrecarregá-lo com más notícias justamente antes de eu sair de férias, mas nosso suprimento de filme deve ser cortado exatamente em 50%. Diante disso, precisamos estabelecer uma regra de que só deverá haver uma cópia de cada tomada de qualquer um de seus filmes em produção, e que qualquer cópia adicional precisa da aprovação de Joe Cohn. Temos de fazer todos os esforços para diminuir a quantidade de filme usado em testes e também, sempre que possível, reduzir o número de testes. Testes de roupa serão feitos com o novo método de slides.

Por favor, avise seus diretores dessa circunstância, e durante as filmagens deve ser feito um esforço para certificar-se dos valores antes de filmar. Em outras palavras, teremos de abandonar a prática do "vamos tentar uma para ver o que acontece".

Desculpe-me Gottfried, não consegui ver você antes de partir, mas estive literalmente atolado. Estou ansioso para ver a pré-estréia de A GLÓRIA DE UM COVARDE, que será a primeira coisa que verei quando voltar.

Meus melhores votos,
D. S.

Reinhardt largou a comunicação, voltou-se para Band e Lustig e, com o que pareceu ser um esforço considerável, retomou os problemas de adultério e do traje de Hopalong Cassidy.

Um dia, na metade de dezembro, Huston e o romancista e ex-redator da revista *Time* James Agee, contratado para colaborar com Huston no roteiro de *Uma aventura na África*, trabalhavam no chalé da Horizon, tentando terminar o texto antes da partida de Huston e Spiegel para a África, onde seriam feitas as filmagens. Na sala da frente do chalé havia uma falsa lareira com lenha artificial. Os Oscar de Huston estavam sobre o consolo da lareira. Agee dizia, enquanto Huston andava em círculos pequenos, que a viagem que o capitão Humphrey Bogart e a missionária Katharine Hepburn iriam fazer rio abaixo no barco do capitão — o *The African Queen* — poderia simbolizar o ato do amor.

"Meu Deus, Jim", disse Huston. "Diga-me alguma coisa que eu possa entender. Isto não é um romance. É um roteiro. Você precisa demonstrar tudo, Jim. As pessoas na tela são deuses e deusas. Sabemos tudo sobre elas. Seus hábitos. Seus caprichos. Mas não podemos tocá-las. Elas não são reais. Estão no lugar de alguma coisa, em vez de ser alguma coisa. São símbolos. Não dá para ter simbolismo dentro do simbolismo, Jim." Huston continuava a andar e disse que estava ficando maluco. "Eu realmente odeio a cidade", disse ele. "Preciso sair para o campo e montar um cavalo. Fico todo confuso na cidade. Sabe onde eu gostaria de estar neste exato momento, Jim?" Ele espalhou seus longos braços sobre o consolo da lareira. "Gostaria de estar no México, diabo!" Deu uma risada contida e disse que achava que passara um dos melhores períodos de sua vida, aos dezoitos anos, na cavalaria mexicana. "Que época! Sempre indo para os lugares em Packards. Fazia a ronda dos cafés. Depois ia até o *rancho* de alguém. Em seguida jogava uma coisa muito parecida com roleta-russa. Engatilhava uma pistola, jogava para o alto e batia no teto. Era ótimo. Simplesmente ótimo. Eu era o melhor saltador a cavalo deles. Puxa, que tempo maravilhoso!"

Spiegel enfiou a cabeça na porta. Huston olhou para ele por um instante sem dizer nada. Depois fingiu estar chocado. "Meu Deus, Sam, por um momento você parecia estar fazendo um número que papai costumava fazer no vaudeville", disse em tom ameaçador. Spiegel entrou na sala e olhou de Huston para Agee com um sorriso hesitante. "Eu tinha seis anos quando vi papai fazer esse número pela primeira vez!", continuou Huston, com seu tom especial de espanto com as próprias palavras. "Papai fazia um pintor de paredes que vai pintar a casa de uma senhora. Havia um retrato do marido dela na porta da frente, do lado de dentro. O rosto do marido começava a fazer caretas, e então aquela cabeçorra atravessava a porta com luzes elétricas no lugar dos olhos. E eu berrava. E papai cantava '*I haven't got the do-re-mi*'. Era simplesmente maravilhoso. Oh! Oh! Oh!"

"Então, como vão as coisas com o roteiro?", perguntou Spiegel.

Huston disse que iam bem. "O único problema, Sam, é que acabamos de demolir o trabalho de duas semanas. Jogamos tudo fora", acrescentou de leve.

Spiegel engoliu em seco. "Quando?"

"Agora mesmo", disse Huston com um sorriso forçado.

"Minha úlcera está crescendo", disse Spiegel, e lançou um olhar de apelo a Agee.

Agee parecia desnorteado.

"Partimos dentro de quatro semanas, precisamos do roteiro pronto antes de viajar", disse Spiegel a Huston.

"Não se preocupe, Sam", disse Huston, no tom tranqüilizador que usara ao falar com Reinhardt sobre o roteiro de *A glória de um covarde*.

"Por trás dessa fachada de preocupação, há preocupação", disse Spiegel. "Vocês fizeram alguma coisa hoje?"

"Não se preocupe", disse Huston. "Não há nada com que se preocupar."

"Eu gosto de *saber* por que estou ficando preocupado", disse Spiegel. "Agora estou preocupado e não sei por quê."

"John, quando você vai fazer as novas tomadas para David Selznick?", perguntou Agee.

Spiegel umedeceu os lábios. "Você vai refazer tomadas para Selznick?"

Huston assentiu com a cabeça. "David está numa enrascada", disse ele.

"Você não pode fazer isso. Não tem tempo", disse Spiegel. "E por quê? Ele está lhe oferecendo uma fortuna?"

"Vou fazer de graça."

Spiegel sacudiu a cabeça. "Você não pode fazer isso."

"Quando um companheiro meu está numa enrascada, faço o que posso para ajudar", disse Huston.

"Você não pode fazer isso."

"Claro que posso, diabos."

"Não pode."

Huston deu uma risada abafada. "Sua úlcera, Sam", disse suavemente.

Humphrey Bogart, que fizera vários filmes com Huston, estava entusiasmado com a oportunidade de fazer outro. Ele e sua esposa, Lauren Bacall, preparavam-se para ir à África. Ao mesmo tempo, Bogart terminava *Sirocco* para sua própria companhia, a Santana, atividade de que não gostava tanto. "Muita preocupação com os negócios", disse-me um dia em sua sala de estar, enquanto sua mulher, com a ajuda de um roteirista chamado Richard Brooks e da esposa dele, podava uma árvore de Natal. "O papel é sopa. O papel não me preocupa. Interpreto personagens há anos. Usei aquela minha capa de chuva na metade dos filmes em que atuei. Eu não gosto é das preocupações com o negócio. Gosto de trabalhar com John. O monstro é estimulante. Uma mente fora do comum. Fora do centro. Ele é brilhante e imprevisível. Nunca é chato. Quando trabalho com John, penso em representar, não me preocupo com negócios. Com a Santana, fico cheio de preocupações."

"Você e eu, Bogie", disse Brooks.

"Sabe o que meu diretor, Curt Bernhardt, me disse hoje? Ele estava filmando o final de uma fita de Bette Davis na RKO e falou: 'Quando fizemos o filme, não conseguíamos decidir sobre o fim. Tinha um final infeliz honesto, mas não era honesto. O final feliz desonesto é que era honesto. O final agora não é desonesto nem honesto. Será algo novo'. Pelo menos, eles têm um fim. A Santana tem onze roteiristas trabalhando em *Sirocco*, e nenhum desses capangas me apareceu com um final até agora."

"É isso que você chama de preocupação?", perguntou Brooks. "Todo mundo que conheço está à procura de um fim."

"Humphrey, que tal nos dar uma ajuda aqui na árvore?", disse a sra. Bogart.

"Gosto de esperar até o final, então jogo a neve por cima", disse Bogart.

"Pois então fique sabendo", disse a sra. Bogart, "que não há neve este ano."

"Qual é o problema? Faltou coragem?", perguntou Bogart.

"Não dê atenção a ele", disse a sra. Bogart à sra. Brooks.

"Os problemas de negócios estão pesando sobre meus ombros", disse Bogart. "Preciso conversar com o monstro e receber algum conforto." Pegou o telefone e ligou para Huston. Um instante depois, seu rosto se iluminou. "Alô, seu filho-da-puta", disse ele. "Quando vamos para a África?"

Em janeiro de 1951, Huston e Agee foram para uma fazenda perto de Santa Barbara a fim de continuar o trabalho no roteiro de *Uma aventura na África*. Reinhardt estava preocupado novamente com *A glória de um covarde* e foi a Santa Barbara num fim de semana para ver Huston. Quando voltou, estava abatido. Huston andara muito ocupado. Tivera de caçar raposas, ver David Selznick e trabalhar no roteiro com Agee. Não parecia interessado em falar com Reinhardt sobre *A glória de um covarde*.

"Não temos um grande filme", disse-me Reinhardt quando voltou. "Não tem história, porque não mostramos o que o Jovem pensa. Não está no roteiro. John disse que ia pôr na tela. Não está na tela. Um dia, no meu escritório, John e eu encenamos a cena em que Audie agarra a bandeira e lidera o ataque. Foi ótimo. John era Audie, e gritava. Eu era o Soldado Ruidoso, e fazia espalhafato. Na manhã seguinte, fui direto ver L. B. Mayer. Ele costuma fazer a encenação. Dessa vez, eu fiz a encenação. Encenei a cena para ele. Depois perguntei-lhe: 'Não é ótimo?'. Ele disse que sim, que era ótimo. Mas ainda não temos isso. Audie não grita. O Soldado Ruidoso não é espalhafatoso. Não na tela."

Dore Schary estava de férias na Flórida quando os jornais do setor deram na primeira página que seu contrato com a Metro-Goldwyn-Mayer fora suplementado com uma opção de compra de 100 mil ações da Loew's dentro de um período de seis anos ao valor corrente de mercado, o que dava a Schary a chance de obter ganhos substanciais de capital se as ações subissem. Os jornais anunciavam também que Nicholas Schenck e William Rodgers estavam com Schary em Miami Beach, onde deveriam comparecer a uma exibição especial de *Todos são valentes*, um filme produzido pessoalmente por Schary. Não havia menção a L. B. Mayer em nenhuma das reportagens.

Enquanto procurava novos filmes para fazer, Reinhardt dizia com freqüência que sentia falta de trabalhar com Huston. Mandou um telegrama para Schary na Flórida sugerindo que ele e Huston fizessem um filme juntos sobre o coronel Paul W. Tibbets, Jr., que jogou a bomba atômica em Hiroshima. "NÃO FOSSE PELOS INGREDIENTES NUCLEARES, DEVERIA CHAMÁ-LO DINAMITE", telegrafou.

> VEÍCULO IDEAL PARA HUSTON. ROTEIRO PODERIA ESTAR PRONTO QUANDO ELE VOLTAR DA AVENTURA DE SPIEGEL QUE DEVE TORNÁ-LO AINDA MAIS EXPERT EM VIDA PERIGOSA. EXORTO VOCÊ CONSIDERAR ISSO MUITA SERIEDADE E TOMAR DECISÃO COMANDO. ESPERO CAPTE FORTE IMPLICAÇÃO. MAIS CORDIAIS CUMPRIMENTOS PELO NOVO CONTRATO. SEGURANÇA FINANCEIRA DO CHEFE SEMPRE FONTE DE PAZ PARA EMPREGADOS.

A resposta de Schary foi um memorando em que dizia: "Discutirei a história de Tibbets com você ao retornar. Todo mundo quer fazer essa história, então se fecharmos o acordo não tomarei nenhuma decisão até chegar em casa. Enquanto isso, apronte A GLÓRIA DE UM COVARDE para o que espero que seja uma pré-estréia maravilhosa".

O departamento de promoção da Metro apareceu com uma idéia para o trailer de *A glória de um covarde* — quando o título aparecesse, o "rubro" se apagaria e surgiria em seu lugar "branco e azul".*

Bronislau Kaper tocou no piano a trilha de *A glória de um covarde* para Reinhardt, e depois Reinhardt me disse que o filme poderia, afinal, vir a ser ótimo. "A música diz o que Crane diz no

* Em inglês, o filme conservou o mesmo nome do romance de Stephen Crane, *O emblema rubro da coragem*. O branco e o azul são as cores do Exército da União. (N. T.)

romance. Era o que estava faltando — o que se passa no interior do rapaz. Telefonei para John e cantei praticamente toda a trilha para ele pelo telefone. Ele ficou encantado." Reinhardt também parecia encantado, e disse que ia conversar com Schary sobre a possibilidade de a MGM lançar a trilha num disco chamado *Suíte de "A glória de um covarde"*. Pediu-me para acompanhá-lo e ver a gravação da trilha para o filme.

A música foi gravada num grande estúdio de som, ao lado do qual havia uma sala de monitoramento envidraçada. Sentei-me na sala com Mike McLaughlin, o homem que fazia a mixagem, regulando o volume de cada seção da orquestra e misturando os sons corretamente. A orquestra de cinqüenta músicos do estúdio sentou-se de frente para a sala de monitoramento. (Faziam parte dela alguns dos melhores músicos do mundo, disse Reinhardt, e a MGM pagava melhor do que a maioria das orquestras sinfônicas. O salário anual do primeiro-violino era de 25 mil dólares, e todos os outros tinham um contrato anual que garantia um mínimo de 15 mil.) O maestro estava com fones de ouvido, por onde podia escutar o diálogo do filme, que era projetado numa tela, às costas da orquestra. Uma linha vertical larga, chamada de *cue line*, movia-se ao longo da tela, sobreposta ao filme, para indicar ao maestro exatamente quando a música deveria começar e parar.

O principal tema musical era uma tríade, três notas da escala tônica em dó maior — sol, dó e mi —, para exprimir o medo do Jovem. "A tríade é ótima", disse Kaper. "É simples e trágica."

"Vamos ter uma grande briga com Dore", disse Reinhardt. "Ele gosta que a música nos filmes seja convencional, discreta e comedida. Nós escancaramos tudo."

"Dore vai gostar deste tema", disse Kaper. "Há destino no tema. É uma antecipação de algo ruim que se torna algo belo."

Uma das primeiras seções da trilha a ser gravada era o acompanhamento para a cena em que o Jovem e o Soldado Ruidoso, ao escutar o General dando ordens para atacar, correm para contar aos seus camaradas. A maioria dos instrumentos tocava um tema simples de duas notas para o ataque, com uma pulsação firme e excitante dos violinos e intervenções curtas dos sopros.

"Não tem trompete suficiente, Mac", disse Kaper ao mixador. McLaughlin girou um botão e aumentou o som dos trompetes.

"Se a platéia *escuta* a música, não é bom", disse Reinhardt a Kaper. "Temos de tomar cuidado."

Do modo como Kaper planejara a trilha, o filme abriria com o rugido do leão da Metro, acompanhado pelo som de tambores, que se dissolveria em fogo de artilharia, e depois haveria um prólogo silencioso, mostrando o Jovem de sentinela; isso seria seguido por uma gaita-de-boca tocando a canção folclórica familiar "Kingdom coming" para os letreiros principais — como é chamado o conjunto que engloba o nome do filme e todos os créditos. Assim que Kaper terminou de explicar isso, as palavras "Uma produção de Gottfried Reinhardt" entraram na tela sem música. "Direção de John Huston" foi acompanhado por flautins. "Música de Bronislau Kaper", sob trompetes. Brincando, Reinhardt disse que se Kaper ganhava trompetes, o mínimo que *ele* deveria ter para seu nome era uma orquestra de cordas. Kaper conversou com o maestro sobre pôr cordas para acompanhar o nome de Reinhardt. Margaret Booth entrou na sala de monitoramento naquele instante, e Reinhardt lhe disse que a música para o título principal era maravilhosa. A orquestra começou a ensaiar a música para a cena da carta.

"Ando vendo tantos filmes", disse a srta. Booth. "Acabei de cortar *O barco das ilusões*. Cortei seiscentos metros do filme."

Kaper disse que não gostava do modo como a orquestra estava tocando.

"Acho que você está dramatizando demais esta pequena peça de música", disse-lhe a srta. Booth, e saiu.

"Ela entra bem no meio da gravação!", gritou Kaper. "Assim é impossível! Isso tem de acabar!"

"Margaret gosta de mim", disse Reinhardt. "Ela quer ver se tudo vai bem com meu filme."

Reinhardt e eu voltamos para o escritório dele, onde Band nos esperava.

"Albert, prepare-me um drinque", disse Reinhardt.

Band foi à sala ao lado e voltou em seguida com um *highball.**

Reinhardt suspirou e sentou-se à escrivaninha. As dúvidas sobre o sucesso do filme o assaltavam de novo. "Eu deveria ter escutado Mayer", disse ele. "Ele me implorou para não fazer este filme. Ele era como um pai para mim. Ele disse: 'Isso são *pensamentos.* Como você vai mostrar os *pensamentos* do rapaz?'. Eu lhe prometi que os mostraria. Ele me falou do filme *O segredo das jóias*, de John. 'Pavimento', era como ele o chamava. Ele disse: 'Adorei o filme, mas ninguém vai vê-lo'." Reinhardt suspirou de novo. "Eu nunca deveria ter feito este filme. Fiz porque adoro o livro e porque adoro John. E achei que John seria capaz de mostrar o que se passa dentro do rapaz. Se tivéssemos narração no filme, talvez pudéssemos mostrar o que se passa no interior do Jovem. Mas John dizia sempre: 'Sem narração'. Billy Wilder, em *Crepúsculo dos deuses*, teve coragem: depois que o homem morre, faz dele o narrador. Joe Mankiewicz usa a narração. A narração é suficientemente boa para eles, mas não para John."

Tomou um gole de seu drinque em silêncio. Depois disse que no passado sempre fora capaz de perceber uma catástrofe

* Uísque ou outra bebida de alto teor alcoólico com água ou soda e gelo. (N. T.)

iminente. "Quando estava fazendo *O grande pecador*, tinha um elenco incrível — Gregory Peck, Ava Gardner, Melvyn Douglas, Ethel Barrymore, Frank Morgan, Agnes Moorehead, Walter Huston. L. B. Mayer visitou meu set de filmagem. Tudo que eu quis, consegui. Então, um dia, olhei para o filme. E tomei o maior porre. 'As personagens não têm vida', eu disse. Queria John para dirigir o filme. O estúdio também o queria. Ele concordou, mas então Sam Spiegel se apropriou dele. Arranjei outro diretor. E, assim, tanto John como eu fizemos filmes ruins. *Antes* das resenhas, até, as pessoas não foram ao cinema. Foi uma catástrofe. Eu a senti chegando. E sinto-a chegando agora."

Vinte dias depois da data que Sam Spiegel marcara para a partida dele e de Huston para a Inglaterra, onde fariam uma parada a caminho da África, Huston ainda estava em Santa Barbara trabalhando no roteiro de *Uma aventura na África*. Reinhardt telefonou-lhe do escritório. "Estranho!", disse ele. "Você não me liga mais! Perdeu a gravação. Foi maravilhosa. Tem a pureza, a honestidade, a tragédia e a nobreza do romance. Estou realmente louco por ela. Não espero uma reação tão boa de Schary, mas você vai ficar louco como eu. Na primeira batalha, na calmaria da luta, eles estão trazendo os rebeldes feridos. A música começa muito lenta. Muito estranha e fantasmagórica. Então cortamos para o pássaro cantando. É simplesmente glorioso. Estou louquinho por ela. Espere. Vou pôr Albert na linha."

Band pegou o telefone. "John, você vai desmaiar quando escutar a música."

"Cante-lhe a canção", ordenou Reinhardt.

Band cantou "Kingdom coming" para John, e depois Reinhardt retomou o telefone. "O título está simplesmente maravilhoso", disse ele, e riu. "Flautins para o seu nome, cordas para o meu. Você vai ficar louco."

A dublagem do som é o processo pelo qual todos os sons de um filme são postos numa única trilha sonora e sincronizados com as imagens. "É muito simples", contou-me Reinhardt. "Combinamos as trilhas sonoras feitas durante as filmagens com todas as trilhas que fizemos aqui — as falas adicionais, os efeitos de artilharia, estouros de granadas próximos, estouros de granadas distantes, canto de pássaros, murmúrio de vozes, pés se arrastando, vento, água, grilos, música. Temos três trilhas de música, com a orquestra, os toques de trompete e os tambores. Tocamos as três trilhas juntas e as gravamos numa fita. Isso economiza filme sonoro. Se alguma coisa sai errado, podemos corrigir antes que o som da fita seja gravado no filme para a trilha sonora final. Para a pré-estréia, teremos duas trilhas, uma para o filme e outra para o som. Se o filme for aprovado por L. B. Mayer, Schary e os outros executivos, faremos um composto chamado Movietone. É o que se usa nos cinemas. A superioridade técnica de Hollywood é uma das coisas que tornam os filmes americanos mais populares do que os filmes europeus no mundo todo. Os homens do som olham para um filme como se estivessem olhando para um motor de automóvel. O modismo afetado não os impressiona nem um pouco. Eles são todos meio cientistas."

A sonorização de *A glória de um covarde* foi feita numa sala de projeção escura e fechada que tinha o que se conhece como mesa de dublagem nos fundos. Três homens estavam sentados à mesa. Chamavam-se Bob, Jimmy e Sparky, e todos eles aparentavam não se impressionar com modismos e afetações. Eles sonorizaram um rolo de filme de cada vez. Para se orientar, além do próprio filme e da assessoria de Reinhardt, Kaper e Band, tinham mapas que mostravam em que ponto de cada rolo deveriam incluir efeitos como "gritos de soldados", "homens feridos se arrastando pela estrada", "baque de corpos em queda" e "cavalos rodopiando". Reinhardt achava que havia muito ruído de carros de munição e música insuficiente; Band pensava que se ouvia demais a fuga do Jovem e muito pouco a artilharia; e Kaper reclamava que a artilharia abafava seus tambores. Quando Reinhardt dizia que não estava escutando pássaros o suficiente, Sparky, Jimmy e Bob apertavam e giravam botões em sua mesa, ou telefonavam para a sonoteca e pediam mais cantos de pássaros. A equipe de som gravou e regravou e re-regravou até que todos os críticos ouviram o que queriam escutar.

O processo demorou cinco dias. Reinhardt, Band e Kaper ficaram sentados com Sparky, Jimmy e Bob horas e horas na sala, vendo rolos de filme repetidamente e trabalhando em busca da perfeição do som — uma granada a mais aqui, um tiro de rifle a menos ali, a substituição de um toque de corneta gravado na fazenda de Huston por um outro retirado do estoque da sonoteca. Um dos rolos mais difíceis de sonorizar tinha quatro trilhas de diálogo, três trilhas de música e dez trilhas de efeitos de som, entre eles um conjunto de sons para uma cena intitulado "galinhas, calmas" e outro conjunto chamado "galinhas, nervosas". Eles trabalharam cerca de duas horas nessa cena em particular. Band sugeriu por fim que eliminassem as galinhas calmas, e então o som ficou perfeito. Quando a sonorização ficou pronta, Reinhardt agradeceu a Jimmy, Sparky e Bob e lhes disse que haviam feito um trabalho maravilhoso. Automaticamente, os homens do som disseram a Reinhardt que ele tinha um filme maravilhoso.

"O departamento de som é como granito", disse-me Reinhardt. "O departamento de música é histérico; o de som, jamais."

* * *

A primeira exibição de *A glória de um covarde* para uma platéia de fora foi feita numa grande sala de projeção do estúdio. Huston veio de Santa Barbara para a grande noite. Reinhardt convidara o elenco e a equipe do filme, além de Sam Spiegel, o diretor William Wyler, amigo íntimo dele e de Huston, um produtor da MGM chamado Sidney Franklin, o agente de Huston, Paul Kohner, e Pablo, o filho adotivo de Huston, de quinze anos. Schary, que voltara de Miami Beach, não pôde comparecer porque estava em casa, com um resfriado. A pré-estréia oficial do filme seria dali a duas noites. Reinhardt disse a Huston que conversara com Schary por telefone e que ele lhe perguntara como estava o filme. "Eu disse que Bronny Kaper fez os atores *representarem*. Quando você viaja, John?" Huston disse que iria logo depois da pré-estréia. Isso era muito ruim, porque não tivera tempo de fazer as tomadas que prometera a Selznick, disse ele, mas Selznick o persuadira a esquecer aquilo tudo e, além disso, Huston já dera a Selznick — e a Arthur Fellows, um empregado de Selznick e amigo de Huston — alguma ajuda na montagem do filme.

Reinhardt e Huston chegaram à sala de projeção com alguns minutos de antecedência.

"Tem alguém aí?", perguntou Reinhardt ao projecionista, vacilante.

"Veio alguém?", perguntou Huston.

"Pablo está aqui", disse Reinhardt.

"Ora!", disse Huston, com seu modo peculiar de expandir a palavra.

Reinhardt e Huston olhavam para cada um que chegava com a solenidade de quem espera parentes em um funeral. A sra. Spiegel. A sra. Huston. A sra. Reinhardt. Audie Murphy. Tim Durant. John Dierkes. Reggie Callow. Hal Rosson. Paul Kohner. Andrew Marton. Lee Katz. Bronislau Kaper. Benny Lewis. Albert

Band. Reinhardt sentou-se nos fundos da sala. Huston sentou-se na frente. Reinhardt o chamou. "Quero toda a família junta", disse ele.

As luzes se apagaram. A sessão começou com um documentário sobre a Holanda, de James A. FitzPatrick, em technicolor.

"Não sabia que o filme era colorido", disse Huston, e forçou uma risada.

A platéia arrastou os pés, assobiou e olhou em volta. William Wyler chegou atrasado e sentou-se ao lado de Huston. "É o filme?", perguntou.

"Eu não sabia que era em cores", disse Huston, e riu nervoso mais uma vez.

Soaram os tambores, e o leão da Metro rugiu. Imediatamente fez-se um terrível silêncio na sala. *A glória de um covarde* começou, com o prólogo que mostrava o Jovem de sentinela. Huston assistiu ao filme de boca aberta. Reinhardt riu sem convicção na primeira cena divertida e olhou para seus vizinhos, como se quisesse encorajá-los a rir também. Parou, surpreso, ao ver que eles já estavam rindo.

A platéia pareceu emocionada com as cenas de Dierkes, o Soldado Alto, correndo morro acima para morrer, e de Dano, o Homem Esfarrapado, descendo o morro para morrer. "Meu Deus, Johnny!", disse Wyler a Huston quando o Homem Esfarrapado morreu na tela. "Meu Deus!"

Quando as luzes se acenderam, a platéia ficou muito quieta por um momento. Então Kohner virou-se para Huston e rompeu o silêncio: "Bom demais, John".

"Maravilhoso, Johnny", disse Wyler.

"Meus parabéns, John", disse Band.

"Johnny, maravilhoso, maravilhoso", disse a sra. Kohner.

"Ora!", disse Huston.

"É uma jóia", disse Sidney Franklin a Reinhardt.

"Gottfried, eu devia ter trazido meus confeitos!", disse a sra. Reinhardt. "Estou morrendo de fome."

Spiegel olhou para Huston, obviamente impressionado.

"Formidável, Gottfried. Formidável, John", disse Kohner.

"Que bom!", disse a sra. Huston, parecendo muito feliz.

"Puxa, papai!", disse Pablo Huston.

Houve uma onda súbita de entusiasmo na sala. Todo mundo apertava a mão de todo mundo.

"Este é o cara!", disse Huston, com o braço em volta de Bronislau Kaper. "Ele escreveu a música. Eu só fiz o filme."

"Uma bela partitura", disse Spiegel. "Eu descobri Bronny. Eu o trouxe para Hollywood."

"Pus meu coração nisso", disse Kaper. "Trabalhei mais duro nesta partitura do que em qualquer outra. Escrevi meu coração nesta partitura."

"Meu Deus!", disse Wyler a Reinhardt. "Aquele sujeito que desce o morro e morre."

"Royal Dano", disse Reinhardt com orgulho. "Ele é magnífico."

"Uma tomada formidável com *dolly*", disse Wyler.

"Cento e trinta e cinco metros", disse Reinhardt.

"Faz você se dar conta de que uma guerra há oitenta e cinco anos era mais dura do que uma guerra hoje", disse Wyler.

"Conseguimos um material incrível", disse Reinhardt.

"Foi a guerra mais sangrenta", comentou Wyler. "Sem Cruz Vermelha. Nada."

"Incrível. Os dois lados se mataram. Conseguimos um material incrível", repetiu Reinhardt. "Como está seu filme novo, Willie?"

Wyler deu de ombros. "É tudo um jogo. O único jeito é perder muito ou ganhar muito. Você pode ter o maior sucesso ou o maior fracasso do mundo — no início, é a mesma aposta."

A sra. Kohner aproximou-se e disse: "Não é maravilhoso?".

"Excelente", concordou Wyler.

Murphy estava atônito. "Nem parece que eu fiz tudo aquilo", disse brandamente.

"Você está muito bom", disse-lhe Dierkes.

Todo mundo estava dizendo a todo mundo que era um *grande* filme. Huston abraçou Reinhardt e disse: "É o melhor filme que já fiz".

"Eis aí um filme", declarou Spiegel, e franziu os lábios.

Wyler e Spiegel saíram juntos. "Na pior das hipóteses, vai empatar", dizia Wyler. "Quanto custou?"

"Um milhão e meio, Willie", respondeu Spiegel, com satisfação. "É dinheiro da MGM."

"A MGM pode se dar ao luxo de fazer este filme por prestígio", refletiu Wyler. "Se conseguirem o apoio da Legião Americana — basicamente, é esse tipo de história."

"A música é excelente", disse Spiegel.

"A MGM não tem nada a perder fazendo isso", concluiu Wyler, pensativo.

Reinhardt juntou-se a eles e sorria de satisfação enquanto eles repetiam que ele fizera um *grande* filme. Reinhardt inclinou a cabeça com modéstia. "John me abraçou e disse que é o melhor filme que já fez. John está nas nuvens."

O que há de errado com a opinião de Mocha?

Numa tarde de fevereiro de 1951, seis meses depois do início da produção de *A glória de um covarde*, Huston e Reinhardt partiram juntos para sua primeira pré-estréia. Desde o início, o filme provocara um volume extraordinário de debates na MGM. Reinhardt e Huston queriam fazer o que Reinhardt chamava repetidamente de "um *grande* filme", e o que se debatia era se ele se revelaria de fato um grande filme; se assim fosse, se também faria dinheiro. Todos os envolvidos na produção achavam que o que acontecesse na pré-estréia provavelmente responderia à questão. O escritório de Nova York, na pessoa de Schenck, presidente da Loew's, aguardava os resultados; com Schenck estavam outros altos executivos, entre eles William F. Rodgers, diretor-geral de vendas, que cinco meses antes dissera a Reinhardt: "Sua grandeza depende de como for recebido pelo público". Em Hollywood, Mayer, o segundo no comando da Loew's, que inicialmente se opusera à produção do filme, mas que, por razões pessoais, acabara cedendo e desde então vinha observando de perto o seu progresso, seguia observando. Também em Hollywood, Schary, que, possivelmente com o apoio de Schenck, dera sustentação a Huston e Reinhardt desde o começo, e insistira desde então que tinha confiança nas perspectivas comerciais, além de artísticas, do filme, ainda insistia nisso. A última estimativa que os executivos da Loew's tinham do custo de *A glória de um covarde* — Produção nº 1512 — estava agora em 1 548 755 dólares, ou seja, cerca de 50 mil dólares acima do máximo que Huston e Reinhardt haviam prometido a Dore Schary que o filme custaria.

Antes da pré-estréia, Reinhardt e Huston foram parar na casa de Schary para mostrar-lhe o filme, porque ele estava resfriado e não poderia ir ao cinema. Fui com Reinhardt até Santa Monica, onde ele pegaria Huston. Reinhardt usava uma boina azul e fumava um longo charuto. No caminho, disse que o departamento de publicidade do estúdio mostrara o filme a Hedda Hopper, que lhe telefonara para dizer que era o melhor filme de guerra que já vira. "Ela é absolutamente leviana", disse Reinhardt. "Hoje à noite, Mayer estará na pré-estréia. Depois, ele talvez converse conosco. Ou talvez não. Nunca se sabe. As pessoas dizem: 'Você viu a cara de L. B. Mayer?'. E acham que têm um fracasso nas mãos. Na manhã seguinte dizem: 'Está tudo bem. Ele gostou do filme'." Reinhardt dirigia com imprudência. "Todo mundo diz que temos um filme brilhante", disse ele, levantando vôo. "John está no sétimo céu."

Encontramos Huston no bar de um hotel que dava para o oceano Pacífico. Sua exuberância estava à altura da de Reinhardt. Disse imediatamente: "Spec McClure, um cara da parte de Hopper, me telefonou. Hedda diz que é o maior filme de guerra já feito". Ele e Reinhardt trocaram olhares significativos e desataram a rir.

"Temos um grande filme", disse Reinhardt. Virou-se para o garçom e pediu martínis.

"Então", Huston disse e, inclinando a cadeira para trás, pôs uma cigarrilha no canto da boca e olhou lentamente ao redor do bar. Naquele começo de tarde, éramos os únicos clientes. Uma faxineira limpava o chão da entrada com um esfregão.

"Quando você parte para a África?", perguntou Reinhardt enquanto o garçom trazia os drinques.

"Daqui a dois dias, Gottfried", disse Huston, acendendo o cigarro e, por sobre a chama, observando com atenção a mulher que limpava o chão.

"Você terminou o roteiro de *Uma aventura na África*?"

"Quase, Gottfried", respondeu Huston com ar ausente. "Vou terminar no avião."

Reinhardt tomou um longo gole de seu drinque. "Teremos de refazer umas tomadas para *A glória de um covarde* na África", disse, e riu com considerável satisfação.

"É", disse Huston.

"Quando penso em tudo por que passamos", disse Reinhardt.

"Meu Deus, Gottfried, não valeu a pena?"

Reinhardt fez um sinal de feliz concordância com a cabeça. "Agora, se alguma coisa der errado hoje à noite, teremos de refazer tudo na África", disse, rindo de novo.

"É, teremos de refazer tudo na África", repetiu Huston. "Oh! Oh! Oh!"

Reinhardt engasgou-se com o riso. Levantou-se, e, enquanto ele pagava a conta, Huston vestiu uma capa Burberry e um boné que combinava. Puxou o boné para os olhos e correu até a mulher que esfregava o chão. Inclinou-se para ela e pegou o esfregão de suas mãos. Depois pôs os braços ao redor dele e, abraçando-o, dançou uma valsa libertina pelo bar deserto. Reinhardt sorriu, e Huston, rindo em silêncio, voltou dançando até a mulher, devolveu-lhe o esfregão e saiu dançando sozinho do bar para a rua. "Corta!", gritou Reinhardt.

* * *

Enquanto íamos para a casa de Schary, Huston e Reinhardt conversaram sobre a exibição privada que haviam feito duas noites antes, para uns vinte amigos e colegas da indústria cinematográfica, entre eles William Wyler, Paul Kohner e Sam Spiegel. Discutiram a reação entusiástica que *A glória de um covarde* provocara.

"Sabe, Gottfried", disse Huston, "nunca vi reagirem assim a um filme. Nunca vi Sam e Paul conversarem daquele jeito sobre um filme. E Willie Wyler me telefonou para dizer que é um dos melhores filmes que já viu. Este é o filme de Willie. Nunca fiz um filme antes ao qual Willie não tivesse alguma crítica. Naquela noite, ele ficava pegando no meu braço e dizia: 'Meu Deus, isto é maravilhoso!'." Huston riu. "Willie disse que a cena da morte do Homem Esfarrapado foi a mais espantosa que já viu."

"Temos um grande filme", disse Reinhardt.

"Bem, rapazes", disse Dore Schary ao nos receber, "tenho más notícias para vocês. Hopper gostou do filme."

"Puxa, garoto!", disse Huston. Ele e Reinhardt riram.

"Você está feliz, hein?", disse Schary.

"Puxa!", exclamou Huston.

"Você está de partida para a África", disse Schary.

"Estou."

"Vou lhe mostrar umas coisas quando voltar."

"Puxa, garoto. Nunca vi reagirem assim a um filme. Willie Wyler diz que é o melhor filme que já viu."

"Willie esteve lá?"

"Sim, e...", Huston fez uma pausa, como se tivesse lhe dado um branco. "Quem mais estava lá, Gottfried?"

"Você parece meio folgazão com esse boné", disse Schary, sem dar a Reinhardt a chance de responder.

"Bem, eu sou meio esportivo", disse Huston, tirando o boné e a capa.

Schary nos levou para a sala de estar. Huston disse: "Dore, antes de ver qualquer coisa, quero lhe dizer que é o melhor filme que já fiz. Eu nunca, nunca tinha visto uma reação assim antes".

"Vamos passá-lo e depois conversamos", disse Schary.

"Quer que feche a persiana?", perguntou Reinhardt. O sol penetrava pela janela.

"Baixe-a, Gottfried", disse Schary, e Reinhardt abaixou a persiana.

O largo painel na parede da sala subiu, expondo a tela branca, o leão da Metro apareceu, e seu rugido dissolveu-se no som da artilharia. O prólogo do filme começou, mostrando o Jovem de sentinela, perto do rio. Dois dos filhos de Schary entraram e sentaram-se de frente para a tela.

Schary levantou-se e os conduziu para fora da sala. "Eu disse para vocês ficarem lá fora. Quero que fiquem lá fora", disse ele.

Ninguém disse nada durante a exibição, e, exceto por algum riso contido de Huston e Reinhardt numa cena cômica do início do filme, não se escutava nada na sala, a não ser o que vinha da trilha sonora. No final do filme, as luzes se acenderam. Schary virou-se lentamente para Reinhardt e Huston e disse: "Acho que vocês devem repetir esses sujeitos no final".

"Os rostos", disse Huston, assentindo enfaticamente com a cabeça.

"Sim", disse Schary. "Por falar nisso, estou contente de ver que você substituiu 'virou guaxinim' por 'virou ganso'." Ele estava aparentemente ganhando tempo para dar sua opinião. Depois de outra longa pausa, disse: "Bem, é um filme maravilhoso".

Huston deu um salto e foi até Schary. Reinhardt levou um trêmulo palito de fósforo até o charuto, que se apagara.

"Tenho duas sugestões", disse Schary, enquanto as cabeças de seus filhos espiavam pela porta. "Acho que um pouco do filme será engolido pela música. Se fosse *meu* filme, eu tiraria a música da cena em que o rapaz escreve a carta. Fechem a porta, crianças!" As cabeças desapareceram. "Sempre que é cálida e nostálgica, a música cria um clima que ajuda o filme", continuou Schary. "Quando fica muito inventiva, faz mal para a fita. Acho que ela faz mal para seu filme, John. Este filme vai ficar por muitos anos. É um grande, grande filme."

Reinhardt e Huston não o interromperam. Estavam tensos, e davam toda a atenção a Schary. "Um grande filme", repetiu Schary. Ele deu uma olhada em algumas anotações que fizera. "A única cena de que não gosto — ainda não a entendo, ela destrói o clima — é a cena em que os recrutas passam marchando pelos veteranos e os veteranos riem dos caras." Ele adotara um tom ainda mais despretensioso e de bate-papo do que o usual. "Aquela ironia no fim, quando os caras pensam que estão ganhando a batalha e na verdade não estão, isso é certeiro e real. Não aceito a ironia na outra cena. Ela me confunde. Acho que aquela cena deveria cair fora. Acho que ela prejudica você."

Huston começou a andar em pequenos círculos. "Hum-hum", disse ele. "Hum-hum. Só estou tentando orientar o pensamento, Dore."

Reinhardt não disse nada. Parecia estar fazendo um esforço para manter o rosto impassível.

Depois de um momento, Huston disse, vacilante: "O único valor que a cena tem é uma interrupção daquela batalha barulhenta".

"Isso não é um argumento válido", disse Schary. "O clima da batalha se sustenta. Você não precisa rompê-lo."

"Tem razão", disse Huston. "A cena não precisa estar lá."

Schary parecia satisfeito. "Ela só nos confunde. Essa cena sempre me incomodou."

"Você acha que é um erro, Dore, assumir o ponto de vista de que o único propósito da cena é nos dar um alívio?", perguntou Huston.

"Você não precisa da cena. Rapazes, acho que este filme é um grande documento. Vai se tornar antológico. Estará nos livros de história. É um grande filme."

"Então deu certo", disse Huston.

"Deve ser vendido como uma grande história de batalha", disse Schary. "Se fizermos dele uma coisa muito especial, sabem — um grande romance e tudo mais —, vamos espantar os garotos que querem ver uma história de guerra."

"O perigo é ser jogado nos grandes cinemas para temporadas curtas", disse Reinhardt.

"Não vai ser", apostou Schary.

"Precisa ir para um cinema grande, que lhe dê tempo para uma longa temporada", disse Reinhardt.

"Você quer dizer um cinema como o Astor, Gottfried?", perguntou Huston.

"Sim. Mostra que os realizadores do filme têm fé nele."

Huston disse que repetir os rostos no final do filme era uma ótima idéia.

"Serve para provar o valor de ler a correspondência", disse Schary, com entusiasmo. "Chegou uma carta de um sujeito que diz: 'Dirijo um cinema. Por que vocês não põem o nome do filme no *fim*? A única coisa que sempre se diz no final é "Fim". É uma boa idéia, e não vai lhes custar nada'. Então estou propondo essa novidade no estúdio." Schary parecia especialmente animado. "Acho que este é o melhor filme que você já fez, John."

"Eu também", disse Huston, rindo.

"Estou tão contente de o termos feito", disse Schary, e deu um riso abafado.

"Sim, nós finalmente o fizemos", disse Huston.

"É um grande filme, e ganhará ótimas resenhas", disse Schary. "Já lhe contei como serão as resenhas sobre *O segredo das jóias*, não contei?"

"Contou", disse Huston. Houve um momento de silêncio.

"Vocês me telefonem logo depois da pré-estréia", pediu Schary.

"Puxa, eu adoraria que fosse um grande sucesso", disse Huston. "Você sabe por quê, Dore. Por tudo o que passamos com L. B. por causa deste filme."

"Não se preocupe com isso, garoto", disse Schary, com um largo sorriso forçado.

"Dore, você gostou do filme?", perguntou Reinhardt.

"Eu já disse — este filme vai ser lembrado", respondeu Schary. "É um grande filme."

"Precisa passar num cinema como o Astor ou o Music Hall", disse Reinhardt.

"O Music Hall não", retrucou Schary. "Deve passar num cinema aonde as pessoas irão para gostar de vê-lo, e não num lugar onde será objeto de especulação sobre quanto vai faturar."

"O problema é que ele precisa de tempo para crescer", disse Huston. "Eu fui a cidades onde *O segredo das jóias* acabara de estrear, e os gerentes me diziam que o público estava aumentando, mas que não teriam a chance de mantê-lo por mais cinco dias."

Schary disse que este era o tipo de filme que deveria ter exibições especiais, para grupos especiais, que o promoveriam. Também deveria ter um tipo de campanha publicitária especial e digna. "Pena que você esteja indo embora", disse ele a Huston. "Você poderia cuidar pessoalmente de algumas sessões especiais."

Huston argumentou que tinha de estar na Inglaterra impreterivelmente dentro de quatro dias, a caminho da África.

"Eu poderia mandar o filme para Nova York com você", disse Schary.

"Ficarei em Nova York apenas um dia — domingo."

"Que pena. A imprensa vai ficar maluca com este filme. É magnífico. Tem inteligência e arte. Cumpre o objetivo do cinema como meio de entretenimento e educação. Não tem nada errado, exceto uma cena. E alguns pequenos trechos em que você vai depressa demais ou demora demais." O telefone tocou. A chamada era de Benny Thau, um dos vice-presidentes da companhia. "Estou me sentindo bem, Benny", disse Schary. "Não, não irei à pré-estréia. Não sei se você vai gostar ou não, mas vai ver um dos melhores filmes já feitos."

Quando Schary desligou, Huston disse: "Será que agora ele pode se dar ao luxo de *não* gostar do filme?".

Schary deu um risinho.

"Estive com L. B. hoje", falou Reinhardt devagar. "Mayer me disse: 'Talvez o filme seja bom, mas não tem chance de ser um sucesso de bilheteria'. Eu respondi: 'Não sei se é comercial, mas é um grande filme'."

Schary disse secamente: "Você representou a cena errado, Gottfried. Se *eu* estivesse representando essa cena, *eu* teria dito: 'Se fosse começar tudo de novo, eu iniciaria este filme com mais confiança do que antes, com completa e irrestrita confiança' ".

"Muita gente diz isso", falou Reinhardt em voz baixa.

"L. B. acha que um filme não é bom se você não disser que é bom", disse Huston.

"Não concordo com você sobre a música", Reinhardt disse subitamente a Schary.

Huston e Schary pareciam surpresos. "Não tenho uma convicção. É apenas minha reação pessoal", disse Schary.

"Audie é duas vezes melhor com a música, estou lhe dizendo", insistiu Reinhardt.

Schary retrucou com frieza: "Acho que toda música no cinema tem de ser clichê para ser eficaz. Não vamos debater isso. Posso provar. Em filmes sobre fuzileiros navais, você toca 'Halls of Montezuma'. Em filmes da marinha, você toca 'Anchors aweigh'. Neste filme, a música eficaz é a do clichê sentimental. É um fato. Não vamos discutir".

Schary perguntou rapidamente a Huston se ele pretendia vender a casa de campo de seu pai, nas montanhas San Bernardino, e lhe disse que estaria interessado, se Huston decidisse vendê-la.

"Então você vai ter sua Berchtesgaden",* disse Reinhardt.

Schary parecia não escutá-lo. "Estou chegando no ponto em que quero um lugar meu. Um *lugar*", disse ele. "Com *coisas*." Ele se levantou e cumprimentou Huston e Reinhardt de novo. "Telefonem-me depois da pré-estréia, rapazes", disse ele.

A pré-estréia seria no Picwood Theatre, distante quinze minutos de automóvel da casa de Schary. A MGM costumava usar esse cinema para lançar seus filmes. Era uma sala moderna, confortável, e nas noites de pré-estréia as luzes da marquise sempre diziam: IMPORTANTE PRÉ-ESTRÉIA DE ESTÚDIO ESTA NOITE. O objetivo de uma pré-estréia é supostamente jogar um filme de surpresa sobre uma platéia, a fim de obter uma reação não influenciada, porém muitas são anunciadas nas marquises, em jornais ou boca a boca.

A marquise do Picwood anunciava MEU AMIGO HARVEY, além da IMPORTANTE PRÉ-ESTRÉIA DE ESTÚDIO ESTA NOITE.

* Lugar situado na região montanhosa da Baviera, na Alemanha. Durante a Segunda Guerra Mundial, tornou-se conhecido por abrigar o quartel-general de Hitler no campo. (N. E.)

"Odeio pré-estréias", disse-me Reinhardt quando descemos do carro. "O cinema malcheiroso. Pipocas. Bebês chorando. Argh! Odeio isso."

Bronislau Kaper segurou Reinhardt no saguão de entrada. "Diga-me. O que ele disse. Conte-me tudo." Reinhardt puxou-o para um canto para lhe contar o que Schary dissera.

Johnny Green, chefe do departamento de música da MGM, e Margaret Booth aproximaram-se de Huston e lhe perguntaram o que Schary dissera.

"Quem tem um níquel?", perguntou Huston. "Albert! Traga-me pipoca." Albert Band, que era agora assistente de Reinhardt, atravessou a multidão até uma máquina de pipoca cintilante, tão aerodinâmica quanto o próprio Picwood Theatre.

Um homem perguntou a Huston se ele já ouvira o programa de rádio de Tallulah Bankhead. "Se eu conseguir achar a coisa certa no filme, talvez consiga um espaço para ele no programa de Tallulah", disse ele.

Um dos vice-presidentes da companhia, L. K. Sidney, aproximou-se de Huston, pegou um punhado de pipoca e disse: "Boa sorte, John".

Um homem baixo com rosto de querubim chegou-se a Huston e estendeu a mão. "Lembra de mim? Swifty", disse ele.

"Como vai, Swifty?", disse Huston.

"Sei que você deve estar pensando em outras coisas importantes esta noite, mas esta eu preciso lhe contar", disse Swifty.

"Claro, Swifty", respondeu Huston, parecendo bem interessado.

"A última de Jack Warner!", anunciou Swifty. "Um dos produtores de Jack sugere que ele faça um filme sobre o México. Então Jack diz: 'Não gosto de filmes mexicanos. Neles, todos os atores parecem *mexicanos* demais'." Swifty deu uma gargalhada selvagem.

"Uma ótima piada, Swifty", disse Huston.

"Eu sabia que você apreciaria."

Huston jogou pipocas na boca. "Eddie Mannix!", exclamou, avançando para cumprimentar um homem grandalhão e de rosto quadrado, que parecia um treinador de futebol americano — outro dos vice-presidentes da MGM.

"Boa sorte, rapaz", disse Mannix.

A sra. Huston chegou sem fôlego, tendo vindo de carro de Malibu Beach com Pablo Huston.

A sra. Reinhardt apareceu e disse que relutara em deixar o poodle Mocha em casa. "Gottfried!", gritou ela. "Mocha queria vir à pré-estréia."

"Silvia, por favor!", disse Reinhardt.

"O que há de errado com a opinião de Mocha?", perguntou a sra. Reinhardt.

"L. B. Mayer está aqui", disse alguém a Huston. "Ele acabou de entrar em disparada."

"Como vai? Prazer em vê-lo", dizia Huston ao apertar a mão de mais um vice-presidente da MGM, enquanto Reinhardt postava-se ao seu lado.

Entrei na platéia e sentei-me nos fundos. Quando *A glória de um covarde* brilhou na tela, houve uma arfada do público e alguns aplausos dispersos. À medida que a exibição avançou, algumas pessoas riram nos momentos certos, e outras, nos momentos errados, e outras ainda não riram em momento nenhum. Quando John Dierkes, no papel do Soldado Alto, e Royal Dano, no papel do Homem Esfarrapado, representaram suas cenas de morte, que haviam sido muito admiradas antes, algumas pessoas riram, e outras murmuraram de horror. A platéia nas exibições privadas ficara profunda e unanimemente comovida com as cenas de morte. Desta vez não houve unanimidade na platéia. Várias senhoras idosas se retiraram. De vez em quando, ouviam-se gritos irrelevantes do balcão; uma voz masculina, em óbvio processo de muda, gritou: "Viva Red Skelton!". Dois ou três bebês choraram. Homens postados na saída contavam todas as pessoas que iam embora. Não pude ver onde Huston e Reinhardt estavam sentados. Do outro lado do corredor, podia ver L. B. Mayer, de cabelos brancos e óculos, sentado com os braços cruzados, com aparência ferozmente impassível. Várias pessoas da MGM que estavam por perto observavam-no, em vez de assistir ao filme. Durante uma cena de batalha mais violenta, Mayer virou-se para uma senhora que estava sentada à sua direita e disse: "Isto é Huston para você". Houve um leve estremecimento em sua vizinhança, mas Mayer não disse mais nada.

No saguão de entrada, o gerente do Picwood, auxiliado por vários homens da MGM, estava pronto para entregar o que se conhece como cartões de pré-estréia: questionários para o público preencher. A primeira pergunta era: "Que classificação você daria para este filme?". Ofereciam-se cinco alternativas: Notável, Excelente, Muito Bom, Bom e Médio. Outras perguntas eram: "De quem você gostou mais no filme?"; "De que cenas você gostou mais?"; "De quais cenas você não gostou, se houve alguma?"; "Você recomendaria este filme para seus amigos?". Abaixo das perguntas havia este pedido adicional:

> Não queremos saber seu nome, mas gostaríamos de saber os seguintes dados sobre você:
>
> (A) Homem
> Mulher
>
> (B) Por favor, marque sua faixa etária:
> De 12 a 17 anos
> De 18 a 30 anos
> De 31 a 45 anos
> Mais de 45 anos

Quando a exibição terminou, o público da pré-estréia lotou o saguão de entrada, preenchendo os cartões sob a vigilância ressentida dos homens que haviam feito o filme. Mayer saiu e ficou no meio-fio na frente do cinema, com ar de quem gostaria que alguém fosse falar com ele. Reinhardt e Huston entraram no escritório do gerente, ao lado do saguão, e sentaram-se para aguardar o veredicto. Johnny Green, Margaret Booth, Bronislau Kaper e Albert Band observavam alternadamente as pessoas preenchendo os cartões e Mayer. A maioria dos outros executivos já tinha ido embora. Benny Thau juntou-se a Mayer no meio-fio. Mayer entrou na sua perua Chrysler e o motorista o levou embora. Benny Thau entrou numa limusine preta e seu motorista *também* o levou embora. Band entrou na sala da gerência. Huston e Reinhardt estavam sentados e taciturnos olhando um para o outro.

"Mayer falou com alguém?", perguntou Reinhardt.

Band relatou que Mayer conversara com Benny Thau.

O gerente entrou e deu a Reinhardt e Huston um punhado de cartões que recebera do público. Reinhardt passou os olhos rapidamente por eles. Huston leu alguns comentários em voz alta: "Este seria um excelente filme para a televisão"; "Com todo o dinheiro de Hollywood, por que vocês não fazem bons filmes?".

"Médio. Médio. Bom. Médio", leu Band. "Eis um que riscou Médio e escreveu Uma Droga."

"Aqui tem um Excelente", disse Huston.

"Nenhum Notável até agora", disse Reinhardt. Ele suava e tinha um ar soturno. "Eis um Repugnante", disse.

"O público odiou o filme", concluiu Band.

Huston parecia atordoado. "Telefone para Dore, Gottfried", disse ele.

Reinhardt discou o número. Quando Schary atendeu, ele disse: "Dore", com voz baixa e trêmula, e depois de escutar por um momento continuou: "Você *sabe*?... Quem contou?... Bom, então você sabe... É, muita gente saiu na metade... Bem, está chegando um novo punhado de cartões... Contamos vinte e dois Notáveis até agora, catorze Excelentes, trinta Muito Bons, catorze Bons e quarenta e três Médios... Sei, Margaret Booth disse que a reação foi terrível... Não, não falei com L. B. Não falei com Mannix... Bem, acho que devemos mostrá-lo de novo amanhã, com um filme sério. Não com *Meu amigo Harvey*. Talvez com *Capacete de aço*... Ele está bem aqui ao meu lado".

Reinhardt deu o fone a Huston, que disse: "Bem... Oh, meu Deus! Dore, eu tive a sensação de que eles preferiam estar em qualquer outro lugar, menos neste cinema. Uma dúzia de pessoas deve ter saído nas cenas que acho as melhores — as duas cenas de morte. Espere até ver os cartões. São extraordinários. Ou são elogios enormes, ou dizem que é o pior filme que já viram. Eles simplesmente odiaram. É incrível".

Um homem da MGM pôs a cabeça na porta. "Trinta e dois saíram na metade", disse ele. A capacidade do Picwood era de seiscentas pessoas, e estava lotado no começo da sessão.

O gerente perguntou com simpatia a Reinhardt: "Quanto custou? Um milhão e meio?".

Depois de desligar o telefone, Huston disse a Reinhardt: "Puxa, Gottfried! Nunca vi uma como esta antes, você já?".

"Não se pode forçar uma platéia a gostar de um filme", disse Reinhardt com tristeza. "Meu Deus! Amanhã de manhã no estúdio! Como odeio entrar lá! Eles serão todos meus inimigos."

"Bem, boa noite Gottfried", disse Huston. Ia para casa com a mulher e Pablo.

Reinhardt caminhou até o carro com a esposa e comigo. "É um negócio cruel", disse ele. "Não vale a pena. Quase um ano inteiro." Olhou com desgosto para seu charuto fumado pela metade. "A MGM não sabe o que fazer com um filme como este." Pôs o charuto na boca. "Você viu John? Ele foi demolido esta noite."

* * *

Na manhã seguinte, Reinhardt me telefonou com voz grave e tensa e disse que o estúdio faria outra pré-estréia naquela noite, em Pasadena. Não pregara os olhos a noite toda, disse ele. Não tivera notícias de Schary. Não tivera notícias de Mayer. Telefonara para Huston, que o encontraria no estúdio para ir a Pasadena, e convidou-me para ir junto.

Quando cheguei ao edifício Thalberg, Reinhardt estava em reunião com um escritor sobre um possível novo filme. Esperei na sala dos fundos do escritório. Cartões de pré-estréia estavam espalhados pela sala. Os Bons, Muito Bons, Excelentes e Notáveis ocupavam as poltronas. ("Huston deve ser parabenizado. Para aqueles que podem suportar a realidade sombria, está na mesma categoria de *Nada de novo no front*.") Tudo abaixo de Bom estava espalhado sobre um sofá. ("O pior que já vi. A cena da morte do Soldado Alto é um lixo." "Muito ruim. Dormi. O filme mais monótono que já vi." "Audie Murphy é um ator bom demais para uma droga como esta.") Albert Band entrou e disse que Reinhardt queria pôr narração no filme — trechos do romance de Crane — e acrescentar uma cena no início que mostraria o livro sendo aberto e suas páginas sendo viradas, para que a platéia soubesse que o filme se baseava numa grande obra da literatura. "Gottfried quer tirar o prólogo, aquela maravilhosa cena do Jovem de sentinela junto ao rio, e colocá-lo mais adiante na fita", disse Band com indignação. "Eu não concordo."

Um pouco depois, no escritório privado de Reinhardt, Huston balançava-se numa cadeira diante da escrivaninha. Band andava atrás dele para cá e para lá.

"Mayer descartou o filme, mas Dore vai apoiá-lo", disse Reinhardt. "É bom que não seja um filme barato. Se fosse, eles o esqueceriam totalmente."

"Você falou com L. B.?", perguntou Huston.

"Ele não quer conversar comigo. Margaret Booth recomendou que eu telefonasse para ele. Eu disse: 'Por que eu? *Ele* deveria me ligar'. Mas depois telefonei. Ele não retornou minha ligação. L. B. disse a Dore: 'Há fracassos e há sucessos. Há filmes bons e filmes ruins. Continuemos fazendo filmes'."

Huston deu uma risada abafada.

"Sempre achei que você devia pôr sobre este filme a sombra de Stephen Crane", continuou Reinhardt. "Precisamos dizer de saída: 'Eis um grande romance americano sobre a Guerra Civil'. Com sua bênção, John, eu gostaria de tentar uma pré-estréia em que tivéssemos narração. E no final o narrador dirá..." Pegou um exemplar do romance, abriu-o e leu: "De modo que aconteceu que, ao afastar-se do lugar do sangue e da ira, a sua alma se modificou. Ele vinha de ásperas relhas de arado para perspectivas de abundantes tranqüilidades — e era como se as ásperas relhas de arado não existissem. Ele se livrara da rubra doença da batalha. Ele tinha sido um animal fustigado e atormentado pelo calor e pela dor da guerra. Voltava, agora, com um anseio de amante, para imagens de céus tranqüilos, frescos prados, calmos arroios — para uma existência de suave e eterna paz".* Fechou o livro subitamente, de um golpe. "Spencer Tracy deveria fazer a narração", acrescentou.

"Quantos trechos?", perguntou Huston, enfastiado.

Band, que conversava com Reinhardt sobre a questão, disse cinco trechos.

Reinhardt falou: "John, você tem de dizer às pessoas o que *é* o filme. Devemos começar a narração no início, antes da cena no

* *O emblema rubro da coragem*, tradução de Brenno Silveira, Rio de Janeiro, Editora Civilização Brasileira, 1958. (N. T.)

rio. Aquela cena é enigmática. Você paga por aberturas mais inteligentes. Devemos dizer a eles: 'Eis uma obra-prima'. É preciso *contar* isso a eles".

Huston levantou-se e começou a caminhar pelo escritório.

"Pode ser a diferença entre vida e morte", disse Reinhardt.

"Pode muito bem ser", disse Huston, sem convicção. "Vamos tentar, sem dúvida."

"As pessoas precisam saber que é um clássico", disse Reinhardt.

A segunda pré-estréia realizou-se no Pasadena Theatre, em Pasadena. Era noite de sexta-feira, e uma longa fila de adolescentes de meias soquetes e jeans formou-se diante da bilheteria. O filme principal era com Ginger Rogers. A cena dos veteranos zombando dos recrutas, de que Schary não gostava, fora cortada para essa exibição. Era a única mudança feita até então. A platéia não demonstrou nenhum apreço pela modificação. Ao sair do templo escuro, passaram a trabalhar alegremente nos cartões de pré-estréia. A personagem preferida por muitos foi "o porco", e um deles, em aparente referência à garota da fazenda cujo porco era roubado, escreveu "a irmã". De que cenas gostaram mais? Resposta: "Quando os caras ficaram malucos". Ansioso, Reinhardt rondava as pessoas enquanto elas davam sua opinião ponderada sobre o filme. "Veja, eles estão sorrindo", disse ele, olhando desesperançado para um grupo de jovens de jeans dando risadinhas sobre seus cartões. "Dê uma boa olhada na platéia de seu filme."

"Ora", disse Huston.

"Terrível", disse Reinhardt, folheando um punhado de cartões. "Pior do que na noite passada."

"Puxa!", exclamou Huston. "Escute, Gottfried. Quero lhe contar uma história sobre papai. Na manhã seguinte à sua estréia de *Otelo* em Nova York, fui visitá-lo no hotel. As críticas eram simplesmente horríveis. Através da porta, ouvi papai rindo, 'Oh! Oh! Oh!'. Entrei, e lá estava ele, as lágrimas escorrendo pelo rosto, e rindo: 'Oh! Oh! Oh!'."

"Estou bem-humorado", disse Reinhardt.

"Isso se vê", respondeu Huston. "Norman Corwin está na cidade? Precisamos conseguir que ele faça a narração."

"Spencer Tracy", disse Reinhardt.

Prosaico demais, disse Huston. A narração deveria ser lida como se fosse poesia, e sugeriu Gregory Peck.

"Spencer Tracy deveria fazê-la", insistiu Reinhardt.

"Façam 'a irmã' narrar", disse Albert Band, e começou a rir. Huston e Reinhardt silenciaram-no com o olhar.

"Albert, um dia você será chefe do estúdio", disse Huston. Falou mecanicamente, com voz uniforme e triste, sem nada da antiga ênfase teatral. Parecia cansado. Afastou-se de Reinhardt e depois virou-se e o encarou em silêncio, com o rosto despido de toda expressão.

"É melhor ligarmos para Dore", disse Reinhardt.

No caminho de volta para a cidade, Reinhardt disse algumas coisas violentas sobre a platéia, sobre todo o público de cinema. Condenou as meias soquetes. Condenou todo mundo com menos de 21 anos. Condenou os críticos de cinema, e disse que eram responsáveis por tudo isso. Depois acalmou-se e ficou em silêncio por um longo tempo. Quando falou de novo, parecia perplexo. "Isso nunca aconteceu comigo", disse.

No dia seguinte, Huston foi embora de Hollywood. Telefonou-me de manhã para se despedir. Não disse nada sobre *A gló-*

ria de um covarde. "Bem, menina, agora estou indo para a África. Vamos nos divertir muito fazendo *Uma aventura na África*." Não havia nada em sua voz que indicasse que ele acreditava nisso.

Ao meio-dia, por volta da hora em que o avião de Huston levantava vôo, Reinhardt, do lado de fora da barbearia do estúdio da MGM, foi confrontado por L. B. Mayer. Alguns produtores e vários diretores e atores estavam por perto, observando os dois homens. Mayer sacudiu um dedo na cara de Reinhardt. "Você não quer ganhar dinheiro! Quer ser um artista! Você trabalharia como artista por cem dólares por semana? *Você quer* ganhar dinheiro. Por que não quer que o estúdio ganhe dinheiro? Você está disposto a morrer *de fome* por sua arte? Você quer ser o artista, mas quer que *outras* pessoas morram de fome por sua arte!"

Reinhardt relatou os detalhes da cena para a esposa. "Mayer odiou o filme. Eu sabia que seria assim. Foi terrível ir ao estúdio. Todos eles são agora meus inimigos."

Sua esposa sugeriu que os dois saíssem da cidade para um dia de descanso. Reinhardt gostou da idéia. Telefonou a Albert Band, que havia cuidado de Mocha no passado, e perguntou-lhe se ele poderia dar uma olhada no cão. Band recusou-se. Reinhardt aceitou a recusa com estoicismo.

Reinhardt achava que cabia a ele, agora, descobrir que mudanças poderiam ser feitas em *A glória de um covarde* para que a reação da platéia se aproximasse mais do que poderia ser considerado favorável. "Na sala de projeção, este filme é ótimo", disse ele, andando intermitentemente pelo escritório, depois do dia de descanso, enquanto Band, reclinado numa poltrona, tomava notas num bloco de memorandos. "No cinema, o público procura uma história, e não há história nenhuma. O escritório de Breen *adorou* o filme. Aprovaram tudo. Tento dizer ao estúdio que eles precisam *vender* o filme. De repente, ninguém no pedaço compreende Stephen Crane. E John está vagabundeando na Europa e na África." Ele se sentou à escrivaninha e pegou um charuto de uma grande caixa de mogno. "Eu gostaria de estar livre da rubra doença da batalha." Cortou a ponta do charuto com uma pequena faca dourada. "Gostaria de ir para bem longe."

"Para a África?", perguntou Band com uma risada curta.

"Albert, você é o homem sensível mais insensível que já conheci", disse Reinhardt, de mau humor.

Band piscou os olhos. "O público odiou a voz aguda de Tim Durant no papel do General", disse ele.

"John adora a voz de Tim. John acha que é maravilhoso ter um general que não retumba."

Reinhardt e eu saímos do escritório para almoçar no refeitório. "John não se importa mais com o filme", disse ele enquanto caminhávamos. "John não se importa com nada, e eu fico aqui para escutar Louis B. Mayer." Quando chegamos ao refeitório, Reinhardt pediu o prato frio especial da MGM, camarões frescos à la Louie, e comeu em soturno silêncio.

Alguns dias depois, Reinhardt escreveu um memorando para Schary:

Caro Dore:

Sei que você está muito ocupado, e, como é difícil achá-lo, farei um relatório por escrito.

(1) Estamos dublando a voz do General. Entrevistei vários atores e encontrei um muito bom.

(2) Teremos uma abertura menos confusa. Começamos com uma capa antiga do romance, sublinhando o valor clássico e ilus-

trando o estilo e o tema da obra. Enquanto folheamos as páginas, aparecem os créditos. A última página que mostramos traz o que era antes o prefácio. A narração entra gradualmente como se estivesse sendo lida do livro, e, quando as palavras impressas se dissolvem e entra o treinamento, o resto do prefácio é falado, estabelecendo o padrão para o resto do filme.

(3) A cena da sentinela, neste caso, vem, creio que com muita eficácia, depois da cena da carta. Ele [o Jovem] já está com medo, já o conhecemos um pouco quando ele tem o primeiro contato com o inimigo.

(4) Tiramos o soldado morto no bosque. Acho que, sem o menor sacrifício, podemos assim eliminar a crueldade excessiva.

(5) Em vários momentos do filme, ouvimos as palavras de Stephen Crane traçando, em frases curtas, pungentes e belas, o desenvolvimento psicológico do Jovem. (Sempre sustentei que aquilo que torna o livro notável são os pensamentos e sentimentos do Jovem, e não suas ações. Como eles podem ser dramatizados? John achava que seriam inerentes às cenas, na expressão do Jovem.)

(6) Testei os trechos em questão com o filme e estou convencido de que essa técnica, legítima quando se filma um grande romance, fará maravilhas para a fita. Não fará que algumas das pessoas que de fato não gostam do filme venham a gostar. Mas o esclarecerá imensamente para aqueles que estão agora confusos. Isso vai prepará-los para o que vem depois, e lhes dirá do que se trata, a saber, a evolução INTERIOR de um homem. Isso também exigirá o necessário respeito do público médio, de tal modo que podemos, pelo menos, esperar uma reação verdadeira e mais digna. Eu, pessoalmente, acredito que, além disso, tornará o filme realmente melhor e mais dramático.

(7) Especialmente o último trecho do livro, lido na última cena — "De modo que aconteceu que, ao afastar-se do lugar do

sangue e da ira, a sua alma se modificou. Ele vinha de ásperas relhas de arado para perspectivas de abundantes tranqüilidades — e era como se as ásperas relhas de arado não existissem. Ele se livrara da rubra doença da batalha. Ele tinha sido um animal fustigado e atormentado pelo calor e pela dor da guerra. Voltava, agora, com um anseio de amante, para imagens de céus tranqüilos, frescos prados, calmos arroios — para uma existência de suave e eterna paz" —, deve fazer um final de verdadeira beleza e cheio de emoção.

(8) Como você já deve saber, o escritório de Breen aprovou o filme *in totum*, e o ADOROU. Poderíamos talvez lançá-lo exclusivamente para eles? Sério: fiquei bastante desconcertado com as reações violentas a favor e contra; os louvores dos Wyler, de Schary, de Hopper e de numerosos admiradores não solicitados do pedaço, e, por outro lado, a recepção brutal por uma parte tão grande do público, em especial aqueles garotos terríveis da última pré-estréia. Porém, seguindo o exemplo de nosso herói, desde então recuperei, sim, aumentei minha coragem. E você?

(9) Tenho várias idéias para a apresentação e venda de *A glória de um covarde*. Você gostaria, e talvez Howard [Dietz], de discuti-las comigo? (Uma delas é publicar, antes da estréia, fotos inquietantes de nossos atores nos jornais, sem mencionar seus nomes, apenas os nomes dos personagens.)

(10) Por falar nisso, estamos levando adiante sua idéia de repetir imagens do elenco no final.

(11) A segunda cena dos veteranos foi cortada.

(12) Estou à sua disposição.

A convite de Dore Schary, passei em seu escritório no edifício Thalberg às onze e meia da manhã, pouco mais de uma semana depois da pré-estréia em Pasadena. O nome de Schary, na placa pregada em sua porta, estava gravado em letras duas vezes maiores do que o nome de Reinhardt. Pendurada na parede da sala de recepção, havia uma placa de bronze que dizia:

> Dificilmente há alguma coisa no mundo que algum homem não possa fazer um pouco pior e vender um pouco mais barato; as pessoas que consideram apenas o preço são presas legítimas desse homem.
>
> Ruskin

Encontrei as duas secretárias de Schary e seu assistente executivo, Walter Reilly, na sala das secretárias, discutindo atarefadamente como seu chefe era atarefado.

"Ele chegou cedo, antes de mim, e limpou a escrivaninha", dizia uma das secretárias.

"Às quatro, ele tem Garbo", disse a outra. Seu telefone tocou. "Eu o avisarei. Telefono para você", disse ela. "Hoje ele está de morte."

"Uau! Que dia!", disse Reilly. "E amanhã, San Francisco."

Através de uma porta aberta, pude ver Reinhardt sentado, sozinho e abatido, numa sala de reuniões ao lado, na cabeceira de uma mesa comprida, olhando para um sofá de couro vermelho-claro. Ele finalmente conseguira um encontro de quinze minutos com Schary para falar sobre seu memorando. Quando saiu, ia trabalhar no problema da dublagem da narração para *A glória de um covarde*. Não conseguira Spencer Tracy, e estava experimentando vários atores que achava que tinham um tipo de voz de narrador.

A porta do escritório de Schary se abriu, e ele saiu, com o rosto composto e liso, olhos inocentes atrás de óculos sem aro. "Gott*fried*!", gritou.

Reinhardt seguiu Schary, que entrou no escritório e fechou a porta.

"Uau!", disse Reilly de novo, olhando para o calendário da secretária. "Como ele vai ter tempo de ir fazer as malas em casa?"

"Você vai a San Francisco com ele?", perguntou uma das secretárias.

Reilly fez que sim com a cabeça. "Preciso levá-lo até lá de manhã cedo." Virando-se para mim, acrescentou: "Ele vai falar no Festival de Teatro do College of the Pacific, em Stockton. Quer ler o discurso?". Deu-me uma cópia mimeografada. Schary iria dizer que Hollywood era o bode expiatório intelectual de todas as outras comunidades — "talvez porque somos mais críticos em relação àquilo que mais amamos". Continuei lendo:

> Eu poderia dizer que parece haver uma pequena mudança em andamento, e nós, da indústria cinematográfica, vemos essa mudança com um pouco de esperança e, ao mesmo tempo, com enorme simpatia pelo meio que está prestes a herdar as acusações que normal e consistentemente nos são feitas. Esse meio é a televisão. A televisão, devido aos seus constrangimentos de tempo e suas enormes demandas, começa a desviar algumas das críticas dirigidas à indústria do cinema. Alguns de nós vêem isso com sentimentos contraditórios. Escutamos os críticos desancarem a TV. De vez em quando, é claro, pegamos uma pedrinha e jogamos também, só para manter o caldeirão fervendo. [...] Tem havido explicações floridas, fluentes e flatulentas sobre a arte do cinema e suas diferenças na Alemanha, França, Itália, Inglaterra e nos Estados Unidos. Estudei essas diferenças, observei-as e estou consciente delas, respeito-as, mas ainda sustento que a indústria cinematográfica americana, mais bem identificada pelo seu termo genérico "Hollywood", realizou mais, distraiu, iluminou e informou mais gente por mais tempo do que qualquer outra comunidade cinematográfica do mundo.

Schary prosseguia dizendo que os filmes eram criticados por seu sentimentalismo, mas que ele considerava o sentimentalismo uma coisa boa, porque era a resposta ao cinismo. Ele iria dizer aos estudantes: "Mantenham seu sentimentalismo fresco, abundante, perfumado. Fazer isso é acreditar na humanidade". E concluía assim o seu discurso: "O sentimentalismo deve ser exibido sem medo, como a pluma branca de Cyrano, e se alguém detecta um traço daquela pluma em meu chapéu, não sinto vergonha, mas orgulho".

Reinhardt saiu do escritório de Schary e, com um sorriso cansado e triste, me falou: "Dore está estudando cuidadosamente tudo o que lhe escrevi. Agora quer ver o que acontece com a narração".

Em seu escritório privado, Schary me disse: "Gosto de sala cheia. Não gosto de salas vazias. Concentro-me melhor numa sala cheia". Seu escritório estava cheio, não só de visitantes, secretárias e assistentes, mas também de centenas de bugigangas pequenas, médias e grandes. De onde ele estava sentado, podia ver vários leões, feitos de ferro, papel ou plástico; bolas de beisebol autografadas; um troféu de boliche ganho por um time conhecido como os Belezas de Schary; uma máquina de escrever antiga numa caixa de vidro; um abajur antigo com quebra-luz de vidro vermelho; soldadinhos de chumbo, com uniformes de várias épocas e nações; e um grande jarro de porcelana em que estavam gravados um retrato de George Washington e as palavras "PAZ, FARTURA E INDEPENDÊNCIA". Sobre uma prateleira ao seu lado, perto de sua cabeça, havia uma fotografia de sua mãe. Nas paredes, pinturas da esposa, inclusive uma da família Schary no quintal de sua casa.

Schary estava sentado a uma mesa em forma de L com tampo de vidro. "Gosto de ar embaixo", disse ele. "Concentro-me melhor com ar embaixo." Estava contente por ter ganhado uma opção sobre 100 mil ações da Loew's, Inc., cujo valor de mercado na época era de 16,50 dólares por ação. Explicou-me que se nos próximos seis anos comprasse as ações e seu valor subisse para 21 dólares, por exemplo, poderia vendê-las e ter um lucro de meio milhão de dólares.

"Mayer costumava possuir muitas ações, só que vendeu a maioria delas. Mas ainda é meu patrão. Mayer e o senhor Schenck são meus patrões", disse Schary. Prosseguiu contando que gostava de seu trabalho e se dava muito bem com seu maior patrão, o sr. Schenck, e que tinha prazer em pelejar com os problemas que surgiam e resolvê-los. "Adoro problemas. Adoro os problemas inerentes ao *show business.* Amo os riscos, a excitação do trabalho, e todas as pessoas que são problema. A única coisa de que sinto falta é tempo para estudar. Gosto de ler muito. Dentro de uns dez anos, quero cair fora da indústria. Estou no *show business* há dezoito anos, e quando me aposentar quero escrever livros sobre isso, dar aulas e palestras. Adoro ensinar os jovens que estão chegando ao *show business.*"

Por enquanto, estava contente em continuar encarregado da produção na Metro-Goldwyn-Mayer. Sabia qual era o seu lugar em relação ao sr. Schenck. Em Nova York, ele decidia sobre a orientação geral — o número de filmes por ano, quais e a que custo. "Como fazer é algo que ele deixa inteiramente nas minhas mãos. Claro, estou sempre em contato com ele. Nada acontece neste estúdio sem que ele saiba. Ele conhece o lugar de dentro para fora." O que exatamente Mayer fazia no estúdio não estava muito bem definido. "Ele me telefona e me conta o que acha dos filmes." Mayer lhe dissera que *A glória de um covarde* era soturno, não tinha história e não faria dinheiro.

"Ainda acho que *A glória de um covarde* é um belo filme", confidenciou Schary. "Está à frente de seu tempo, e atrás de seu tempo." Fez uma pausa, depois continuou: "Para mim, o filme é emocionante, completamente honesto, uma tradução perfeita do livro. É imaginativo e tem bons desempenhos. É um filme maravilhoso. Um risco normal de negócios. Claro...", ele abriu uma goma de mascar, "Mayer diz: 'Se eles são tão artísticos assim, por que não gastam o dinheiro *deles*?'". Schary deu uma risadinha de tolerância e pôs o chiclete na boca. "E alguma legitimidade há no que ele diz. Então você tem de achar um fundamento razoável em que se basear. Há grandes apostas que vale a pena fazer, mas você não pode ficar maluco. A disciplina da arte é importante."

Schary disse que estava cansado de escutar gente arengar e vociferar sobre as limitações impostas ao artista criativo na indústria do cinema. Havia limitações, ele concordava, mas não eram exclusivas da sua indústria. "É o velho problema de qualquer individualista. Quando se trata de submeter o artista à pressão, a história da arte mostra que a arte floresce sob pressão. A arte de Ticiano floresceu sob pressão. As pressões em nosso negócio, ou no rádio, ou na televisão, só servem para criar programas melhores. A arte no cinema melhora sempre que a coisa ferve. Durante os anos da guerra, quando valia tudo, os filmes eram piores. Com a pressão sobre nós agora, estão se fazendo filmes melhores, e mais indivíduos estão se afirmando. A pressão não é necessariamente uma coisa ruim. Ela nos permite competir num nível muito mais alto."

Reinhardt estava no estúdio de som com um jovem ator, trabalhando em um teste de gravação da narração, que, esperava-se, faria as platéias se darem conta de que *A glória de um covarde* era um clássico.

"'Pensou então que ele gostaria de estar *morto*'", disse o ator ao microfone.

"Pensou então que *ele* gostaria de estar morto. Pensou então que *ele* gostaria de estar morto", disse Reinhardt. Seus olhos estavam injetados.

"Pensou então que *ele* gostaria de estar morto", repetiu o ator.

"Certo. 'Pensou então que *ele* gostaria de estar morto'", disse Reinhardt com paixão. Depois soltou um suspiro profundo. "Sabe, meu pai não queria que eu entrasse neste negócio. Ele sempre dizia: 'Só no palco é bom. Tudo atrás do palco, nos bastidores, e tudo o que acontece antes, nada disso é bom'."

O ator disse: "Senhor Reinhardt, que tal isto: 'Pensou então que ele gostaria de ter, também, um ferimento, um emblema rubro da coragem. Pensou então que ele gostaria de estar *morto*' ".

"Tudo bem", disse Reinhardt com apatia. "Meu Deus, *eu* gostaria de estar morto!" Deu uma risada cínica.

Uma semana depois, Schary tinha um novo abajur sobre sua escrivaninha. A base era uma figura de metal de um metro de altura de um viking barbudo de capacete. Schary encontrara a figura numa pequena loja de Los Angeles. "O pessoal do pedaço fez um abajur para mim. Adorei. Quando saí da RKO, queria fundar uma companhia independente e planejei usar o viking como meu símbolo. Representa tudo de que gosto — coragem e iniciativa e tudo o mais." Deu ao viking um olhar de aprovação e depois me contou que *A glória de um covarde* iria ficar bem, agora que estavam acrescentando a narração. "A voz do narrador precisa ser cálida, íntima e digna. Talvez tenha de fazê-la eu mesmo."

Schary disse que poderia realizar algumas outras mudanças. "Quero mais textos do livro no filme. Quero dizer à platéia que a narração é do livro. Muita gente não sabe que isso é um livro.

Quero ser claro com eles. Colocá-los num espírito mais receptivo. Quero dizer a eles que vão ver um *clássico*, um grande romance." Aparentemente, ele concordava agora com o que Reinhardt dissera no memorando, e esquecera a idéia que tinha quando vira o filme com Huston e Reinhardt, de vendê-lo como uma ótima história de batalha, em vez de torná-lo especial — um grande romance e aquela coisa toda, que iria espantar a garotada que viria para ver uma história de guerra.

Perguntei a Schary sobre um artigo publicado no *New York Times* que dizia que o filme seria exibido em pequenos cinemas de arte, e não nas grandes salas. "Outro rumor infundado", disse ele. "O primeiro impulso que você tem diante desses rumores é querer desmenti-los. Outra noite, eu estava lendo a biografia de Lincoln escrita por Sandburg. A parte em que Lincoln diz que você não pode desmentir todos os rumores. Então decidi subitamente mandar às favas. Tudo está tão perto nesta cidade que os rumores são inevitáveis, não importa o que você faça. Lincoln diria: 'Às favas com isso'."

"Chaplin jamais ganhou. Garbo jamais ganhou. Lubitsch jamais ganhou", dizia Reinhardt. "Louise Rainer ganhou duas vezes." Referia-se ao Oscar, o prêmio anual da Academia. Trajando smoking, ele dirigia seu carro até o Pantages Theatre, da RKO, onde seriam premiados os filmes que estrearam em 1950. Um grande adesivo com a figura da estatueta estava colado no pára-brisa do carro para que ele pudesse passar pela segurança. Sua esposa e eu o acompanhávamos. "Os melhores jamais ganham", concluiu Reinhardt.

O palco do Pantages era dominado por uma cópia gigantesca da estatueta, e fileiras de cópias menores distribuíam-se dos dois lados. Dessa vez, Joseph L. Mankiewicz ganhou, Darryl

Zanuck ganhou e L. B. Mayer ganhou — um "prêmio especial" que o homenageava por ser um dos fundadores da Academia e o inaugurador do *star system.** Ele foi muito aplaudido. "Isto é realmente uma experiência", disse, segurando a estatueta junto ao peito. "Isto me enche de humildade e grande responsabilidade em relação ao futuro."

A MGM deu uma festa no Beverly Hills Hotel, depois que todos os premiados receberam a estatueta. Huston fora um dos indicados por sua direção de *O segredo das jóias*, mas Mankiewicz o derrotou com *A malvada*. Quase todos os altos executivos, estrelas, produtores e diretores da MGM haviam aceitado o convite para o que esperavam que fosse uma comemoração. Na festa, Schary ficou de um lado do salão, e Mayer, do outro. Ambos tinham muito a dizer sobre quem ganhara e quem não ganhara, e ambos concluíram que as coisas não estavam tão ruins, porque a Paramount se saíra pior.

Era um privilégio de Arthur Freed, produtor da maioria dos musicais de sucesso da MGM, usar a sala de jantar particular de L. B. Mayer no estúdio, com ou sem Mayer. No dia seguinte à premiação, ele me convidou para almoçar lá. A sala ficava ao lado da sala de jantar principal, onde a maioria do pessoal da MGM almoçava em pequenas mesas com toalhas de papel que traziam estampada a figura do leão. A sala de Mayer tinha uma mesa

* Política comandada pelos todo-poderosos chefes de estúdio de Hollywood, que consistia em um estímulo vigoroso ao estrelismo, determinando como os atores deveriam se comportar, vestir e falar e até mesmo controlando aspectos de sua vida particular, com o intuito de criar uma relação "íntima" e de total admiração entre o público e os intérpretes de cinema, que se tornavam verdadeiros ídolos, atraindo multidões às salas de projeção com sua simples aparição num filme. (N. E.)

redonda, com toalha branca, de seis lugares. Entre os apetrechos da sala havia espelhos, luzes fluorescentes, um telefone e um cardápio em que se lia "SALA DE JANTAR DO SR. MAYER", do qual Freed pediu canja de galinha especial MGM e patas de caranguejo frescas à la Louie. Freed não fora à cerimônia do Oscar; escutara os discursos pelo rádio. "Estou contente que L. B. tenha ganhado o prêmio. Ele é um grande produtor de filmes", disse ele.

Freed é um homem atarracado e pouco sorridente de 56 anos, 23 dos quais trabalhando para a MGM. Disse que Mayer criara o sistema de produtores em Hollywood quando fizera de Irving Thalberg seu primeiro produtor, e que Thalberg, um sujeito brilhante, tivera sensibilidade suficiente para jamais pôr seu nome na tela. "Irving sempre disse que o crédito é ótimo quando lhe dão, não quando você o toma", explicou Freed. Mayer escolhera Thalberg porque reconhecera suas capacidades. "L. B. sempre acreditou em contratar alguém mais inteligente do que ele. O sujeito médio quer alguém que não seja tão inteligente. L. B. pensa em termos de uma atração. Ele é conhecido como um homem extravagante. Foi isso que construiu seu estúdio — sua extravagância. Ele não é feito para o filme pequeno. Ele tem uma grande qualidade inspiradora em seu estúdio. Passei vinte anos com Louie Mayer no estúdio, e costumava jantar com ele todas as noites, então tenho um verdadeiro entendimento com ele, em bases reais. É o único homem que jamais entra em pânico numa crise, coisa comum neste negócio, e o único executivo que sempre pensou em grande escala. De todos os musicais que fiz, não houve um em que Louie Mayer não me ajudasse. Ele ficou louco com meu último musical, *O barco das ilusões*. Saiu da pré-estréia e chorou."

Freed transpira uma extraordinária confiança em seus musicais, e costuma carregar relatórios que mostram as receitas de suas obras recentes. Os relatórios indicam que os filmes de Freed estão fazendo dinheiro. Compositor de sucesso antes de se tornar produtor, Freed escreveu a letra de "Pagan love song", "Singin' in the rain", "Broadway melody" e "You are my lucky star", entre outras canções, e desde então incorporou a maioria delas a filmes musicais, alguns dos quais batizou com o próprio nome da canção. O primeiro musical que produziu foi *Sangue de artista*, em 1939, com Mickey Rooney e Judy Garland, que rendeu ao estúdio mais dinheiro do que qualquer musical da década anterior. "Foi o filme mais lucrativo da MGM naquele ano", continuou Freed. "Todo mundo disse que eu estava louco quando falei que Judy seria uma estrela. Todo mundo disse que eu estava louco quando escolhi Gene Kelly. Dei a ele sua primeira chance. Trouxe-o para cá. Não estou interessado no tipo arrumadinho. Estou interessado em *talento*. O mesmo ocorreu com Judy. Quando menina, ela tinha talento. Dei a ela sua primeira chance. Passei *Sangue de artista* outro dia, e juro que vieram lágrimas *verdadeiras* aos meus olhos. Comprei *Bonita e valente* para Judy. Só porque achei que ela ia gostar. Quando ela abandonou o filme, custou ao estúdio um milhão de dólares para conseguir outra. Não que o dinheiro importe. L. B. estava tão preocupado que disse que pagaria ele mesmo as contas do médico de Judy. Não precisou. O estúdio pagou. O estúdio *se importava* com o que acontecia a ela. Nós praticamente a criamos. Ela significava alguma coisa para nós. Afinal, os musicais foram a espinha dorsal da MGM durante anos."

A estrela mais lucrativa da MGM era Esther Williams, e Freed me contou por quê. "Ela não é apenas bonita, é *jovial*. Você pode vender jovialidade. Mas não consegue vender futilidade. Veja John Huston. Um grande talento. Eu mesmo gostaria de fazer um filme com ele. Faz um filme como *O tesouro de Sierra Madre* e é um sucesso com os críticos, mas levará anos para que o público pague seus custos. Por quê? É vão. Até o *ouro* desaparece no fim. Não é a televisão que faz concorrência ao cinema. Não mais que o beisebol noturno. A televisão não consegue acabar com o cinema. Fundamentalmente, um filme não está completo sem a platéia. Sem o público, você não sabe onde estão os risos. Isso é *show business.* Você precisa de risos. Precisa de jovialidade. Essa é toda a razão da existência do *show business*, antes de mais nada."

Uma garçonete trouxe a canja de galinha, e Freed inclinou a cabeça na direção do prato. Depois que terminou de tomá-la, disse: "L. B. sabe como criar as estrelas. Ele é um grande fã de beisebol. Sempre acreditou naquele segundo time subindo. Aprendeu observando Connie Mack treinando a segunda divisão do beisebol. Uma coisa sobre L. B.: ele nunca pretende que os filmes sejam mais do que entretenimento. Se um escritor se queixa de que seu roteiro está sendo mudado, ele sempre diz: 'O livro Número Um de todos os tempos foi escrito por um comitê, e chama-se Bíblia'".

Depois do almoço, fomos ao escritório de Freed. O diretor Vincente Minnelli o esperava. Freed pediu que sua secretária o avisasse quando L. B. estivesse livre. Então começou a discutir com Minnelli os planos de fazer um musical baseado em *Huckleberry Finn.* Freed contou que gostaria de fazer do romance o tipo de filme que Mark Twain adoraria. "Quero achar um novo garoto para o papel de Huck", disse ele. "Quero achar um garoto *verdadeiro.* Se você acha um garoto *verdadeiro*, ele é verdadeiro como Lassie ou Rin-Tin-Tin. Escute, Vince, preciso lhe contar a última de Joe Pasternak. Ele anda falando de uma nova garota que arranjou, e diz: 'Você tem de escutá-la cantar. É uma Lena Horne feminina'."

O ditógrafo tocou, e Freed ligou o aparelho. "Você está aí?", perguntou uma voz.

"Estou. O que você marcou, L. B.?", perguntou Freed. "Sim. Imediatamente." Ele desligou o aparelho e pediu-me para acompanhá-lo até o escritório de Mayer.

"Estou saindo", disse Minnelli.

"Até logo", disse Freed, e apressou-me a subir as escadas.

Freed e eu chegamos a uma porta guardada por um jovem garboso, com um bigode pequeno, que sussurrou para entrarmos de imediato. Mayer, sentado à sua mesa de cor creme, falava em um de seus quatro telefones de cor creme, agradecendo a alguém por cumprimentá-lo pelo Oscar. Em um sofá estava sentado o ator George Murphy, que fez um sinal com a cabeça para nós.

"Prefiro ser amado a ganhar dez milhões de dólares", dizia Mayer em tom emocionado.

Freed indicou-me uma cadeira de couro creme e sentou-se em outra.

Quando Mayer terminou o telefonema, Freed levantou-se, pegou um papel no bolso e mostrou a Mayer as receitas de seu último musical.

"Ótimo! Eu sabia. Eu sabia antes da estréia!", disse Mayer, empurrando Freed de volta para sua cadeira. Virou-se para Murphy e perguntou: "Você foi ao jantar dos republicanos ontem à noite?".

"Não pude. Eu estava com você."

"Claro", disse Mayer. Escutou-se um zumbido suave, e ele pegou o telefone. "Obrigado. Eu não consegui ouvir nada. Não consegui ver nada. Meus olhos estavam cegos de lágrimas. Vão me dar uma gravação de toda a cerimônia, então vou saber o que eu disse e o que aconteceu. Vou conseguir ouvir." Desligou e virou-se para Freed. "*O barco das ilusões*! Vi *O barco das ilusões*, e as lágrimas inundaram meus olhos. Não me envergonho das lágrimas. Eu chorei. Verei esse filme treze vezes. Treze vezes! Lágrimas! Emoção!"

"É um grande entretenimento", disse Freed. "É *show business*."

Mayer olhou por cima da cabeça de Freed.

"Há um cantor no filme", continuou. "Negro. Canta uma canção. Ele", Mayer apontou um dedo na direção de Freed, "trouxe o sujeito lá da Austrália para cantar essa única canção. O modo como ele canta vai direto ao coração." De repente, Mayer baixou a voz para um *basso profundo* e começou uma interpretação melodramática de "Ol' man river". Seus olhos se encheram de lágrimas. Parou no meio de uma frase. "Vale mais que um milhão de dólares. Talento!" Apontou de novo um dedo para Freed. "Ele achou o cantor. Lá na Austrália."

"Não há nenhum negócio como o *show business*, está certo", disse Freed.

"É preciso trabalho para encontrar talento. Hoje em dia, tudo o que os sabichões conhecem são coquetéis", disse Mayer.

"Odeio festas", disse Freed. "Sempre que vou a uma festa, sento ao lado de alguém com quem sou obrigado a conversar. Há gente nesta cidade que vai a onze festas por semana, se puder."

"Dinheiro!", continuou Mayer, como se não tivesse escutado Freed. "Eu pessoalmente preciso de mais dinheiro? Tenho um emprego no estúdio. Fico aqui por dinheiro?" Fez uma pausa.

Freed disse rapidamente: "Se você ganha setenta e cinco mil dólares por ano, pode dizer que ganha mais do que um juiz da Suprema Corte. É todo o dinheiro de que precisa. Não dá para guardar mais".

"Preciso de dinheiro como você precisa de uma dor de cabeça", disse Mayer. "Quero dar entretenimento ao público, e graças a Deus isso vale a pena. Entretenimento americano limpo. Ópera! O senhor Schenck me diz que não gostam de ópera. Fazemos um filme, *O grande Caruso*. Olhe as receitas! Minha mulher desmontou e chorou quando viu o filme. Mas o senhor Schenck diz que eles não gostam de ópera!" Lançou um olhar penetrante para Freed.

George Murphy limpou a garganta. Levantou-se e perguntou se podia ir embora.

"Fique de prontidão!", disse Mayer.

"Sim, senhor!", respondeu Murphy, e saiu.

"Sentimental", continuou Mayer. "Sim! O sentimento é o coração dos Estados Unidos. Gosto de Vovó Moses. Tenho as pinturas dela em todas as dependências de minha casa. Não me envergonho disso. Eu mesmo costumava correr atrás de perus numa fazenda. Os quadros dela são vida."

O jovem garboso entrou na ponta dos pés. "O senhor Zimbalist está esperando", sussurrou, e saiu na ponta dos pés.

O aviso não provocou nenhuma reação em Mayer. Falava sobre as pessoas que ele achava que estavam tentando prejudicar o negócio do cinema, os aliados de gente que queria fazer filmes mostrando mães levando murros no queixo, a saber, os críticos de cinema, que elogiavam todo tipo de filme sórdido feito no estrangeiro e desprezavam os filmes que faziam bem ao coração, produzidos em Hollywood. "Assim que se diz que o filme foi feito na Itália, algum crítico de oitenta dólares por semana escreve uma grande resenha delirante chamando-o de arte", disse Mayer. "Arte. *A glória de um covarde*? Toda aquela violência? Nenhuma história? Dore Schary queria o filme. É bom entretenimento? Não acho. Talvez eu esteja errado. Mas não acho que esteja errado. Sei o que o público quer. Andy Hardy. Sentimentalismo! O que há de errado com isso? Amor! Um bom romance antiquado!" Ele pôs a mão no peito e olhou para o teto. "Isso é ruim? Isso entretém. Traz o público para a bilheteria. Não! Esses críticos. Eles são sofisticados demais para você e eu. Eles não gostam disso. Vou lhe contar uma história. Uma garota costumava falar mal de nossos filmes. Não era uma garota feia. Um pouco pesada aqui atrás. De repente, desaparece. Então fico sabendo que ela foi para a Warner, escrever roteiros por mil dólares por semana. Estou no campo de golfe. Vejo Howard Strickling correndo pelo gramado. Você conhece Howard." Mayer bufou e ofegou para demonstrar como Strickling corria. "Por que você está correndo, pergunto a Howard. Ele me diz que a garota tentara se suicidar. Vou com ele, assim como estou, com minhas roupas de golfe. No hospital, os médicos empurram a garota, tentam fazê-la andar. 'Ande! Ande!' Ela não quer andar." Mayer levantou-se e encenou o papel da garota. "De repente, ela me vê e dá um grito: 'Oh!'. E começa a andar. E escutem o que ela me diz: 'Oh, senhor Mayer. Estou tão envergonhada. Quando me lembro de como costumava falar mal dos filmes, fico *envergonhada*'."

Foi o fim da história de Mayer. Freed parecia perplexo.

"Se você fala mal do cinema, está falando mal de seu melhor amigo", disse Mayer.

Parece que ainda estamos no negócio

De uma hora pra outra, no final da primavera de 1951, a palavra mágica no estúdio da MGM era "narração". Tendo chegado à conclusão de que seus amigos e colegas haviam adorado *A glória de um covarde* porque o entenderam, e de que o público (ou pelo menos a amostra muito estranha de público que compõe os freqüentadores de pré-estréias) odiara o filme porque era incapaz de compreendê-lo, Reinhardt, com o consentimento de Huston e Schary, começou a introduzir a narração. Somente Mayer achava que nem a narração ("Palavrório, palavrório, palavrório. Quem quer ouvir?") nem qualquer outra coisa ajudaria. "Estamos usando as palavras do próprio Stephen Crane para contar à platéia o que acontece", disse Reinhardt a sua esposa certa noite, "e o filme começará com uma introdução que explica ao público que ele vai assistir a um *grande* clássico. Dore está escrevendo a introdução. L. B. me diz que o filme não é bom porque não tem história. Eu digo a ele que estamos acrescentando narração ao filme, mas ele diz que a narração não vai resolver. L. B. é um homem perigoso. Se você é inimigo, ele o destrói. Se você é amigo dele, ele o engole. John foi embora, e agora tenho de enfrentar L. B. sozinho. Não sei por quê, mas sempre que vou almoçar cruzo com ele. Hoje, a caminho do almoço, ele veio até mim como um navio de guerra: 'Senhor Reinhardt!'. Então me falou as mesmas coisas de sempre. 'Por que você não quer fazer sucesso? Por que você não quer ganhar dinheiro para o estúdio?' Hoje, eu lhe disse: 'Quando John Huston me procura e diz que quer fazer um filme, fico honrado. Foi *você* que o contratou, não eu'. Ele não me escutou. Ele fala sobre o filme como quem fala de geladeiras."

"Gottfried! Acho que todo mundo está enlouquecido", disse a sra. Reinhardt.

"Sabe, eu gosto de Dore", continuou Reinhardt. "Ele ainda fala bem do filme. Apoiou o filme no começo e não mudou de idéia por causa das pré-estréias. Dore é um homem de sorte e um bom sujeito. Ele me disse: 'O júri ainda está reunido'." Reinhardt riu. "Dore é realmente sortudo. Agora fala todos os dias ao telefone com Nick Schenck. É um bom sujeito. Nick Schenck acha que o filme pode ser um fiasco. Dore não quer que isso aconteça."

"Gottfried! Agora tenho *certeza* de que todo mundo está enlouquecido", disse a sra. Reinhardt.

Na manhã seguinte, Reinhardt fez sua visita diária à barbearia do estúdio para fazer a barba. O barbeiro-chefe, que se chama Mano, ensaboou o rosto dele e cochichou as últimas fofocas ao seu ouvido. No estúdio, Mano tinha a reputação de ser uma autoridade da MGM, tendo sido barbeiro de L. B. Mayer durante dez anos e tendo visto todos os filmes da MGM produzidos naquele período. "Você viu a lista dos dez piores filmes do ano?", perguntou a Reinhardt.

Reinhardt negou com a cabeça.

"O filme que Dore produziu pessoalmente está na lista", disse Mano. "*A voz que vão ouvir.* Melhores. Piores. Tantas listas. Como é o seu filme?"

"Ótimo", murmurou Reinhardt.

"L. B. chorou na pré-estréia de *O grande Caruso*", sussurrou Mano, escanhoando o queixo de Reinhardt. "Seiscentas lágrimas, eles contaram."

O homem sentado na cadeira ao lado — Edgar J. Mannix, um dos vice-presidentes da MGM — olhou para Mano e disse: "Ou seja, seis milhões de dólares".

Reinhardt fechou os olhos e suspirou.

"L. B. e Dore", cochichou Mano para confortá-lo. "Vai ser uma luta pesada, para nocaute."

Uma semana depois, outro filme produzido pessoalmente por Dore Schary, *Todos são valentes,* baseado nas atividades das tropas nipo-americanas nas campanhas européias da Segunda Guerra Mundial, teve uma pré-estréia com convites no Egyptian Theatre, em Hollywood. Fui com os Reinhardt. A caminho do cinema, a sra. Reinhardt manteve uma conversa constante sobre seu poodle e a resistência de Mocha a tomar comprimidos para a febre do feno, que o atacava, mas Reinhardt se comportou como se sua cabeça estivesse em algum lugar distante. A sra. Reinhardt perguntou-lhe várias vezes qual era o problema, e ele sempre respondia que não havia problema nenhum.

O filme de Schary ganhou muitos aplausos. Na volta para casa, a limusine que levava Schary e sua família encostou ao lado do nosso carro. Com ar eufórico, Schary baixou uma janela e gritou: "Você gostou?".

"Maravilhoso!", Reinhardt gritou de volta, e deixou que o carro de Schary ganhasse a dianteira no tráfego pesado.

* * *

Dez dias depois da estréia de *Todos são valentes*, encontrei-me com Mayer no estúdio, em sua sala de jantar particular, enquanto ele conversava sobre o filme com o produtor de musicais Arthur Freed. Mayer não aprovara *Todos são valentes*. "Não gosto de japas!", explicou ele. "Lembro-me de Pearl Harbor!" Parecia soturno. Examinou seu cardápio particular e pediu costeletas de carneiro. Freed disse: "O mesmo", e observou que costeletas de carneiro eram de fácil digestão. Mayer contou que um amigo seu caíra morto naquela manhã. Ataque do coração. Sem aviso.

Quando as costeletas chegaram, Mayer entregou-se ao que parecia ser um apetite voraz. Ao terminar, empurrou o prato para longe. "Dore quer fazer filmes sobre japas. Tudo bem. Cansei de tentar falar com ele." Disse que tivera muitas divergências com outros chefes de produção da MGM — especialmente Irving Thalberg e David Selznick —, mas eles sempre admitiam no final que ele estava com a razão. "Sabe quantas vezes Irving viu *Quo vadis*? Ele gastou as cópias! E David. Aquele rapaz poderia ser um dos homens notáveis de nosso tempo. Ora, ele até escrevia poesia, e era lindo. Eu lhe disse: 'Você tem uma oportunidade de ser o maior, e está simplesmente jogando-a no lixo'. Ele não me escutou."

A garçonete trouxe a sobremesa de Mayer: uma tigela de morangos frescos. "Vou lhe contar o que Irving me disse", continuou, esmagando os morangos. "Ele estava com Laemmle. Ganha trezentos e cinqüenta dólares por semana. Laemmle não gostava dele — um sujeito jovem, recebendo toda a atenção. Contratei-o por quinhentos dólares semanais e depois lhe perguntei: 'Por que você deixou Laemmle?'. Ele disse: 'Observei-o em Nova York quando você era distribuidor de filmes. Você era diferente. Prefiro ser primeiro-violino sob sua direção do que maestro da orquestra'. Estas foram as palavras de Irving para mim. Depois de seis meses, quis torná-lo sócio. Irving conhecia o negócio, e o que não sabia estava disposto a aprender trabalhando. E ele me escutava. Estrelas, Garbo. Eu estava na Europa fazendo *Ben-Hur*. Falaram-me sobre essa garota e o homem..."

"Mauritz Stiller", disse Freed.

"'Diga-lhe que quero ele e a garota', eu disse. Os braços dela eram assim", continuou Mayer, esticando os dedos da mão em torno de uma melancia imaginária. "Ela tinha pernas! Gordas! Mas o rosto! Faço um acordo. Quatrocentos por semana para ela e mil para ele, para trazê-la. Eu disse a ela que os americanos não gostam de garotas gordas. '*Ja, ja, ja, ja*.' Era tudo que ela conseguia dizer. Quando chegou aqui, perdera muitíssimo peso. '*Ja, ja, ja, ja*.'" Mayer bateu as pestanas como Garbo. "Nenhum profissional com quem tratei foi tão honrado quanto ela. Uma vez, ofereci-lhe cento e cinqüenta mil dólares para segurá-la, caso fizéssemos um filme. 'Suponha que eu pegue o dinheiro e depois o estúdio não faça o filme'", disse Mayer, imitando Garbo de novo. "Imagine! Há poucas semanas, Benny Thau trouxe-a ao meu escritório. Ela queria fazer uma história que jamais seria um sucesso neste país. Na Europa, sim. Aqui, não. Ela sempre disse: 'Quero contracenar com um artista'. Gable? Não, ela não queria Gable. Mas, sabe, nunca fiquei bravo com ela. Recusar cento e cinqüenta mil dólares! Dá para questionar uma mulher como essa?"

"O papo de arte cresce e a platéia diminui", disse Freed.

"Jamais esquecerei o jeito como Irving costumava girar seu relógio quando estava pensando", disse Mayer. "Ele estava em meu escritório, contando-me uma história. Eu disse: 'Um homem tão capaz como você, com esse seu complexo de inferioridade'. Ele foi em frente e contou a história; não gostei dela. Então disse: 'Irving, não gosto disso'. Ele começou a representar a história. Era *A mulher de cabelos de fogo*. Para Jean Harlow. Eu disse: 'Irving, você vai para a cadeia. Conte a verdade. Contar a verdade é uma coisa maravilhosa. Jean Harlow é uma loira platinada — essa é a verdade'. Irving disse que os cabelos dela não iam aparecer. Assim éramos Irving e eu trabalhando juntos. Ele ficava furioso. E voltava. Então começava de novo. Ele sempre voltava. Gosto disso. De pé!", gritou ele abruptamente, olhando para mim e se levantando. "Eu me levanto para você. Por quê? Eu me levanto para uma dama." Ele se sentou. "Hoje em dia, não há bons modos. Ele está fazendo um filme sobre os japas. Na semana passada, quem foi ver o filme? Todos os japas! Esta semana, a bilheteria afundou."

Sam Spiegel veio de Londres por uns dias para cuidar de negócios. Telefonou-me para dizer que deixara Huston acamado, com gripe, 24 horas antes, em um hotel de Londres. "Nunca vi John tão deprimido. Ele está muito chocado e desapontado com a má reação a *A glória de um covarde*. Nunca estive tão apressado. Acabei de me vacinar contra varíola. Em Nova York, tomo a de tétano. A de tifo tomarei quando voltar a Londres. Tenho um milhão de coisas a fazer. Não posso me preocupar com os filmes da MGM, senão ligaria para Dore e lhe diria para não tocar no filme de John. É uma pena. Imagino que o filme seja um fracasso."

"Sabe, eu realmente *gosto* de Dore Schary", disse Reinhardt enquanto saíamos de sua casa nos morros acima do Sunset Boulevard para ir a um cinema na cidade de Pacific Palisades, para uma terceira pré-estréia de *A glória de um covarde*. O filme seria exibido pela primeira vez com narração, com uma voz tonitruante em lugar da voz aguda de Tim Durant, com o corte da cena do soldado morto no bosque e com algumas outras mudanças leves que Reinhardt achava que iriam facilitar a compreensão do filme para a platéia. "Dore é um dos poucos executivos solidários que conheço", continuou Reinhardt. "Ele me telefonou hoje e disse: 'Não se preocupe. Não se perturbe. Vou levar um taco de beisebol para bater na cabeça de quem não gostar do filme'."

Todos os principais executivos da MGM compareceram a essa pré-estréia, exceto L. B. Mayer, cuja ausência deixou algumas pessoas perplexas. O filme, em seu novo formato, começava com uma tomada da capa do romance de Stephen Crane. O ator James Whitmore fora escolhido para fazer a narração; enquanto o livro se abria, ouvia-se Whitmore lendo a introdução redigida por Dore Schary, a qual explicava que o filme era baseado em um clássico escrito em 1894 e enfatizava que o romance fora "*aceito* pela crítica e também pelo público como uma história de guerra clássica". "Stephen Crane escreveu este livro quando era um rapaz de vinte e dois anos. Sua publicação fez dele um homem", narrava Whitmore. Um retrato de Crane aparecia rapidamente na tela. A introdução explicava ainda que o livro tinha uma *história*. "É a história de um rapaz que, assustado, entrou na batalha e dela saiu como um homem de coragem", dizia Whitmore, nas palavras de Schary (a idéia de Huston sobre o tema do filme, que era simplesmente a de que a coragem é tão irracional quanto a covardia, não foi mencionada na introdução), e depois Whitmore acrescentava que o restante da narração fora tirado do próprio livro.

A platéia da terceira pré-estréia não demonstrou nem mais nem menos respeito pelo filme do que as duas primeiras. As pessoas não pareciam impressionadas pelo fato de estar assistindo a um clássico. Muita gente riu nas cenas trágicas, exatamente como acontecera antes; do mesmo modo, muitos pareceram abalados ou comovidos com as mesmas cenas. A cena de um soldado enlouquecido que marcha numa fileira de feridos cantando "John Brown's body", ao mesmo tempo que usa um galho de árvore como batuta para marcar o ritmo, fora recebida nas exibições anteriores com algumas risadas, além de horror. A platéia de agora também riu ou ficou horrorizada. As cenas da morte do Soldado Alto, interpretado por John Dierkes, e do Homem Esfarrapado, representado por Royal Dano, tinham sido vaiadas e escarnecidas nas pré-estréias anteriores, e desta vez foram recebidas da mesma forma. Alguns espectadores jovens deram risadinhas e outros mais idosos saíram da sala numa cena especialmente barulhenta que mostrava o Jovem, em sua fuga da batalha, encontrando uma bateria de artilharia, e o mesmo aconteceu agora. Alguns espectadores haviam prestado atenção silenciosa ao filme, e desta vez houve espectadores que fizeram o mesmo.

Após a exibição, os executivos e Reinhardt reuniram-se em torno de Schary no saguão de entrada. Ele parecia ter uma nova atitude em relação ao filme. Não havia taco de beisebol em sua mão. Parecia zangado.

"Gottfried, do jeito que o filme está agora, não tem história", disse ele.

Reinhardt olhou rapidamente para Margaret Booth, Johnny Green e Bronislau Kaper, que concordou com a cabeça quando Schary disse que achava que o padrão das cenas de batalha estava errado. Sugeriu mudar a ordem de certas cenas e eliminar outras.

Reinhardt parecia perplexo e ferido, e ficou em silêncio.

"Fazemos essas mudanças e pomos o filme em seu foco apropriado", disse Schary.

Reinhardt parecia surpreso e continuava mudo.

Schary disse que queria cortar a cena da morte do Homem Esfarrapado. Huston e Reinhardt haviam dito com freqüência que não era apenas a melhor cena do filme, mas a melhor cena desse tipo já feita, e que traduzia uma parte da essência do romance.

Reinhardt parecia perturbado demais para responder.

"A construção da seqüência em que as tropas se retiram é ruim", continuou Schary, com tom indignado. "Você não pode fazê-los ir para a frente e para trás, para a frente e para trás. Precisa trabalhar a platéia e depois dar o golpe. Como se faz com uma dama. Do jeito que está agora, Gottfried, você atrai o interesse da dama e depois o cara a abandona."

Reinhardt olhava-o fixo e mudo.

"Prepare-os e depois ataque!", disse Schary, erguendo um punho fechado. "Ataque, Gottfried! Construa um clímax, e *bam*!"

"É isso! É isso!", concordou Johnny Green.

"Talvez tudo de que o filme precise seja um pouco mais do tipo de efeito que tivemos em *Todos são valentes*", disse Schary.

"Sim, fazer a coisa crescer", concordou Margaret Booth.

"O Homem Esfarrapado deixa o público enjoado", disse Schary.

"Correto!", apoiou Bronislau Kaper, que seis meses antes havia chamado a cena de "acachapante" e ficara orgulhoso da combinação de trompete agudo (para o efeito militar) e gaita-de-boca alegre (para o efeito irônico) que criara para a cena.

"Ele está certíssimo!", concordou Margaret Booth, que havia enviado oito meses antes um memorando a Huston dizendo que a cena era "simplesmente maravilhosa".

"Eles vão aplaudir!", disse Schary.

O rosto de Reinhardt ficou vermelho. Olhou fixo para Schary em silêncio e depois disse devagar: "Não, Dore, não vejo a coisa desse modo".

"Prepare-os, Gottfried, e será um bom filme", disse Schary, que não dava mostras de ter notado a objeção de Reinhardt.

"Eles vão aplaudir." Deu um tapinha no ombro de Reinhardt. "Estou indo. Vejo você na fábrica, rapaz." E foi embora.

Albert Band aproximou-se de Reinhardt. "Os melhores cartões de pré-estréia até agora", disse ele. "Conseguimos vários Notáveis."

"Agora, ainda por cima, tenho uma briga com Dore", disse Reinhardt, enquanto caminhávamos até seu carro. "Eu disse a John, até ficar roxo, que deveríamos ter apenas uma batalha. John está perdido nas selvas da África e eu tenho de brigar com Dore."

No caminho de volta para a casa de Reinhardt, ele continuou se queixando de que teria de discutir com Schary agora, em particular para defender a permanência da cena da morte do Homem Esfarrapado.

"Devo lhe dizer uma coisa, Gottfried", falou a sra. Reinhardt, "você é o único homem que conheço que faz de si mesmo um mártir. Pelo quê? Por uma cena que *irrita* todo mundo. Eu lhe digo: todo mundo odeia aquela cena."

"Eles a adoravam até agora. A melhor coisa do filme."

"Gottfried, veja!", gritou a sra. Reinhardt de repente, quando o marido diminuiu a marcha do carro antes de um semáforo do Wilshire Boulevard. Ela apontou pela janela. Louis B. Mayer andava com grande energia pela calçada: era sua caminhada terapêutica.

Reinhardt suspirou e sacudiu a cabeça. "Ele não estava lá esta noite. Fiquei tão contente de não ter mais de brigar com ele. Agora descubro que terei de brigar de qualquer jeito. Tenho de brigar com Dore."

"Gottfried, você é tão enigmático!", disse a sra. Reinhardt.

"Certo", respondeu Reinhardt, contrariado, ao passar por Mayer. "Mayer está deixando o estúdio. Eddie Mannix me contou no dia da pré-estréia de *Todos são valentes*. L. B. Mayer está deixando a MGM."

No dia seguinte, Reinhardt encontrou vários cartões de pré-estréia sobre sua escrivaninha. Iam desde um escrito por certo "Homem, mais de 45", que dizia: "É tudo uma droga. Palavrório, palavrório e bangue-bangue chato", até outro, "Mulher, 31-45", em que estava escrito: "Vou dizer a todo mundo que conheço para não perder. Filmes de qualidade, poeticamente concebidos e executados com originalidade são raros. Este é um dos melhores já feitos". Reinhardt mandou os cartões para Schary, junto com um memorando:

> Caro Dore:
>
> Estes cartões chegaram hoje, e encontrei-os sobre minha mesa. Gostaria que você os lesse. Não que digam alguma coisa em especial, ou algo que nós mesmos não saibamos — não que eles possam nos ensinar muito (na verdade, um deles ataca uma coisa que sabemos que ajudou o filme enormemente, no mínimo porque liquidou com cada mau riso isolado — a narração) —, mas acho que eles confirmam o que eu tentei articular esta manhã: quem não gosta do filme jamais gostará dele. Duvido que com o material que temos possamos mudar a opinião deles. Os que gostam, bem, eles simplesmente gostam. Podem fazer objeções a este ou aquele detalhe, mas gostarão da qualidade. E esta é a única coisa que temos para vender e o único motivo por que você e eu quisemos fazer o filme.
>
> Gottfried

Alguns dias depois, Schary assumiu pessoalmente a supervisão das mudanças em *A glória de um covarde*. Encontrei-o sentado à mesa de seu escritório, com as mangas arregaçadas. "Embora a narração ajude, o grande lance foi pôr uma voz de fora dizendo: 'Vejam, isto é um clássico' ", ele me disse (o grande lance fora conseguido com a introdução que ele escrevera). "Ela estabelece o quadro de referência apropriado. Identifica o filme, e agora o primeiro terço da fita rola fácil. Agora", e pôs os pés sobre uma pilha de manuscritos da MGM que estava sobre sua mesa, "o segredo é deixar a história clara sem perturbar a integridade do filme. Estou resignado com uma coisa. Tem um pessoal que, por mais que façamos, não vai gostar do filme, então temos de cuidar daqueles que vão gostar. Eis a minha idéia: do jeito que Gottfried e John fizeram, o regimento começa o ataque, depois recua e depois ataca de novo. A platéia espera um clímax que não vem, porque o regimento não chega ao fim do primeiro ataque. Vou transformar os dois ataques em um só. Isso ajudará a platéia. O público sente que o filme está diminuindo. 'O Jovem terá coragem para atacar de novo?' é um conceito muito sutil para a platéia. Eles querem alívio mental. Eles querem satisfação. Então, quando o ataque vier, ficaremos com ele. E o público irá junto! E *bam*!" Schary bateu com o punho na palma de sua outra mão.

"Tenho pensado muito em *A glória de um covarde*", continuou ele. "Vou ver o filme com as mudanças esta noite. Estou fazendo uma experiência. Vou cortar a cena da morte do Homem Esfarrapado. Acho que não vai funcionar, mas quero ver desse jeito. Uma coisa não sai da minha cabeça. O público perde simpatia pelo rapaz quando ele foge desse homem ferido e sangrando. Escrevi a Gottfried sobre isso. Ele me mandou alguns dos cartões da pré-estréia, e eu lhe disse que é preciso abordar essas coisas com uma convicção firme, mas com a mente aberta, com paixão, mas com racionalidade, com experiência, mas com desejo de ser ousado e novo. Eu lhe disse que não existe um jeito fácil de fazer filmes. Eles todos mexem com nossas entranhas e nossa cabeça. Disse a Gottfried para manter seu coração corajoso e que eu jamais prejudicaria o filme."

Schary ficou em silêncio por um momento, e depois continuou. "O problema com este emprego é que se você é um sujeito que nunca cede, eles dizem que você é um filho-da-puta obstinado. Se você muda de idéia, então eles dizem que podem convencê-lo a fazer qualquer coisa. Sei que existem muitas críticas a mim, sobre como eu quero gostar das pessoas e como quero que elas gostem de mim. Se sou honesto, devo dizer que é algo de mais profundo, mas também é uma fraqueza." Fez uma pausa, como se estivesse constrangido ao admitir uma fraqueza. "Não quero ferir ninguém e não gosto de ser ferido. Tento desesperadamente construir uma relação com as pessoas. Parece que não importa o jeito que você faça. Zanuck não se preocupa se vai ferir alguém. Mas isso não o ajuda. Não facilitaria meu trabalho se me comportasse assim."

Ao sair do escritório de Schary, encontrei Albert Band, que entrava. Disse que tinha uma reunião com Schary para falar sobre uma história original que escrevera. "Prefiro um contato direto com Dore do que passar por Gottfried", explicou ele.

"Não entendo isso", disse Reinhardt à esposa naquela noite, em casa. Ele ia até a casa de Schary para ver o que fora feito de seu filme. "Esta manhã, eu disse a Dore que compreendo o problema dele, mas que ele não deve entrar em pânico. Ele está indo em frente sem mim. Não entendo. Tanta gente *adorou* o filme. John não está aqui, e isso é terrivelmente injusto. Deixa-me numa posição ruim."

Reinhardt disse que precisava estar na casa de Schary às 21h45 e saiu. A sra. Reinhardt pediu-me para ficar com ela enquanto o marido estivesse fora. Sentamo-nos, com Mocha aos pés dela, mastigando pistaches com satisfação, e ela falou por algum tempo sobre os problemas da vida no sul da Califórnia, entre eles, vestidos ("Ninguém em toda esta cidade sabe como ajustar o peito"); casacos ("Você não precisa mais ir ao I. Magnin ou ao Teitelbaum para conseguir um casaco de vison. Estão vendendo nas Thrifty *Drug*stores"); cabeleireiros ("Eles nunca nos dão algo para *ler*. Sempre que pego uma revista de cinema, tudo o que encontro é 'A feliz vida doméstica de June Allyson'"); história do cinema ("Gostaria que Reinhardt fosse Baby LeRoy. Baby LeRoy aposentou-se com quatro anos e meio de idade com quatro milhões de dólares no banco"); e literatura ("O último escritor de Gottfried esteve aqui durante dez semanas, a mil e quinhentos dólares semanais, pagos semanalmente. Agora ele diz a Gottfried: 'Preciso de mais tempo. Preciso conviver um pouco com as personagens. Ainda não escutei os *tambores*'. Ele é como um escritor que conheço que está fazendo um roteiro para Sam Goldwyn e diz: 'Sam Goldwyn é para o cinema o que Aristóteles foi para o teatro'").

Passaram-se três horas até Reinhardt voltar. "Preciso de um drinque forte", disse ele. Serviu-se de uma bebida e tomou-a de um gole. Serviu outra dose e sentou-se. Sacudiu a cabeça com tristeza. "Trabalhos de amor perdidos", disse ele. "Trabalhos de amor perdidos. Tiraram o ataque da cavalaria, que Margaret Booth chama de peões. Tiraram o homem ferido cantando 'John Brown's body' e outro homem ferido que se queixa dos generais. Tiraram os veteranos, e Dore virou-se para mim e disse: 'Você sente falta. Eu não sinto nenhuma falta'. Tiraram a cena da morte do Homem Esfarrapado. Dore virou-se de novo para mim e perguntou se eu sentia falta. Isso me faz lembrar de meu bom amigo Bernie Hyman, que queria pôr Mozart em *A grande valsa*. Eu disse: 'Você não pode pôr Mozart num filme sobre Strauss'. Ele disse: 'Quem vai me impedir?'. A mesma coisa. Não sei o que dizer quando Dore pergunta: 'Você sente falta?'. Claro que sinto falta, mas como posso discutir isso com ele?"

Haviam mudado as cenas de batalha para adequar o filme ao padrão de batalha de Dore. "Ele não vê a diferença", disse Reinhardt. "É estúpido trabalhar com sutileza. Ninguém aprecia isso. Porque algumas pessoas da platéia riram, tiraram a cena de artilharia escrita por John para mostrar o que Crane queria dizer quando o Jovem está fugindo da batalha, vê os artilheiros ainda lutando e os chama de tolos. Tiraram as cenas essenciais que traduzem o sentimento de Crane no romance. Gostaria de saber o que John diria. É grotesco. A narração põe o público no clima certo. Mas de repente Dore quer mudar o filme. Virou outro filme." Ele falou num tom baixo e monótono, com uma boa dose de perplexidade. "Estou numa situação difícil. Não sei como lutar contra isso. Não entendo nada disso. Eles *adoraram* o filme. E, agora, é isso que estão fazendo com ele."

A esposa de John Huston estava morando em Malibu Beach com seu bebê de um ano, esperando o nascimento do segundo filho. Quando fui visitá-la, ela me contou que não tinha muitas notícias de Huston desde que ele viajara para fazer *Uma aventura na África*, mas naquela semana recebera duas cartas. Sentou-se na praia, ao sol balsâmico, e leu sobre as aventuras de seu marido no Congo Belga:

> No ano passado, havia alguns leões comedores de gente por aqui, que tiraram os nativos de suas cabanas e os jantaram. Todas as manhãs e noites vamos atrás de elefantes. Gostaria de pegar um com presas realmente grandes. Na verdade, já sabemos tudo sobre eles. Mas, até agora, sempre aconteceu alguma coisa que me impediu de atirar. Esconder-se atrás do elefante é o mais excitante. Eles

> não enxergam muito bem, e se a gente fica contra o vento em relação a eles, é possível chegar bem perto. Ontem de manhã estávamos atrás deles numa floresta, e não ficamos a uma distância maior que cinco ou sete metros deles, no fim. Só uma pequena parede de vinhas entre nós e eles. Vou lhe contar uma coisa, isso me deu uma sensação muito engraçada.

A segunda carta dizia:

> Para começar, não consegui meu elefante. Nunca mais vi o das grandes presas. [...] A equipe, inclusive Katie e Bogie, chegará hoje à noite. Eles estiveram em Stanleyville por vários dias. Naturalmente, ainda não vi nenhum deles. Sam está com eles. Estou ansioso para trazê-lo para cá, com mosquitos, leopardos, cobras e todo o resto.

No dia 23 de junho de 1951, os jornais locais traziam na primeira página a notícia de que L. B. Mayer estava deixando a MGM, o estúdio que ele ajudara a criar 26 anos antes. Uma das matérias dizia: "O chefe de produção de 65 anos de idade, um dos gigantes da indústria cinematográfica, provocou mais rumores ao acrescentar que não vai se aposentar. 'Vou permanecer na produção de filmes, se Deus quiser', disse ele. 'Vou ser mais ativo do que fui nos últimos quinze anos. Será em um estúdio e sob condições em que deverei ter o direito de fazer o tipo certo de cinema — filmes decentes, saudáveis para os americanos e para as pessoas de todo o mundo que querem e precisam desse tipo de entretenimento'". Outra reportagem afirmava que Mayer andava insatisfeito com a política da MGM desde a nomeação de Dore Schary para chefe de produção, três anos antes; que ele discordava havia muito tempo de Nicholas M. Schenck, presidente da Loew's; e que por sete anos consecutivos recebera o salário mais alto dos Estados Unidos.

Agora que a notícia era oficial, as pessoas do setor pareciam um tanto chocadas com ela. Muitos que anteriormente haviam falado mal de Mayer agora falavam com simpatia.

"Depois de todos esses anos no trono!", disse um vice-presidente da MGM a Reinhardt. "O que vai acontecer com ele agora, nesta cidade desprezível e falsa?"

Reinhardt deu uma risada curta e cínica. "Estou orgulhoso de nunca, em minha relação de dezoito anos com a MGM, ter bajulado L. B. Fiquei maravilhado com ele. Diverti-me com ele. Tive medo dele e, às vezes, o odiei. Nunca o adulei. Nunca me senti lisonjeado por ele gostar de mim. E nunca acreditei que Mayer fosse realmente deixar o estúdio."

Os dois homens lembraram-se do apogeu de Mayer. O vice-presidente conhecia um sujeito em Nova York que mencionara certa vez o valor do salário de Mayer a Schenck. O presidente da companhia, que tinha uma remuneração menor, fizera um gesto depreciativo com a mão e dissera: "Ah, Mayer *gosta* desse tipo de coisa".

Dois dias depois da notícia de que Mayer estava fora, *A glória de um covarde* teve outra pré-estréia, no Encino Theatre, em Encino. Ninguém procurou Mayer dessa vez. Quando cheguei, encontrei Dore Schary sorridente diante de um cartaz que anunciava a próxima atração: *Todos são valentes*. "Vai passar aqui na semana que vem", disse ele.

Antes do início da sessão de *A glória de um covarde*, passou um jornal cinematográfico.

"O filme já parece melhor", disse a sra. Reinhardt em voz alta.

Reinhardt riu, constrangido.

A cena da morte do Homem Esfarrapado fora definitivamente cortada, e a maioria das outras mudanças que Reinhardt vira na casa de Schary tornou-se permanente. As seqüências de batalha compunham uma guerra totalmente diferente daquela que fora travada e filmada na fazenda de Huston. A eliminação de cenas respondia por parte da diferença. Sumira o velho com a face enrugada que cavava, sumiram os veteranos esfarrapados que zombavam dos recrutas tanto antes como depois da batalha. Muitos pequenos toques — breves visões de homens em guerra — haviam sido podados, inclusive o close de um homem ferido censurando um oficial por "pequenos ferimentos e muita conversa". A última tomada do filme — a do regimento do Jovem em marcha para longe do campo de batalha —, que Huston queria longa, fora encurtada. (Reinhardt conseguira que Schary restaurasse o homem ferido cantando "John Brown's body" e parte da cena do Jovem gritando aos artilheiros.) A revisão resultou em algumas coisas esquisitas. Audie Murphy, no papel do Jovem, começava a liderar um ataque com uma bandana na cabeça, avançava sem a bandana e depois se ajoelhava para atirar com a bandana de novo na cabeça.

A reação da platéia pareceu ser mais amistosa, embora ainda houvesse quem saísse no meio do filme ou risse em cenas trágicas. Schary saiu do cinema, Reinhardt aproximou-se dele, Schary sorriu e disse com confiança que o filme agora estava afinado. "Tudo está melhor agora, querido", disse a Reinhardt. "Agora o público entende o rapaz."

"A cena do Homem Esfarrapado era a melhor do filme", disse Reinhardt.

"O filme está melhor sem ela", disse Lawrence Weingarten, executivo da MGM. "Agora Dierkes se destaca como uma única vinheta", disse ele.

"Se você pusesse de volta o Homem Esfarrapado...", começou Reinhardt.

"Você está errado, Gottfried", disse Schary. Ele se voltou para Weingarten. "Você sentiu falta daquela cena?", perguntou.

"Nem um pouco", respondeu Weingarten.

"É uma das melhores cenas", disse Reinhardt.

"*Você* sentiu falta dela?", perguntou Schary a Kaper.

"Não!", disse Kaper. "Não! Não!"

"Seu filme não foi prejudicado de forma alguma, Gottfried", disse Schary.

Reinhardt respirou fundo. "Sentir ou não sentir falta não é a questão", disse ele.

"Você está errado", disse Schary.

Schary foi embora, e Reinhardt começou a ler alguns dos cartões de pré-estréia que Albert Band pusera em suas mãos.

"Não é uma pré-estréia ruim", disse Band.

"'Um filme de guerra sobre a Guerra Civil é ridículo hoje em dia'", leu Reinhardt em voz alta. Deu de ombros e devolveu os cartões a Band. "O engraçado é que hoje à noite John teria ficado do lado de Dore."

"John não se importa", disse Kaper. "Podem me chamar de Metro-Goldwyn-Kaper, mas o objetivo de um filme é fazer sucesso."

"Este filme não vai fazer dinheiro", disse Reinhardt. "Eu soube disso no dia em que vi o primeiro copião."

"*Eu* sabia desde que li o roteiro", disse a sra. Reinhardt.

"Ela odiou o roteiro", confirmou Reinhardt. "Nem queria falar comigo quando eu disse que iria fazê-lo." Ele olhou inexpressivamente para a esposa, para Kaper, para Band e para mim. "Agora eu de fato não tenho um grande filme e ele será um fracasso."

Dois dias depois, Reinhardt me contou que fizera um estudo dos últimos cartões de pré-estréia. A porcentagem do público que disse que recomendaria o filme aos amigos era muito mais alta. "Isso é que é importante. Tive uma conversa muito séria com Dore. Ele assumirá a responsabilidade pelo filme como está agora e escreverá isso a John. Vai distribuir o filme como está agora. Disse que seria um mau executivo se deixasse o filme sair de outro jeito." Reinhardt não parecia feliz, mas estava menos infeliz do que duas noites antes.

Huston preocupava-se agora com outras coisas. Para sua esposa, escreveu:

> Estamos em um lugar chamado Biondo, que fica junto ao rio Ruiki, a cerca de cinqüenta quilômetros de Pontiaville e de Lualaba. Mas como são longos esses cinqüenta quilômetros! Uma vez por semana chegam provisões, e o filme exposto é levado embora. Não tem havido muita chuva (para o Congo), e o rio baixou vários metros, de tal modo que mal dá para navegá-lo. [...]

Mais ou menos no mesmo momento em que Huston escrevia isso, Reinhardt, que não tivera notícias dele desde a primeira pré-estréia do filme, sentou-se sozinho uma noite, depois do jantar, e datilografou uma carta para ele pelo método de "catar milho":

> Sr. John Huston
> África mais negra
> Caro John:
>
> Esta não é uma carta oficial. Não é o produtor escrevendo ao diretor, mas antes o Soldado Alto se dirigindo ao Jovem. Pois apesar das incongruências físicas implícitas nesta declaração, é exatamente assim que me sinto: como o Soldado Alto, que, tendo "em sua ignorância" segurado as pontas, agora entrega sua alma, contando ao Jovem que fugiu o que aconteceu. "Que espetáculo, Deus do céu!"

Sem nenhum sinal de vida seu, é difícil levar a analogia adiante. Desconheço suas atuais circunstâncias, embora presuma que, numa locação de Spiegel, você terá uma escaramuça com um Homem Esfarrapado, um bem baixinho, claro, pois o Homem Esfarrapado acabou por ser uma das primeiras baixas, de mais de uma maneira, e é uma das principais razões desta confissão acusatória.

Porém, quaisquer que sejam esses episódios transitórios, um desdobramento é inevitável, um acontecimento está certamente guardado para você: um dia, você voltará ao seu regimento, e isso será doloroso. Certo, sua deserção não será notada. As pessoas dirão que você esteve lutando em outro lugar "à direita". E você dirá que não vimos nada da verdadeira luta. Mas será doloroso do mesmo jeito. Pois, não importa o que digam, você encontrará seu regimento dizimado. Vítimas irrecuperáveis o encararão face a face, e os sobreviventes estão feridos, moídos e amargos.

O Soldado Alto terá ido embora, ou pelo menos sua alma. O verdadeiro adversário de todos nós, Louis, o Capitão, terá ido embora. Os executivos menores, os tenentes, estarão, como de costume, dormindo. Mas em Dorc você encontrará de novo seu Amigo. Pois isso ele é.

Ele teve de fato seus momentos de hesitação, e momentos também graves. Quando, no fogo da batalha, foi embora com seu relógio, quando cortou a morte do Homem Esfarrapado, quando queria cortar "John Brown's body" (ou devo dizer "John's body"?), uma operação cirúrgica que consegui evitar que ele realizasse, quando encurtou a última tomada do filme, quando eliminou os primeiros veteranos também. Talvez, no fundo do seu coração, às vezes ele também tenha sentido a tentação de fugir. E o único motivo por que permaneceu foi que estava mais com medo do Capitão do que do público. De qualquer modo, ele agüentou. E ele é um Amigo. E, quaisquer que sejam seus erros (e, quem sabe, talvez nem sejam erros, talvez ele tenha razão), se essa nossa guerra deveria ser um milagre, apesar de toda a confusão, dos desacordos intramuros, da impopularidade da causa, da abundância de baixas, e ser coroada com a vitória, ele será, à sua maneira, o responsável por ela, como o Soldado Alto, ou mesmo o Jovem.

Mas mesmo que você discorde dele totalmente, sua posição será fraca. Assim como o triunfo do Jovem, quando ele devolve o relógio ao Amigo, é um triunfo vazio, nenhum argumento seu pode substituir retroativamente sua ausência. Certas ou erradas, as decisões na batalha devem ser tomadas por aqueles que tomam parte na luta. Você sabe, não importa como a estratégia possa ser bela. O teste da batalha é o que conta. Assim, tudo que resta a você ao retornar é "ficar louco" e, ainda que um tanto atrasado, tornar-se um herói e travar batalhas maiores e melhores, fazer filmes melhores, se não necessariamente maiores, e ficar com eles.

Eis, em resumo, o que aconteceu: depois que você nos deixou, houve uma longa calmaria na luta. O filme foi tirado do cronograma de lançamento, e todas as decisões foram adiadas, como discutimos no dia anterior à sua partida, até termos uma nova pré-estréia com narração. Essa pré-estréia aconteceu há apenas quatro semanas. O motivo do atraso foi que não conseguíamos entrar nas salas de dublagem. Muitos outros produtos precisavam passar por lá antes. Infelizmente, vazou o tipo de reação que tivemos nas duas primeiras pré-estréias e apareceram alguns artigos danosos na imprensa. Em especial, uma matéria no New York Times que foi muito prejudicial. Os círculos profissionais de Nova York e locais sussurravam que a MGM estava com uma bomba na mão e não sabia o que fazer com ela. Alguns chegaram a dizer que A glória de um covarde era tão ruim que não poderia ser lançado. Houve aqueles que aceitaram que o filme podia ser uma realização artística, mas seria um desastre comercial. Havia pouco que eu pudesse fazer para refrear essa onda de comentários desfavoráveis e freqüentemente maldosos, em especial porque alguns deles vinham sem dúvida do próprio estúdio. O sujeito do New York Times, por exemplo, me contou que sua informação vinha diretamente de um de nossos executivos. É claro que toda a situação de Mayer, que graças a Deus já se resolveu, não ajudou muito as coisas.

Reinhardt contou a Huston sobre a nova abertura do filme, que compreendia tomadas do livro e o retrato de Crane, sobre a introdução de Schary e sobre a narração, que "parece ter conseguido manter a platéia concentrada na evolução interior do Jovem". "Poucas pessoas saíram na metade", disse ele, "e embora eu não me engane e ainda sinta que uma grande parte do público não se importou com o filme, fiquei bastante satisfeito com nosso esforço. Achei que temos um filme muito distinto, imensamente belo e, para aqueles que apreciam isso, muito comovente e até excelente." Depois escreveu que Schary, vendo o filme pela primeira vez numa platéia, ficara preocupado:

> Secretamente, Dore tinha maiores esperanças na bilheteria do filme do que eu. Eu estava há muito tempo resignado ao apelo limitado com que achava que poderíamos contar. E tudo que tentei fazer foi pôr o filme na melhor forma possível para aumentar seus atrativos, reconhecendo todas as suas limitações. Dore não estava no mesmo clima. Ele queria vencer a resistência da platéia, que ele — e nós dois — claramente sentia. Eu, para ser franco, acreditava que isso era perda de tempo. E ainda por cima perigoso. Porque eu questionava a nossa capacidade de conquistar o coração daqueles que de fato se opunham ao filme; aqueles que o odiaram. Por outro lado, poderíamos com facilidade, ao tentar conquistá-lo, perder aqueles que já eram nossos amigos, aqueles que adoraram as mesmas coisas que os outros odiaram. Na verdade, não houve muita briga. Eu estava numa posição muito ruim para lutar. Dore comportara-se maravilhosamente bem durante

todo o tempo diante da oposição violenta, que beirava a sabotagem. Eu tinha de ser — e sou — muito agradecido a ele por isso. Ao agir com tanta coragem, ele assumiu uma responsabilidade definitiva e pesada pelo filme. Como eu poderia negar-lhe o privilégio de salvar um investimento de 1,75 milhão de dólares?

Reinhardt precisou de muitas horas mais para delinear as mudanças que haviam sido feitas no filme. Depois escreveu:

> Bem, John, eu me senti muito mal. Exceto pela ocasião em que finalmente cedi a você em relação a Audie, nunca tinha me sentido tão infeliz. Veja, eu conseguira lutar contra toda a oposição do estúdio porque sempre tive a profunda convicção de que estava ajudando a fazer uma obra de arte. Menos dessas duas vezes. O fato de que eu jamais poderia ter ganho minha luta sem a bênção de Dore só tornou esta última situação mais difícil e dolorosa. Nunca cultivei muitas esperanças de sucesso comercial. Sei que você as tinha. Lembrei Dore da carta que escreveu a Mayer em que ele explicava que esse tipo de filme deveria ser feito por um estúdio como a MGM, independentemente de considerações comerciais. Era para ser um "clássico". Mayer e todos os outros executivos detestaram a idéia. Levar adiante o projeto dentro dessas circunstâncias era uma decisão fatal para um produtor. Mais do que para um diretor. Um produtor não pode divorciar seu julgamento de considerações comerciais. Até mesmo o chefe de um estúdio pode, às vezes, pensar impune em termos puramente artísticos. Ele faz quarenta filmes por ano. O produtor faz um ou dois. Se forem fracassos, aquela é a sua produção. Ele é um fracasso. Pode ser um "artista", mas é um fracasso. Eu sabia, e levei tudo isso em consideração. Não me importava. Estava encantado por fazer esse filme com você. Até esses dois momentos, quando deparei de repente com o espectro de um fracasso não artístico.

Espero sinceramente que tudo isso seja um terrível exagero. De qualquer modo, alongar-me nisso parece um tanto supérfluo. A quarta e última pré-estréia, com essas mudanças (todas, exceto o ataque da cavalaria, que fiz Dore pôr de volta antes), foi inquestionavelmente muito melhor. Os cartões também, pela primeira vez, mostraram uma melhora espantosa. Apenas 30% não recomendariam o filme desta vez. O filme perdeu um pouco de suas complexidades e nuances. Era agora mais simples e direto. O consenso foi: "Agora dá para acompanhar. Agora dá para entender". Se isso é desejável, deixo para a posteridade decidir. De qualquer modo, Dore estava contente. Ele se sentiu — e, de certa forma, estava — vingado. Estava seguro. Todos concordaram com ele. Weingarten, Kaper, os montadores, o pessoal do estúdio reunido, até Silvia. É provavelmente um belo filme. Todo mundo me diz isso.

Mas eu estaria mentindo se dissesse que é o filme que eu esperava (mesmo do meu jeito "limitado"), ou que quis fazer. Não posso falar por você, é claro. Pois você não está aqui. Mas tentei. Na verdade, fiz isso. Tentei especialmente persuadir Dore a pôr de volta a cena do Homem Esfarrapado. Ele foi inflexível. E, admito, há muito sentido no que ele diz. E creio que a platéia, ou grande parte dela, concorda com ele. Com certeza, pouquíssimos sentirão falta da morte do Homem Esfarrapado, uma vez que não a viram. Mas eu vi.

Eu jamais teria feito esse filme sem você, John. Eu queria que fosse um filme de John Huston. Que ele seja outra coisa agora me parece sem sentido. Eu disse isso a Dore. Ele acha que ainda é. Talvez tenha razão. Todo mundo me diz isso. Talvez eu tenha uma idéia especial do que é um filme de John Huston. Talvez ainda mais especial do que a que John Huston tem.

Dore me contou que iria escrever para você, que ele assume toda a responsabilidade pelos cortes atuais, que sabe que está com a razão, que essa é uma das ocasiões em que um executivo tem de interferir e tomar a decisão final — se quiser ser um executivo.

Espero sinceramente que ele esteja certo. Rezo para que tenha razão. Sei que fiz tudo o que poderia para fazer desse filme o que ele deveria ser. Rezo para que a discrepância entre o que ele deveria ser e o que é não seja tão grande. Não desejo mal a ninguém. Acredito em sinceridade, amizade e talento. Mas reconheço que essas três qualidades inestimáveis podem ser facilmente derrotadas pela geografia e pelo poder. Curvo-me sorridente e, como disse antes, sem rancor. E com humildade. Porque posso estar terrivelmente errado.

Boa sorte, John.
Cordialmente,
Gottfried Reinhardt

A resposta de Huston, um telegrama vindo da África mais negra, foi mais curta: "CARO GOTTFRIED. ACABO RECEBER SUA CARTA. SEI QUE TRAVOU BOM COMBATE. ESPERO NÃO ESTEJA ENSANGÜENTADO DEMAIS MINHA CAUSA. FAÇAMOS DO PRÓXIMO UM FILME REINHARDT NÃO HUSTON. JOHN". Reinhardt leu o telegrama e depois subiu ao escritório de Schary para pedir ao homem que tinha agora a autoridade de vice-presidente encarregado da produção *e* do estúdio para lhe dar um trabalho de diretor, além dos dois que já tinha como produtor.

Uma semana depois, numa tarde, Schary conversou comigo sobre o futuro do cinema. Sua fotografia fora publicada nos jornais de Los Angeles daquele dia, junto com a notícia de que ele fora escolhido para o júri do show de talentos da Downtown Business Men's Association, aberto a meninos e meninas de cinco a dezoito anos. Na fotografia, mostrava um leve sorriso satisfeito, e seu olhar era afável. Exatamente como estava agora. O pessoal da indústria cinematográfica, ele me contou, devia estar sempre preparado para mudanças. "As pessoas que fazem previsões sobre mudanças são as que têm medo delas ou não sabem nada sobre elas. Você diz: 'Vamos tentar isto', ou 'Vamos tentar aquilo'. Você observa e vê o que acontece. As declarações categóricas sobre mudanças em nosso setor me divertem. Certa progressão de mudanças era inevitável neste negócio, mesmo antes do advento da televisão. Claro, com a TV há determinado tipo de filme que não faremos. Diremos: 'Que a TV os faça'. Faremos menos filmes, mas maiores — maiores no sentido de que teremos objetivos mais altos." Ele citou *Quo vadis* como exemplo do tipo de filme que a TV jamais poderia fazer, um filme de 8,5 milhões de dólares que trata da história do cristianismo. "Eles ficaram anos com *Quo vadis* parado, mas eu o ativei. Eles ainda estariam protelando se eu não estivesse aqui."

Schary inclinava-se a ser indulgente com seu predecessor, L. B. Mayer. Ouvira dizer que Mayer não gostara de *Todos são valentes*, mas achava que ele tinha direito a ter sua opinião. "Mayer estava cercado por enorme prestígio e enorme poder. Sem dúvida, ele deixou o estúdio com amargura. Por quê? O que as pessoas dizem a *mim*? Coisas *boas* sobre mim, não coisas *ruins*. O que elas costumavam dizer a *ele*? Coisa boas, não coisas *ruins*. Ele não tinha meios de saber. Tenho de tomar cuidado agora para não ser posto na mesma posição que Mayer. Compreendo Mayer. Ele é um homem velho. É rico. É saudável. Que aproveite, agora. Não sei por que diabos ficou furioso. Poderia ter sido tão feliz aqui. Certa vez, me disse: 'Não seria melhor ter homens com anos de experiência para sentar com você e ajudá-lo a tomar decisões? Não seria melhor?'. Eu disse que não. Esse trabalho tem de ser uma operação de um homem só. Deve haver apenas *um* chefe. Ele escutava todo mundo e propunha uma coisa podre. Antes de eu chegar no estúdio, ele tomava as decisões básicas. O comitê lhe contava histórias. Eles tinham um conselho e dois contadores de histórias para ajudá-lo a escolher os enredos. Essa foi a primeira coisa que achei errado. Eu queria que a autoridade escolhesse as histórias. Eu disse que discutiria histórias controvertidas com ele e chegaríamos a uma decisão. Obtive a autoridade. E a única diferença de opinião que jamais tive com ele foi sobre *A glória de um covarde*. E isso foi resolvido amigavelmente. Depois que decidimos fazer o filme, ele disse: 'Estamos nisso agora, e estamos juntos'. Talvez tenha ficado furioso porque teve uma divergência com Nick Schenck seis meses atrás. Mayer estava aborrecido com Schenck porque ele não lhe contara os detalhes do acordo pelo qual ganhei a opção de comprar cem mil ações da Loew's. O acordo foi uma decisão de Nova York. Talvez Schenck não *quisesse* contar a ninguém."

Foi Mayer que, em 1948, convidou Schary para ir para a MGM. Schary era chefe de produção na RKO, que Howard Hughes comprara havia alguns meses. Hughes lhe dissera que não queria fazer *O preço da glória*, filme que Schary vinha preparando para produzir ele mesmo. "Por isso fui embora. Hughes achava que o filme não era comercial. Vim para cá e comprei a história da RKO por cem mil dólares. E fizemos o filme. O resto é história. Custou um milhão e seiscentos dólares, demorou quarenta e cinco dias para filmar, e dará provavelmente um lucro de três milhões." Quando Schary deixou a RKO, Mayer mandou-lhe imediatamente um recado dizendo que gostaria de encontrá-lo. "Fui vê-lo em sua casa, e ele me disse que gostaria que eu fosse para a área de produção na MGM. Eu disse que queria que ele soubesse que, se pensava em mim como o executivo que iria fazer os roteiros saírem, então eu não estava interessado. Falei que, se pegasse o trabalho, queria ser chefe de produção. Ele disse então que planejava deixar o estúdio e se aposentar em um, dois ou, no máximo, três anos. Assinamos um acordo de três anos. E concordamos sobre o que eu dissera a respeito de ser 'chefe de produção'.

Eu escolheria as histórias e seria responsável pelo elenco, por quem dirige e por quem produz. Falei: 'Se é isso que você entende, ótimo, eu me sentirei desafiado pela idéia, se você me quiser para essa função'. E foi assim que assinamos o acordo."

Schary deu um sorriso forçado e inclinou-se para a frente. "Deixe eu lhe contar uma coisa sobre Nick Schenck. Ele é um homem de quase setenta anos. É um sujeito maravilhoso. É esperto. Inteligente. Durão. Você sempre sabe a quantas anda com ele. Porque ele fala. Ele diz: 'Façam vocês os filmes!'. Ele só quer ser consultado sobre altas políticas. A partir daí, você sabe exatamente qual é a sua posição. Ele é um grande homem de negócios."

Schary deveria tomar o trem para Nova York no dia seguinte a fim de se reunir com Schenck.

As coisas seriam diferentes a partir de agora, disse-me Reinhardt em 3 de setembro de 1951, dia em que ele começou seu primeiro trabalho como diretor. Seu filme, *O convite*, era sobre uma garota rica (Dorothy McGuire) que tem apenas mais um ano de vida e cujo pai rico (Louis Calhern) contrata um jovem bonito e pobre (Van Johnson) para se casar com ela. "Tenho estrelas e tenho uma história neste filme", disse Reinhardt. "Tentarei fazer dele uma pequena jóia."

Além das estrelas e de uma história, Reinhardt ganhou votos expressos de boa sorte de sua esposa (uma corrente de relógio de ouro maciço gravada com as palavras "FORTI NIHIL DIFFICILE" [PARA OS FORTES NADA É DIFÍCIL]) e de seu irmão Wolfgang (uma moeda de ouro de quarenta francos que seu pai, Max Reinhardt, usava como amuleto da sorte), um memorando de Margaret Booth ("Sei que você fará um filme maravilhoso e nem preciso dizer que será um excelente diretor; então, todos os meus melhores votos e pensamentos estão com você. Com amor") e uma carta de Schary ("Todos os meus bons votos hoje, no começo de O CONVITE. Você é um cara versátil, e tenho certeza de que teremos um bom filme. Boa sorte, e meus melhores votos").

Reinhardt estava tão satisfeito com o filme que ia dirigir que começou a se sentir mais satisfeito com o filme que acabara de produzir. *A glória de um covarde* estava pronto para ser lançado. Schary disse a Reinhardt que mandaria os "rapazes de Nova York" darem a promoção especial que um filme clássico derivado de um clássico da literatura merecia. "A partir de agora, está nas mãos de Nova York", disse-me Reinhardt. Durante todo o ano anterior, ele tentara fazer um filme que fosse um sucesso ao mesmo tempo artístico e comercial; agora iria simplificar as coisas. "Darei a eles exatamente o que o médico recomendou", disse. Tinha um trabalho novo, uma perspectiva nova e um contrato novo com a MGM. Para comemorar, comprou um Cadillac conversível novo. "O dinheiro é bom para subornar nossa insatisfação com as inconveniências da vida", disse ele. Reinhardt ganhou rapidamente a reputação de ser uma pessoa agradável de se trabalhar, paciente, calmo, modesto, além de ser um bom diretor, e várias pessoas acabaram por lhe dar o maior cumprimento que a indústria cinematográfica conhece: "Gottfried é uma pessoa de verdade", dizem.

Band seguia Reinhardt de perto, e os modos levemente rebeldes que demonstrara logo depois da desastrosa primeira pré-estréia de *A glória de um covarde* desapareceram completamente. Agora, quando lhe pediam para cuidar de Mocha, mostrava grande solicitude em relação aos males do cachorro e escutava respeitoso sempre que Reinhardt falava.

Após uma semana de filmagem, Reinhardt recebeu no set a visita de seu amigo Joe Cohn, vice-presidente da MGM e chefe do escritório de produção. Cohn é um homem grisalho, alegre, com anéis brancos em torno das pupilas dos olhos, o que lhe dá uma aparência de pássaro. Ele dissera a Mayer que o estúdio não deveria fazer *A glória de um covarde*. "Como vai, Gottfried?", perguntou ele. "Como está o filme? Dentro do prazo?"

"Terminaremos este *antes* do prazo", respondeu Reinhardt.

Cohn disse que ouvira dizer que *A glória de um covarde* estrearia em Nova York dentro de poucas semanas.

"No Astor?", perguntou Reinhardt rapidamente.

"Tenho novidades para você", disse Cohn, jovial. "No Trans-Lux, um lugar pequeno na Lexington Avenue, na altura das Fifties. Não se preocupe, Gottfried. Vai receber críticas brilhantes, e não vai render um níquel."

Quatro dias antes do lançamento de *A glória de um covarde* em Nova York para sua primeira exibição regular — no Trans-Lux da Fifty-second Street, um cinema com capacidade para 578 pessoas, metade do tamanho do Astor —, apareceu o primeiro anúncio nos jornais da cidade: "MGM, a companhia que lançou *...E o vento levou*, apresenta um novo drama da Guerra entre os Estados — *A glória de um covarde*, baseado no clássico imortal de Stephen Crane *O emblema rubro da coragem*". O anúncio acrescentava: "Uma produção de John Huston", "Roteiro de John Huston", "Adaptação de Albert Band", "Dirigido por John Huston" (em letras três vezes maiores que as dos outros créditos) e "Produzido por Gottfried Reinhardt" (em letras do mesmo tamanho que as de Albert Band).

No dia seguinte à estréia, vi Reinhardt no estúdio, e ele disse que não tivera tempo para ler as críticas. Dois dias depois da estréia, no almoço, ele encontrou casualmente Eddie Mannix, que lhe disse que a bilheteria dos primeiros dias fora fraca.

Uma semana mais tarde, Reinhardt mostrou-me as críticas que o escritório de Nova York lhe havia enviado. O *Tribune* dizia:

> *O emblema rubro da coragem*, romance de Stephen Crane, foi transformado por John Huston num admirável close da apresentação de um jovem à batalha. Com o herói de guerra Audie Murphy no papel de um recruta vestido com o azul da União, esta vinheta de setenta minutos é o estudo do ajuste emocional de um homem a um ambiente sufocante, cheio de fumaça de pólvora e terror animal. O diálogo é econômico, mas afiado, e o trabalho de câmera é um desfile de efeitos visuais que detalham do modo mais vívido o progresso de uma batalha da Guerra Civil. Exceto por uma narração redundante que atravanca a trilha sonora de quando em quando para explicar fatos já claros nas imagens, não há concessões feitas às convenções do cinema neste filme.

O crítico do *Times* escreveu: "Agora, graças à Metro e a John Huston, *O emblema rubro da coragem* foi levado à tela com fidelidade quase literal". Achava, no entanto, que o filme não conseguia transmitir as reações do herói de Crane à guerra, pois Crane as havia transmitido "em descrições quase de fluxo de consciência, uma técnica que funciona melhor com palavras". E continuava:

> Trata-se de um problema técnico que o sr. Huston não conseguiu vencer, mesmo com sua direção sensível, tendo em vista sua fidelidade ao livro. Audie Murphy, que faz o papel do Soldado Jovem, sai-se tão bem quanto se poderia esperar de um modelo fotográfico sobre o qual a câmera está quase sempre enfocada.

O resenhista do *Mirror* chamou o filme de "um brilhante drama emocional, uma memorável saga de guerra", acrescentou que "a carnificina entre os estados compõe um pano de fundo sinistro para a história pessoal de um jovem recruta" e concluiu dizendo que o filme "chega apropriadamente no momento em que o setor celebra seu jubileu de prata. É um exemplo excelente de filme de arte moderno". O crítico do *Daily News* deu três estrelas ao filme. O *Morning Telegraph* chamou-o de "ótimo" e "estimulador do pensamento", e disse que "foi levado à tela pelo brilhante John Huston como um filme fora do comum, não para ser comparado ou contrastado com qualquer coisa que você tenha visto ultimamente, uma obra estranha e estranhamente excitante que não tem par na história recente do cinema". O resenhista continuava dizendo que o filme "pode não caber exatamente na idéia de que o cinema é divertimento para toda a família, mas, apesar disso, chega muito perto de uma verdadeira obra de arte".

O crítico do *World-Telegram & Sun* disse que "John Huston escreveu e dirigiu um filme comovente em sua compreensão e reprodução fiel do romance".

"Se outra pessoa que não John Huston tivesse feito *A glória de um covarde*, baseado em *O emblema rubro da coragem*, teria havido poucos motivos para decepção", começava o crítico do *Post*, e depois elogiava Huston, dizendo que ele "estuda seus homens em closes íntimos, dispõe suas batalhas em amplas vistas, com clímaxes crescendo quando os atacantes sobem pela tela como os cavaleiros teutônicos atravessando o lago gelado de Peipus em *Alexandre Nevski*, de Eisenstein." E continuava:

> O filme não se mostra uma experiência plenamente realizada, nem comove profundamente. É como se, em algum momento entre a filmagem e a versão final, a luz da inspiração tivesse se apagado. Huston cansou-se do filme, ou ficou desanimado, ou decidiu que não ia dar certo. Talvez a história tenha se revelado, tarde demais, muito rala e velha, e não houvesse tempo suficiente

> para voltar atrás e refazê-la. Então eles cortaram desperdícios e cortaram no tamanho, reduzindo assim um grande fracasso às proporções de um filme modesto, quase comum. [...] O produto do sr. Huston é o de um diretor esplêndido que perdeu o interesse, que não estava mais lutando por aquele toque final de perfeição, que perdeu a paixão cumulativa e o comentário sobre os seres humanos que marcam seus melhores filmes.

A revista *Time* disse que Huston tinha evitado "os costumeiros clichês de batalha de Hollywood" e que "tanto a câmera como os comentários falados (tirados literalmente do romance de Crane) estão cheios de compreensão humana enquanto seguem as andanças de Murphy pelas áreas de retaguarda". A *Newsweek* disse que "é possível que *A glória de um covarde* venha a ser um dos filmes clássicos americanos" e a *Saturday Review of Literature* observou que:

> Se *O emblema rubro da coragem*, de Stephen Crane, é considerado um clássico da literatura americana do século XIX, a adaptação que John Huston fez dele para a tela pode muito bem se tornar um clássico do cinema americano do século XX. Mantendo-se fiel aos personagens de Crane, à sua estrutura e ao seu tema, Huston descobriu como dar vida a uma página impressa na tela.

Nenhuma crítica fez qualquer menção a Gottfried Reinhardt, Dore Schary, Louis B. Mayer ou Nicholas M. Schenck.

Alguns dias depois, Reinhardt recebeu um telegrama de Huston: "CRÍTICAS RECEBIDAS. ACHO EXCELENTE NO CONJUNTO SÓ QUE ELES NÃO SABEM O QUANTO VOCÊ É RESPONSÁVEL PELO QUE HÁ DE BOM NO FILME. MAS EU SEI. JOHN".

Quando *A glória de um covarde* estava em sua segunda semana no Trans-Lux, voltei a Nova York. Fui ao cinema num final de tarde e encontrei o gerente diante da bilheteria conversando com o bilheteiro. Na marquise, o cartaz anunciava: "A GLÓRIA DE UM COVARDE, DE JOHN HUSTON. UMA GRANDE REALIZAÇÃO — N. Y. TIMES — TACADA DE MESTRE". Perguntei ao gerente como ia o negócio. "Nenhuma maravilha", respondeu ele.

Schary veio a Nova York na semana seguinte; fui encontrá-lo no Sherry-Netherland. Walter Reilly, seu assistente executivo, convidou-me a entrar na sala de espera da suíte. "O chefe já vem", disse ele. "Acabamos de voltar de Washington. Ele se encontrou com o presidente."

Quando Schary veio, parecia cheio de saúde e energia. "Acabei de voltar de Washington", disse, dando-me um cordial aperto de mão. "Vi o presidente. Tínhamos um belo encontro de quinze minutos. Ele o esticou para vinte e cinco. Bom sujeito, o presidente. Puxa, vou ficar feliz de entrar num trem e cair fora de Nova York. Jamais gostei de viver no Leste mesmo. As pressões! Estou correndo o tempo todo. Como está meu cronograma, garoto?", perguntou a Reilly.

Elizabeth Taylor viria vê-lo dentro de vinte minutos, disse Reilly, e no dia seguinte haveria Winthrop Rockefeller, que queria conversar sobre a produção de um curta-metragem.

"Você já se encontrou com Rockefeller?", perguntou-me Schary.

Eu disse que não.

"Rá! Tem gente que leva uma vida tão fechada. Meu Deus, mas como eu ando ocupado! Revisar as diretrizes do estúdio com o pessoal de Nova York pode deixar um sujeito exausto. Hoje, tive uma reunião de dia inteiro com Nick Schenck. No final de uma reunião de dia inteiro, ele parece que acabou de sair do chuveiro, e você está perplexo. Como a cabeça dele funciona! Ele pede um retrato completo de uma situação, pergunta o que você acha, você diz a ele, e então ele toma sua decisão, e ponto final." Schary disse que também andara trabalhando com Howard Dietz na campanha de lançamento de *Quo vadis*. O filme estrearia simultaneamente no Astor e no Capitol, dentro de uma semana. "Se você faz um filme com bastante vitalidade, você se sai muito bem com ele."

A glória de um covarde tinha vitalidade agora, disse ele, mas era cedo demais para dizer como se sairia. "Grandes críticas. Aquele filme é um crédito para o estúdio. Aliás, Reinhardt vai ser um excelente diretor. Vi seu filme *O convite*. O filme é bonzinho. Reinhardt é um ótimo narrador. Como John, ele sabe como contar uma história. Vai ser um diretor de muito estilo, um diretor formidável."

Schary disse que estava sendo muito divertido trabalhar com Schenck. "Estou mesmo louco por aquele homem. Com ele, você sabe exatamente o seu lugar. Um homem muito razoável. Ele pensa depressa. É ágil. Não perde tempo com ninharias. É o homem mais respeitado em todo o negócio do cinema. É inteligente e astuto. Tem tato e tem sabedoria. Tem um equilíbrio maravilhoso. Não há nada acontecendo no estúdio de que ele não tenha conhecimento. Sabe como administrar o negócio."

Ouviu-se uma campainha. Reilly recebeu Elizabeth Taylor e seu agente, Jules Goldstone.

Schary perguntou à srta. Taylor se ela aceitava um drinque. Ela pediu um gim-tônica.

"Tome um xerez", disse Goldstone.

"Gim-tônica", insistiu a srta. Taylor.

"Dê à garota o que ela quiser!", disse Schary com exuberância.

* * *

Reinhardt recebeu uma carta de John Huston:

Caro Gottfried:

Que belo lance! O que me impressiona é o modo disfarçado, sub-reptício como você fez as coisas. Vejo agora que você tinha tudo planejado há muito tempo: "Quando Huston estiver nas profundezas da floresta africana, atacado de malária, com a consciência obscurecida pelas picadas da tsé-tsé e seus lábios inchados com elefantíase — então eu me tornarei diretor". Sem dúvida, suas mãos tremem ao segurar esta carta. Eu, Huston, retornei. Estou entre os vivos e sei bem como tratar sua traição. Atacarei sem aviso. Silvia talvez encontre você estatelado na sua ampla varanda, trespassado por uma flecha de zarabatana de pigmeu. Ou pode acontecer em seu escritório, tarde da noite, quando você e Albert estiverem trabalhando em seu próximo roteiro. A faxineira vai descobrir vocês dois caídos sobre a mesa, sorrindo um para o outro como se estivessem felizes por ter terminado uma cena perfeitamente esplêndida. Tenho certeza de que Albert estará sentado na grande cadeira atrás da escrivaninha: ele agora é o produtor, evidentemente. Agora que o gato saiu do saco, talvez você me conte alguns detalhes. Na verdade, soube disso apenas anteontem. Não sei o nome do filme nem quem está nele, exceto que sua atriz principal acha que você é o melhor diretor que ela já teve. Sua carta, se há alguma a caminho, talvez não chegue antes de eu partir. Telefonarei para você, de qualquer modo.

O Monstro

Huston chegou a Nova York, vindo de Londres, no mesmo momento em que Reinhardt chegava para trabalhar em um roteiro com um escritor local. Nenhum dos dois foi ao Trans-

Lux, onde *A glória de um covarde* estava em sua sexta e última semana. Huston não queria ver o filme em sua forma final. Parecia cansado — ainda mais cansado do que nove meses antes, na pré-estréia do filme em Pasadena, quando eu o vira pela última vez. As rugas entre os olhos e nas laterais da boca pareciam mais profundas. Seu boné de tweed parecia pequeno demais para ele, e o mesmo acontecia com o terno. Ele me contou que sua calça, larga nos quadris e fina nos tornozelos, era a última moda na Inglaterra. "Dore escreveu-me uma carta." Tirou a carta do bolso e me deu para ler.

> Caro John:
>
> Não sei se você viu a versão final de *A glória de um covarde*, mas tivemos de fazer alguns cortes e foi preciso deixar a narração mais clara; o que nos ajudou enormemente e mudou a reação da platéia de uma maioria com reação negativa para uma grande maioria com reação positiva. Não acho que tenhamos sacrificado nada da integridade que você colocou no filme, e espero que você goste dele. O importante, afinal, é que o filme foi aceito pelos críticos como o clássico que achávamos que seria, e talvez, a longo prazo, consigamos a maior parte do dinheiro de volta.
>
> Se eu tivesse de fazer tudo de novo, ainda deixaria você fazê-lo.
>
> Espero que esteja tudo bem com você.
>
> Meu mais profundo afeto sempre,
>
> Dore

"Menti a Dore", Huston me confessou, num tom levemente conspiratório. "Telefonei para ele e disse que tinha visto o filme. Disse que aprovava tudo o que ele havia feito."

Huston planejava passar dez dias em Nova York para promover *Uma aventura na África* e fazer vários arranjos para seu próximo filme, *Moulin Rouge*, baseado em romance recente, de mesmo nome, sobre Toulouse-Lautrec. Seria outro filme independente. Schary concordara em liberá-lo de sua obrigação contratual de fazer mais um filme para a MGM imediatamente; assim ele pôde levar adiante os planos para *Moulin Rouge.* Huston tinha muito a dizer sobre *Uma aventura na África* e suas possibilidades de sucesso. Achava que seria um grande êxito comercial. "Eu talvez me torne o Último Magnata", disse ele. Parecia que queria rir, mas não o fez.

Fui com ele e sua esposa, que, nesse meio-tempo, tivera seu segundo filho, ver Reinhardt e sua mulher, que estavam no Plaza.

Quando saímos do elevador no andar de Reinhardt, Huston deu uma olhada para um homem baixo, de chapéu-coco, que conversava com uma senhora idosa e enrugada numa cadeira de rodas. Ele falava num tom baixo, rouco e monótono, e, diante do olhar de Huston, nos olhou de viés, cheio de misteriosa promessa. Huston lançou-lhe outro olhar e pareceu perder o interesse. De uma hora para outra, o baixinho de chapéu-coco deixou de ser uma promessa. Não havia cena de John Huston. Huston nos conduziu rapidamente para a suíte de Reinhardt e bateu na porta. Reinhardt atendeu.

"Então, Gottfried", disse Huston.

"Olá, John", disse Reinhardt, parecendo cordial mas pouco à vontade.

Os dois apertaram-se as mãos e depois se olharam desconfortavelmente. Reinhardt tirou um lenço branco de seda do bolso e passou no rosto.

"Então!", disse Huston à sra. Reinhardt. "Então!" A palavra soou tão curta quanto seu tamanho.

Reinhardt pôs um charuto na boca e segurou nervosamente um isqueiro.

As sras. Reinhardt e Huston se cumprimentaram.

"Faz tempo", disse Reinhardt.

"É", disse Huston.

"Desde a pré-estréia em Pasadena", disse Reinhardt.

"É", disse Huston.

A sra. Reinhardt deu um guincho de risada falsa.

"Sente-se", disse Reinhardt a Huston, e todos se sentaram.

"Então, como vão as coisas, Gottfried?", perguntou Huston.

Reinhardt disse que estava tudo bem. "Você viu o filme?", perguntou.

"Não, Gottfried", respondeu Huston. "Como *está* o filme, Gottfried?"

"As críticas foram excelentes", começou Reinhardt.

"Eu sei, Gottfried", interrompeu Huston. "Eu vi as críticas."

"Depois que você foi embora, tivemos muita encrenca...", começou Reinhardt.

"Eu sei", interrompeu Huston. "Recebi sua carta, Gottfried."

"Você a leu?"

"Claro, Gottfried."

"Lutei, mas não havia nada que eu pudesse fazer. Você não estava aqui."

"O que você está fazendo agora, Gottfried?", perguntou Huston. "Você é um diretor!" Riu como se fizesse um grande esforço para rir.

Reinhardt disse que acabara de dirigir um filme e estava fazendo planos para começar outro.

"Isso é maravilhoso, Gottfried."

"E o que *você* está fazendo agora?"

Huston contou que estava fazendo um pouco de trabalho de promoção de *Uma aventura na África*, e achava que o filme seria um sucesso. "Espero que faça um balde de grana", disse ele, e acrescentou um débil "Oh! Oh! Oh!".

"Você acha que *Uma aventura na África* será um sucesso comercial?", perguntou Reinhardt.

"Espero que sim, Gottfried. Sabe, há uma estranha ironia no que aconteceu com *A glória de um covarde.* Embora muita gente do ramo pense diferente, meus outros filmes se saíram bem na bilheteria. *Relíquia macabra* foi um sucesso muito grande. Acho que faturou mais de quatro milhões. Outro foi *Nascida para o mal. Garras amarelas* também foi muito bem-sucedido, e *Paixões em fúria* foi um sucesso enorme. *O tesouro de Sierra Madre* foi um filme muito caro — acho que custou dois milhões e oitocentos —, e, embora não tenha feito um sucesso imediato e estrondoso, saiu-se muito bem, e a esta altura já deve estar dando lucro. *O segredo das jóias* deu dinheiro, e *Resgate de sangue*, embora não tenha sido um sucesso, não perdeu dinheiro. O único filme que já fiz que parece que ficará marcado simplesmente como um fracasso de bilheteria é *A glória de um covarde.* E eu achava que era o melhor filme que já tinha feito."

Houve um silêncio pesado.

"Diabo, vamos ao 21", disse Huston.

"Como nos velhos tempos", disse Reinhardt. "Fui ao 21 na minha primeira noite nos Estados Unidos. Adorei. Jantei no Dinty Moore's. Depois me levaram para ver o musical de Gershwin *Of thee I sing*. Depois fui ao 21. Adorei. E adorei os Estados Unidos."

"Você adorou!", disse Huston vagamente. "Você adorou mesmo, Gottfried?" Seu tom tinha uma pitada de espanto.

Houve uma vacilação nos olhos de Reinhardt. Ele tirou o charuto da boca e sacudiu-se de leve enquanto ria.

"Vamos ao 21", disse Huston com impaciência.

Cerca de um mês mais tarde, depois que Huston retornara para a Europa e Reinhardt para a Califórnia, Sam Spiegel trouxe uma cópia de *Uma aventura na África* de Londres para Nova York. A United Artists iria distribuí-lo. Ele estava com aparência de rico, bem penteado e em paz. "Vou para a Costa Oeste hoje à noite", disse ele. "Depois volto a Nova York. Ficarei aqui quarenta e oito horas, e depois preciso voltar para Londres. Tenho de estar em uma dúzia de lugares ao mesmo tempo. Vamos ter um grande sucesso em nossas mãos. O filme vai render muito dinheiro."

Naquela semana, Huston escreveu-me do *château* em Chantilly onde estava com a família para dizer que planejava trazer um cavalo da Irlanda e treiná-lo na pista de equitação de Chantilly; se tudo corresse bem, pretendia ele mesmo cavalgá-lo em algumas competições no ano seguinte.

> Você já ficou sabendo que *Uma aventura na África* é o maior sucesso na Inglaterra em muitos anos? Há indícios de que também será um sucesso nos Estados Unidos. Na Inglaterra, porém, seu futuro está garantido. Com minha porcentagem, devo ganhar um monte de dinheiro. [...] Vou querer tudo em notas de vinte dólares, presas com um elástico em volta.

Quando estreou em Nova York, algumas semanas depois, *Uma aventura na África* foi recebido com entusiasmo, tanto pela crítica como pelo público. Entre os críticos, houve apenas dois dissidentes — o que escreveu a resenha para o *Post*, que disse que tinha alguns aspectos de filme de Tarzan e que "Huston realizou dois filmes consideravelmente menos que perfeitos em seguida"; e o crítico do *Times*, que escreveu que o filme fora feito para garantir a popularidade, e que "com essa excursão extravagante aos reinos da aventura e do romance que até agora, se bem lembramos, o sr. Huston havia evitado, o brilhante diretor se colocou numa posição em que pode ser acusado de concessão".

Alguns meses depois disso, a United Artists anunciou que *Uma aventura na África* era o maior sucesso que tivera em cinco anos.

Em certos círculos, *A glória de um covarde* continuou a receber vários tipos de elogios. Reinhardt não conseguira fazer que a MGM lançasse um disco com a trilha sonora, mas o estúdio mandou o manuscrito original da música para a Syracuse University, que Stephen Crane freqüentou por pouco tempo, em 1891. A trilha e fotografias do elenco nos trajes do filme estão arquivados na Coleção Stephen Crane, da universidade. Lester G. Wells, curador das coleções especiais da universidade, viu o filme sete vezes quando passou em Syracuse; então pediu o original da trilha, e a MGM concordou em cedê-lo para o acervo.

O filme não foi indicado para nenhum Oscar, mas o *Film Daily* o incluiu na sua lista dos cinco filmes mais bem dirigidos do ano. Foi classificado como o segundo melhor filme do ano pelo National Board of Review (*Um lugar ao sol* ficou em primeiro). A Academia de Hollywood indicou Huston para um Oscar por sua direção de *Uma aventura na África*, e Bogart foi indicado para melhor ator por este filme. Bogart ganhou seu Oscar, mas o prêmio de direção foi para George Stevens por *Um lugar ao sol*. ("*Um lugar ao sol* é um filme apenas razoável", disse Stevens a outro diretor. "A indústria não quer bons filmes. Ela quer a norma.") O filme considerado o melhor do ano pela Academia foi *Um americano em Paris*, musical produzido por Arthur Freed. O Prêmio Irving Thalberg, concedido à pessoa que mais contribuiu para a indústria cinematográfica, foi dado a Arthur Freed. Darryl Zanuck, que lembrou aos membros do setor reunidos na ocasião que ganhara o Prêmio Thalberg três vezes, entregou-o a Freed, descrevendo-o como "um produtor criativo", e declarou: "Seus filmes têm sido exemplos perfeitos da arte criativa".

Em Paris, Huston estava preocupado com o lado comercial da produção de *Moulin Rouge*, além de escrevê-lo e dirigi-lo. "Estou tentando aprender todas as coisas que Sam Spiegel já nasceu sabendo", ele me escreveu. "Acho muito difícil. No papel de produtor *bona fide*, não ouso admitir minha ignorância do que significa '*off the top*'. Mas ignoro mesmo. Passei uns dias tentando calcular quanto é 3,5% de 70%, antes de desistir. Agora, tento apenas parecer esperto. Temo que não vai demorar muito para eu desistir disso também."

A Metro-Goldwyn-Mayer anunciou que o estúdio passaria a se chamar simplesmente MGM, uma vez que Goldwyn e Mayer não estavam mais lá. Louis B. Mayer anunciou que produziria filmes independentes e partiu para comprar direitos; começou vencendo a Metro no leilão pelos direitos de filmagem do musical *Paint your wagon*,* pelos quais pagou 225 mil dólares. Por essa época, a Loew's, Inc. pagou a Mayer 2,75 milhões em troca da liberação da companhia do acordo de lhe pagar 10% da receita líquida de todos os filmes feitos entre 7 de abril de 1924 e a data em que ele deixou a empresa.

O escritório creme de Mayer foi ocupado por Joseph L. Mankiewicz, que deixara a Twentieth Century-Fox e Darryl Zanuck porque, disse ele, estava decidido a fazer uma mudança drástica no padrão convencional ao qual se conformava a maioria dos espectadores de cinema. Mankiewicz trocou a Fox e Zanuck pela MGM e Dore Schary, para trabalhar em um filme como roteirista e diretor.

A MGM anunciou que o estúdio faria quarenta filmes no ano seguinte e que dezoito deles seriam musicais. Arthur Freed anunciou que ele mesmo produziria meia dúzia desses musicais, inclusive um que seria feito na França e outro, na Escócia. Audie Murphy recebeu muitos convites para ser protagonista de faroestes melodramáticos. John Dierkes foi escalado para o homem mau do Oeste em *Os brutos também amam*, produzido e dirigi-

* Filmado somente após a morte de Mayer, em 1969, e que recebeu o título de *Os aventureiros do ouro* em português. (N. T.)

do por George Stevens. Royal Dano, cuja caracterização como o Homem Esfarrapado recebera altos elogios de todos que ajudaram a fazer *A glória de um covarde*, bem como de muitos outros que viram a primeira versão — da qual fazia parte a cena de sua morte —, não encontrou de imediato outros papéis em Hollywood. Retornou a sua casa em Nova York para fazer alguns trabalhos na televisão, apareceu num filme chamado *Flame of Araby*, depois conseguiu um papel pequeno como um fanfarrão da Geórgia num musical da Broadway chamado *Three wishes for Jamie* [Três desejos para Jamie]. Quando Reinhardt deixou temporariamente suas atividades de produtor e se tornou diretor em tempo integral, Albert Band foi remanejado para ser assistente de um produtor chamado Armand Deutsch, com quem começou a trabalhar num filme chamado *A jovem que tinha tudo*. Deutsch ficou tão impressionado com a capacidade de Band que pediu a Dore Schary um aumento para ele, o que foi concedido.

Reinhardt devotou-se a dirigir uma trilogia intitulada *História de três amores*, na qual Lee Katz, gerente de produção de *A glória de um covarde*, assumiu novamente essa função. Reinhardt terminara uma parte da trilogia, com James Mason e Moira Shearer, e escreveu-me que Schary e todos os outros executivos do estúdio adoraram o filme. "Tenho de admitir para mim mesmo: é realmente bem bom", disse ele. Um gato vira-lata apareceu na casa dos Reinhardt e foi adotado para fazer companhia a Mocha. Foi batizado de Lee Katz. A sra. Reinhardt estava dando duro também. Preparava-se para se mudar. Reinhardt decidira que, afinal, talvez estivesse em Hollywood para ficar, e em vez de alugar uma casa, como sempre fizera, comprara uma. A nova residência tinha um grande jardim e uma piscina, e ele me disse que, embora se sentisse um pouco mais amarrado, era realmente fantástica, e esse era o motivo por que finalmente, depois de dezoito anos na MGM, havia *comprado* uma casa.

* * *

O custo total da realização de *A glória de um covarde*, Produção nº 1512 da MGM, acabou sendo de 1 642 017,33 dólares. O filme recebeu apenas uma leve menção no relatório anual de Nicholas M. Schenck aos acionistas da Loew's, Inc. para o ano fiscal que terminava em 31 de agosto de 1951. Nesse documento, o custo de produzir e lançar o filme foi meramente incluído no item de 26 243 848,61 dólares "Produções de filmes finalizadas — Não lançados". (O relatório também mostrava que o lucro líquido da Loew's, Inc. naquele ano fora de 7 806 571,83 dólares, que dividendos de 1,50 dólar por ação foram pagos sobre as 5 142 579 ações em circulação, e que os diretores e gerentes receberam 2 789 079 dólares, dos quais 277 764 dólares foram pagos a Schenck e 300 mil a Mayer.) Na reunião anual dos acionistas, no entanto, o filme foi mencionado por vários deles, bem como pelo presidente da reunião, J. Robert Rubin, um homem alto e macilento, com pincenê e modos calmos e graciosos, que é vice-presidente da Loew's e consultor jurídico da firma. (A remuneração do sr. Rubin em 1951, de acordo com o relatório, foi de 224 439 dólares.) A reunião começou às dez horas da manhã de 29 de abril de 1952, numa sala de projeção do Loew's State Theatre Building, no número 1540 da Broadway, esquina com a Forty-fifth Street. Compareceram 150 acionistas (de um total de 37 991), que representavam 300 mil ações do capital (4 milhões de ações eram representadas pela administração, que tinha procuração de seus donos). A primeira menção a *A glória de um covarde* foi feita pelo presidente, durante uma de suas tentativas de entreter os acionistas enquanto circulavam as cédulas para a eleição do conselho de diretores. Ele tirou um papel do bolso e, lendo-o, informou que Esther Williams, que está sob contrato da MGM, havia recentemente sido eleita uma das estrelas mais populares do ano pela revista *Modern Screen*. Depois pegou outro papel e leu com voz monótona: "Senhoras e senhores, gostaria de chamar sua atenção para o fato de que filmes da MGM receberam grandes honrarias. A cada mês, a revista *Coronet* escolhe três filmes favoritos para recomendar, e nos últimos doze meses tivemos dez de nossos filmes escolhidos para recomendação por essa revista. Tenho certeza de que vocês concordam que se trata de um belo desempenho". Rubin ergueu os olhos e, tirando o pincenê, fitou os acionistas. A atenção deles parecia concentrada em seus votos. Ele limpou a garganta, pôs de volta o pincenê e leu os nomes dos dez filmes. *A glória de um covarde* era um deles.

Um acionista chamado Greenstock levantou-se e perguntou se *A glória de um covarde* fizera dinheiro.

"Não, *A glória de um covarde* não rendeu nada", disse Rubin.

"*Por que* não rendeu nada?", perguntou Greenstock.

"Bem, era um belo filme, mas isso não foi suficiente", disse Rubin. "Não chegava a um clímax, como os filmes supostamente devem chegar. O filme não atraiu o público. O senhor Schary se interessou muito por ele. Até passou-o aqui, numa sala especial, e o *Times* o colocou na lista dos melhores do ano. Mas o público não aderiu." Rubin tirou o pincenê.

"Quero dizer uma coisa", começou uma acionista chamada sra. Wentig. "Quanto a *A glória de um covarde*, quero dizer que, é claro, estamos interessados em dividendos, em lucros, mas a companhia deve ser louvada por ter a coragem de lançar um filme que *não dá* dinheiro."

Rubin assentiu graciosamente com a cabeça. "Foi bom para o nosso prestígio", disse ele.

"Estabeleceu bons padrões para a indústria cinematográfica", completou a sra. Wentig, erguendo a voz. "Eu gostaria que isso fosse feito mais vezes, e estou contente que tenham feito o filme, mesmo que não tenha rendido dinheiro. Façam *mais* filmes como aquele!"

"Bem, muito obrigado", disse Rubin, parecendo assustado.

* * *

Na conclusão da reunião, os acionistas ganharam uma exibição de *Cantando na chuva*, o novo musical de Arthur Freed, e depois desceram para o restaurante, no porão, para o almoço grátis anual da companhia. Rubin desceu com os acionistas, dando a cada um deles um aceno gentil de cabeça. Ele acompanhou uma senhora idosa de cabelos grisalhos até uma cadeira e trouxe-lhe um sanduíche de língua. "É muito bom", disse ele. "Eu mesmo comeria um desses. A senhora gostou da reunião?"

"Onde está o senhor Schenck?", perguntou a senhora. "Por que ele não veio à reunião?"

"Ele deixa esse tipo de coisa para nós", disse Rubin. "A senhora não vai querer que ele negligencie assuntos importantes e urgentes, não é?"

"Não se ele está cuidando de aumentar nossos dividendos", disse a senhora.

Numa mesa próxima, Charles C. Moskowitz, vice-presidente e tesoureiro da Loew's (remuneração de 188 176 dólares naquele ano), conversava com Eugene W. Leake, presidente do comitê do plano de aposentadoria da Loew's. Moskowitz é calvo, atarracado, tem bigode grisalho e usa óculos com grossos aros de tartaruga, e geralmente um cravo branco na lapela. Ele deu um charuto a Leake. "Fume um dos bons, doutor", disse ele.

Leake, de cabelos brancos, cabeça pequena e faces rosadas, largou um charuto pela metade e acendeu o bom.

"A reunião correu bem, doutor", disse Moskowitz. "A única coisa que os preocupa é *A glória de um covarde*. Eles *têm motivos* para isso."

"Eh-eh-eh", fez Leake.

"Moskowitz!", chamou um acionista.

"Quando ficaremos sabendo dos lucros no exterior?"

"Esqueça, doutor", disse Moskowitz, acenando com o charuto para o acionista.

Leake riu.

"Meu Deus, acabei de me dar conta!", disse Moskowitz a Leake. "Não vejo um filme desde ontem. Pode imaginar isso, doutor?"

"Não é fácil de imaginar", disse Leake.

"Eu tento ver todos os filmes que fazemos. Se não no escritório, então em casa. Sei de todos os filmes que estão sendo feitos no estúdio, em Culver City, neste exato minuto. Não é mesmo, doutor?"

"É verdade."

"Posso lhe dizer quem está dirigindo cada um de nossos filmes neste exato instante, quem está produzindo, e os nomes dos principais personagens", disse Moskowitz. "O senhor Schenck pode fazer a mesma coisa, só que mais ainda. Falei com Eddie Mannix por telefone na noite passada durante uma hora. Hoje, falarei com Dore Schary. Conheço o negócio de dentro para fora. Trabalhei para a Loew's durante quarenta anos. Comecei como contador. Achei que o trabalho seria seguro, doutor." Deu um largo sorriso para Leake.

Leake riu de novo.

"Trabalhei para Nick Schenck quando ele passava os dias e as noites indo de cinema em cinema fazendo tudo ele mesmo, sendo até o caixa na bilheteria — na época em que nossos cinemas tinham vaudeville", continuou Moskowitz. "Não há uma pessoa no negócio mais respeitada por sua capacidade do que o senhor Schenck. Coloque-o numa sala onde se fala *de tudo*, e ele aprenderá tudo. Não há um ramo do negócio que ele não conheça."

"Ele mantém controle sobre os menores detalhes", disse Leake. "No minuto em que um filme é lançado, lá está ele ao telefone, com as críticas na mão."

"Brilhante!", disse Moskowitz. "No instante em que vê um filme, ele sabe se vai dar certo. Brilhante!"

Quase dois anos antes, eu me interessara por *A glória de um covarde* e seguira seu progresso passo a passo desde então, para aprender tudo o que pudesse sobre a indústria cinematográfica americana. Agora, a quase 5 mil quilômetros de Hollywood, em um prédio de escritórios na esquina da Forty-fifth com a Broadway, começava a sentir que estava chegando mais perto do que nunca do âmago da questão. A luta de Reinhardt e Huston para fazer um grande filme, a oposição de Mayer, o apoio de Schary, as operações paralelas de uma dúzia de vice-presidentes, o trabalho e a perícia do elenco e da equipe técnica, os esforços dos auxiliares de Huston para ajudá-lo a imprimir seu conceito do romance de Stephen Crane na fita, a longa série de problemas artísticos e concessões, as reações das platéias nas pré-estréias — tudo isso parecia fazer parte de uma espécie de desenho, mas ainda faltavam peças. De alguma forma, eu sentia que poderia encontrá-las nos escritórios daquele edifício.

Os escritórios de contabilidade e direção da Loew's ficam no sétimo andar. Moskowitz tinha dois caminhos para chegar ao seu escritório privado: um corredor acarpetado que conduzia diretamente a ele, e uma rota indireta através de uma vasta sala cheia de colunas. Após o almoço, Moskowitz conduziu Leake e eu pela grande sala, que continha 125 escrivaninhas, muitas delas ocupadas por escriturários ou contadores que operavam máquinas para tabular os ingressos dos cinemas da Loew's e a renda de seus filmes. Para fazer-se ouvir, Moskowitz teve de elevar a voz.

"Parece que ainda estamos no negócio. Certo, doutor?", disse a Leake.

"Eh-eh-eh", fez Leake. "Parece que sim."

Moskowitz sacudiu o charuto, numa saudação aos funcionários, e entrou em seu escritório.

As paredes da recepção estavam cobertas de fotografias de astros e estrelas da MGM, todas autografadas. ("Para Charles Moskowitz, de um membro muito devotado da família MGM. Meus melhores votos — Robert Taylor." "Para Charles Moskowitz — espero sinceramente que possa retribuir no futuro a fé que você tem em mim hoje. Com gratidão, Mario Lanza.") Havia fotos de Lionel Barrymore, Walter Pidgeon, Van Johnson, Gene Kelly, Esther Williams e Lassie (autografada com uma impressão de pata). Havia também uma foto de Dore Schary ("Para Charlie, com meu afeto e meus melhores votos, Dore").

Moskowitz olhou para as fotografias com orgulho, e disse a Leake que veria todas as estrelas dentro de poucas semanas, no estúdio. "O senhor Schenck vai ver as coisas com seus próprios olhos, e aonde o senhor Schenck vai, Moskowitz vai logo atrás."

Quatro andares abaixo, encontrei Howard Dietz, chefe da publicidade e divulgação da Loew's, que me disse que não fazia sentido jogar dinheiro na promoção de um filme que era visivelmente um malogro. "Schenck acha que o filme está condenado a ser um fracasso de bilheteria", disse ele. "Como propriedade comercial, não é bom. O país não está interessado no filme. Ele o rejeitou. Eu não gostei do filme. Schenck não foi entusiástico. Mas essa não é a questão. Nós somos *a favor* de qualquer coisa que faça dinheiro." Deu um sorriso cansado, com o mesmo ar de tédio de quando estivera no bar do Beverly Hills Hotel, um ano e meio antes, escutando o apelo de Reinhardt por uma boa campanha promocional para *A glória de um covarde*. "A conversa fiada que tive de ouvir sobre este filme! 'É um clássico.' 'Arte.' Tolice. Um romance é um romance. Um poema é um poema. E um filme é um filme. Pegue o poema de Wordsworth '*I wandered lonely as a cloud/ That floats on high o'er vales and hills/ When all at once I saw a crowd,/ A host of golden daffodils*'.* Podemos ter uma nuvem, alguns vales e morros, e depois um punhado de narcisos." Ele riu. "Você não consegue fazer isso. O que o detém é o contrapeso que vai junto com o clássico. É imaginação emprestada. Sabe, não sou da escola que acredita que o entretenimento popular precisa ser arte. Nem Schenck. Ele é um empresário de espetáculos. Esse é o nosso negócio."

Algumas portas adiante, encontrei Si Seadler, o gerente de publicidade da Loew's para o Leste, em seu escritório, trabalhando nos planos para acompanhar cem exibidores de cinemas de todo o país numa visita de três dias ao estúdio para ver todos os filmes da MGM que aguardavam lançamento. (Alguns dias depois, os jornais do setor traziam uma cópia da mensagem de Dore Schary aos exibidores. "Acreditamos que o sol da arte de organizar espetáculos pode dissipar as nuvens cinzentas do pessimismo", escreveu ele no decorrer de uma saudação calorosa em nome do sr. Nicholas Schenck, da equipe de direção e dos 5 mil funcionários da MGM.) O telefone de Seadler não parava de tocar, e seu ar de amabilidade preocupada aumentava na medida em que se alternava entre o telefone e as instruções que dava a um jovem cujo rosto refletia a preocupação de Seadler, mas não sua amabilidade.

"Tenho uma malta de gente perguntando se 'Ver é crer' é o nome oficial da excursão e quanto vai custar", disse o jovem.

* "Vaguei solitário como uma nuvem/ Que flutua no alto sobre vales e montes/ Quando de repente vi uma multidão,/ Uma grande quantidade de narcisos dourados." (N. T.)

"'Ver é crer' é oficial, mas confira com Howard Dietz — é uma idéia dele", disse Seadler. "O custo é de cem mil dólares. Não se esqueça de dizer a todo mundo que achamos que vale a pena. É idéia de Howard."

O telefone tocou. "No minuto em que você me ligou, eu cuidei do assunto", disse ele. "Você é tão importante quanto Charlie. Mais importante. Não se preocupe." Desligou. "Da Costa Oeste", contou-me, com repugnância. "Todo mundo está brigando com todo mundo. Seres humanos em conflito. Gente criativa é assim. Graças a Deus, isto é um escritório de negócios. Qualquer problema ou conflito que chegue aqui, o senhor Schenck diz: 'Meu rapaz...', e nos diz o que fazer." Seadler abanou a mão. "Acabou o conflito."

"Eu gosto do modo como ele chama todo mundo de 'meu rapaz'", disse o jovem.

"Um grande executivo", disse Seadler.

"O senhor Schenck sairá do estúdio a tempo de fazer as vezes de anfitrião para os exibidores?", perguntou o jovem.

Seadler sacudiu a cabeça. "Dore Schary fará isso. O senhor Schenck é o presidente. Dore trabalha *para ele*."

Seadler contou-me que dera a Schenck sua opinião sobre *A glória de um covarde* antes do lançamento, tal como prometera a Reinhardt um ano e meio antes, quando vira algumas cenas do filme, então inacabado. "O senhor Schenck viu o filme e soube de imediato que não faria muito sucesso com o público, e eu concordei com ele. Não vale a pena ser tão fiel a um *livro*, do jeito que Huston foi. Como grande romance, *O emblema rubro da coragem* é um grande romance. Como filme, *A glória de um covarde* é fragmentário demais. Não tem história. O país não se interessou pelo filme, como diz Howard. Um romance é um romance, como diz Howard, e um filme é um filme. O filme era lindo, mas era apenas uma vinheta. Assim que o senhor Schenck o viu, sabíamos que seria um fracasso. Digamos que era um fracasso *d'estime*. Imagino que isso é o que o senhor Schenck diria."

No décimo andar, Arthur M. Loew, presidente da Loew's International Corporation, uma subsidiária da Loew's, Inc., conversou comigo sobre o que chamou de padrão de economia do setor. Seu escritório fora recentemente redecorado, junto com todos os outros escritórios do andar, em um estilo que incluía vasos de plantas aerodinâmicos, esculturas africanas, escrivaninhas feitas com pranchas recortadas presas às paredes e um sistema de ar-condicionado que distribuía um produto químico para evitar que as pessoas ficassem resfriadas. Loew, filho de Marcus Loew, um dos fundadores da empresa, é um homem magro e inquieto de cinqüenta e poucos anos; além de supervisionar a distribuição internacional dos filmes de propriedade da companhia, ele supervisionou a produção de um filme, *Perdidos na tormenta*, e produziu outro pessoalmente, *Teresa*, ambos bem-sucedidos junto à crítica e ao público. Ele começou na distribuição estrangeira em 1920, e controla 130 escritórios de vendas, em 38 países. Todos os dias, verifica as receitas dos quarenta cinemas que a Loew's possui e opera fora dos Estados Unidos e do Canadá. (Vinte e três meses antes, uma decisão da Suprema Corte mantivera uma ordem de uma instância inferior de separação entre a exibição e a produção de filmes, e a Loew's, tal como outras companhias cinematográficas, estava agora realizando essa separação.) Enquanto falava, Loew brincava com um botão que controlava uma parede de correr de cortiça numa das extremidades de seu escritório.

"Neste escritório, temos um conhecimento bastante claro do que o público quer, e sabemos uma coisa — filmes que são apreciados neste país são apreciados no exterior", disse Loew. "Operamos num padrão de economia forjado pelo gosto do público." Ele apertou o botão, e a parede de cortiça recuou lentamente. "O mecanismo que controla aquela parede custa apenas trezentos e setenta e cinco dólares", disse ele, enquanto a sala ao lado aparecia. Tinha uma mesa modernista de conferência, cercada por cadeiras modernistas. "É ali que discutimos as vendas no exterior", explicou.

Internacionalmente, acrescentou, *A glória de um covarde* não se saíra bem na bilheteria e, aqui e ali, a Loew's estava tentando colocá-lo como primeiro filme de programas duplos cuja atração principal era um musical com Esther Williams, a estrela mais lucrativa da MGM. No momento, *A glória de um covarde* estava nessa forma de exibição em nove cinemas da Austrália. "É um filme problemático. Obtém uma reação ruim do público. A ausência total de glamour sempre prejudica um filme. Na Inglaterra, nós o passamos num cinema de Londres somente nas tardes de domingo. Os críticos viram e gostaram, então o pusemos numa sala pequena para uma temporada comum. Mas não está dando dinheiro. Não há por que desperdiçar promoção num filme que não funciona." Loew apertou o botão, e a parede de cortiça deslizou de volta para o seu lugar.

"Nick Schenck estava com medo de *A glória de um covarde*", continuou Loew. "No começo, quando Dore entrou para a companhia — fiquei contente por ele ter conseguido o emprego —, Schenck deu-lhe rédea solta. Até o deixou fazer alguns filmes que na verdade Schenck não queria fazer. Mas agora Schenck puxou as rédeas."

No sexto andar do edifício Loew, J. Robert Rubin, sentado à sua escrivaninha, olhava para os papéis empilhados sobre ela. Era uma comprida e escura escrivaninha numa sala comprida e de aparência comercial, que tinha nas paredes fotografias autografadas de meia dúzia de figuras proeminentes do Partido

Republicano, mortas ou vivas. "Não imaginei que haveria alguma controvérsia sobre um *filme* na reunião", disse-me em tom suave. "Tudo o que eles costumam querer saber é sobre os dividendos. Bem, este é o dia do ano em que gostamos de fazer os acionistas sentirem que a companhia é deles. É melhor tê-los como amigos do que como inimigos. Pois não é que *A glória de um covarde* criou uma confusão! Para começar, o senhor Mayer era contra sua realização, mas o senhor Schary estava muito entusiasmado com o filme. O engraçado é que o senhor Schary ainda gosta dele, mesmo que não tenha feito dinheiro." Deu uma risada fraca. "Não podemos ter muito desse tipo de coisa. Não funcionamos apenas pelo prazer. Somos um negócio. Pense só no nosso conselho de diretores! Não somos apenas o senhor Schenck, o senhor Moskowitz, o senhor Leake e eu, mas o senhor George A. Brownell, o senhor F. Joseph Holleran, o senhor William A. Parker, o senhor William F. Rodgers, o senhor Joseph R. Vogel e o senhor Henry Rogers Winthrop. Temos de ganhar dinheiro, ou saímos do negócio."

Rubin, que nasceu em Syracuse e formou-se na escola de direito da Syracuse University, está na indústria do cinema desde 1915. Ajudou um amigo a organizar uma companhia cinematográfica chamada New York Alco, e quando ela faliu, depois de um ano, uma nova empresa, chamada Metro Pictures Corporation, foi fundada em seu lugar, tendo Louis B. Mayer entre seus donos. A Loew's comprou a Metro em 1920. Em 1918, Rubin e Mayer haviam fundado a Louis B. Mayer Pictures Corporation, e faziam filmes para a Metro. Irving Thalberg uniu-se a eles cerca de dois anos depois. Rubin cuidava de muitas das complicações jurídicas envolvidas nas transações, inclusive a compra pela Metro, em 1924, do estúdio Goldwyn, em Culver City, e, naquele mesmo ano, a compra da Louis B. Mayer Pictures Corporation pela Metro-Goldwyn.

"O senhor Mayer, o senhor Thalberg e eu formávamos um belo trio", disse Rubin. "Thalberg era um gênio. Tinha uma concepção de filme que ninguém conseguiu duplicar. O senhor Mayer transformou o estúdio no que ele é hoje. Ele sabia como montar uma organização e como dirigi-la. Sempre foi empolgante trabalhar com ele. Ele era dinâmico. Dramatizava tudo. Eu costumava dizer: 'Louie, você é o melhor ator do pedaço'. Ele dizia: 'Só mostro o que sinto'. O senhor Mayer sempre gostou de bons filmes. Filmes limpos. Não me importo muito com o tipo de filme que fazemos. Quando um filme é apreciado neste escritório, é apreciado em toda parte. Quando o senhor Schenck é a favor, nós somos a favor. Todos nós aqui gostamos do tipo de filme que se sai bem na bilheteria."

Um ditógrafo estalou na gaveta semi-aberta da escrivaninha de Rubin.

"Você está tentando falar comigo?", perguntou Rubin na máquina.

"Venha até meu escritório. Quero lhe mostrar algumas críticas", disse a voz que saía da gaveta.

"É pra já", disse Rubin. "Estou com o senhor Schenck", disse ele a sua secretária.

Quando cheguei ao escritório de Nicholas M. Schenck, um pouco mais tarde, ele falava com Howard Dietz sobre as críticas ao novo filme em technicolor da MGM, *Scaramouche*, que acabara de estrear no Music Hall. "Eu teria apostado cem contra um como *Scaramouche* receberia as melhores críticas", disse Schenck. "Não consigo entender. Estréia no Music Hall, e o senhor *Tribune* detona. Três estrelas no *News*. Eu teria apostado que ganharia quatro estrelas."

"Não há regras neste negócio", disse Dietz categoricamente.

"Ainda acho que *Scaramouche* é um filme muito bom, meu rapaz", disse Schenck com ar sério, e ergueu o dedo indicador direito para Dietz, num gesto suave de advertência. "E acredito que o público vai achar a mesma coisa."

Schenck falava com decisão, confiança e um forte ar de conhecimento de seu negócio. Ele é um homem de sessenta e muitos anos, de compleição compacta e muita energia, com os cabelos ficando grisalhos, penteados para trás e divididos do lado esquerdo. Tem um jeito direto e calmo e um ar benevolente. No dia em que o visitei, estava muito bronzeado e usava um terno cinza de paletó trespassado, camisa branca com listras azuis, gravata azul-escura e óculos com aro de tartaruga. Sobre sua grande mesa de mogno extremamente polida havia fotografias de suas três filhas quando crianças, todas com longos cabelos encaracolados; uma garrafa de água e dois copos; um cinzeiro; uma pasta de couro marrom; e quatro lápis amarelos bem apontados. Aos seus pés, havia uma escarradeira de metal. Seu escritório era pequeno e modesto. Tinha carpete verde; uma lareira, sobre cujo consolo apoiava-se uma estatueta do leão da Metro; um sofá coberto com tecido marrom; quatro cadeiras gastas; e painéis de nogueira italianos. Os painéis haviam sido comprados da mansão do senador William A. Clark, na Fifth Avenue. Schenck começara a trabalhar na Loew's em 1907, e estava no mesmo escritório havia trinta anos. Quando passou de vice-presidente executivo a presidente da Loew's, após a morte de Marcus Loew, em 1927, recusou-se a deixar o escritório.

Schenck acendeu um cigarro e virou levemente a cabeça para Dietz, que também pegou um cigarro. "Gosto de *Scaramouche*", disse Schenck. "Gosto de entretenimento. Entretenimento limpo, saudável. Romance e amor. Adoro histórias românticas, dramáticas. Mas não posso seguir apenas meu gosto. Não gosto de comédia de pancadaria. O público gosta desse tipo de comédia. O que se pode fazer? O público é o juiz final."

"Gostaria de saber quem disse primeiro que entretenimento popular tinha de ser arte", falou Dietz em tom ameno.

Schenck deu de ombros. Disse que vinha trabalhando duro, estudando o orçamento de vários filmes, examinando seus problemas de elenco e assistindo, em média, a quatro filmes durante a semana e três no final de semana em sua casa, em Sands Point. "Você precisa ver os filmes dos outros, além dos seus. Qualquer filme que se torna bom ou importante, eu vejo. É preciso conhecer o gosto de todo mundo. Todo mundo precisa trabalhar, e nós todos temos um trabalho a fazer."

"Não é segredo por aqui que você dá duro no trabalho", disse Dietz.

Schenck abriu um amplo sorriso e, desabotoando o paletó, bateu em suas costelas. "Peso sessenta e quatro quilos de manhã e sessenta e cinco à noite", disse ele.

"Não sei se é o seu trabalho ou o seu golfe que faz isso", disse Dietz.

O sorriso de Schenck abriu-se mais ainda, e ele abotoou o paletó. "Você tem razão, meu rapaz, não há regras", disse, erguendo a mão direita de novo. "Vem tudo do cérebro. Não se consegue entrar no cérebro de outro sujeito. Você decide quais os filmes que serão feitos. Decide quem vai estar no elenco. Decide quanto custará. O orçamento significa muito para mim. Infelizmente, histórias não dão em árvores, então você tem de fazer concessões no que vai produzir. Não dá para assumir muitos riscos quando se tem despesas gerais terríveis e terríveis salários semanais."

"Não há regras para escolher o que se vai fazer", repetiu Dietz. "Você sabe o que escolher somente quando cresce dentro do negócio."

Schenck disse que não lia os roteiros de todos os filmes que a MGM planejava fazer, mas lia um resumo de cada roteiro, ou a idéia para um roteiro. Quando leu o resumo de *A glória de um covarde*, achou que o estúdio estava assumindo um grande risco. Na época, Schary estava em Nova York, e não se sentia bem. "Fui até o hotel de Dore para conversar com ele. Dore vinha tendo diferenças com Louie sobre o filme. Eles não vinham se dando muito bem, mesmo antes disso. Encontrei Dore doente, e mais doente ainda por causa do problema com Louie. Lá mesmo, do hotel, telefonei para Louie e fiz que conversasse com Dore. Tomei providências para que eles conversassem sobre o assunto quando Dore voltasse para casa. Mas Louie continuou sendo contra fazer o filme, e, em relação a outras coisas, ele não estava concordando comigo. No fim, tive de apoiar Dore."

Schenck acendeu outro cigarro e continuou. "Dore é jovem. Não faz muito tempo que está neste trabalho. Achei que deveria encorajá-lo, ou ele se sentiria sufocado. Teria sido muito fácil para mim dizer-lhe não. Em vez disso, disse sim. Imaginei que colocaria isso na conta da experiência. Você pode comprar quase tudo, mas não pode comprar experiência." Ele deu um sorriso de sabedoria paternal.

"*A glória de um covarde* não era um filme completo", disse Dietz. "Era um fragmento. Não era um bom filme."

"Antes de vê-lo, ouvi dizer que era muito ruim", disse Schenck. "Mas era melhor do que eu fora levado a crer que era. Eu diria que era um filme razoavelmente bom. Só que estava acima da cabeça de nossas platéias. Para mim, era bom entretenimento. Mas não para nosso público. Percebi imediatamente que teríamos de arcar com perdas, como de fato aconteceu. Quando vi que o filme não estava rendendo nada, paramos de gastar dinheiro na sua promoção."

"Sim, eu decidi isso", disse Dietz a Schenck. "Você sabe que nem sempre *preciso* consultar você sobre quanto dinheiro vou gastar. Tentamos uma campanha concentrada sobre o filme em alguns pontos, e não funcionou."

"O público não se afeiçoou ao filme", disse Schenck. "O filme que John Huston fez em seguida — e, dessa vez, para sua *própria* companhia — foi um filme comercial, um tremendo sucesso."

"Não se esqueça de que ele fez o filme com *estrelas*", disse Dietz.

"Os melhores desempenhos deles que já vi", disse Schenck.

"*A glória de um covarde* não tinha estrelas nem história", disse Dietz. "Não era nada bom."

"Eles fizeram o melhor que podiam", disse Schenck. "Infelizmente, esse tipo de coisa custa dinheiro. Se você não gasta dinheiro, nunca aprende." Deu uma risada de esperteza. "Depois que o filme estava pronto, Louie não queria lançá-lo. Ele disse que enquanto fosse chefe do estúdio, o filme jamais seria lançado. Recusou-se a lançá-lo, mas *isso* eu mudei."

Schenck deu uma tragada rápida no cigarro. "De que outro jeito eu poderia ensinar Dore? Apoiei Dore. Deixei-o fazer o filme. Eu sabia que a melhor maneira de ajudá-lo era deixá-lo cometer um erro. Agora, ele aprenderá mais. Um jovem precisa aprender cometendo erros. Não creio que ele vá querer fazer filmes como aquele de novo." Schenck pegou um dos lápis amarelos e anotou algo num bloco de memorandos. Depois chamou a secretária e pediu-lhe que ligasse para o sr. Schary em Culver City. Após alguns minutos, pegou o telefone e disse: "Alô, meu rapaz. Como vai?".

Posfácio

Mutilações de guerra

Davi Arrigucci Jr.

> *En vano me repetí que un hombre acosado por un acto de cobardía es más complejo y más interesante que un hombre meramente animoso.*
>
> *Jorge Luis Borges,* La otra muerte

Quem não se lembra de Peter Lorre na pele de Joel Cairo: o baixinho petulante, cheirando a gardênia? Ou de Humphrey Bogart no papel de Sam Spade, namorando Mary Astor, às voltas com a barriga de Sidney Greenstreet? Em 1941, aos 35 anos, John Huston começou a carreira de diretor de cinema com *A relíquia macabra.*

Era a transposição do romance de Dashiell Hammett, *O falcão maltês*, a que o realizador imprime a pegada marcante de sua personalidade e do engenho com que sabia construir suas tramas. O filme retrata com traço preciso, às vezes bizarro, os componentes de um bando de cínicos, tão bem representado por Lorre, cuja ambição acaba ironicamente frustrada diante da imagem enigmática: o falcão por fim se revela do estofo de que somos feitos — do mesmo de que são feitos os sonhos.

Huston, que tinha sido pugilista na adolescência, na mocidade, como Eric von Stroheim, viveu a aventura da cavalaria mexicana, do lado de Pancho Villa; depois, foi pintor em Paris, contista da *The American Mercury*, roteirista de cinema, ator — era filho do grande Walter Huston — e muitas coisas mais, antes de experimentar a mão na direção de filmes. Num artigo notável de 1957, Paulo Emílio chamou a atenção para o papel de eixo central que nas três fitas que se seguiram — *O tesouro de Sierra Madre*, *O segredo das jóias* e *O diabo riu por último* — coube ao binômio ambição-frustração. Não será por nada que, muitas vezes, o cinema de Huston foi visto pela crítica como a exaltação do fracasso.

Mas, melhor do que isso, o par parece adequado para definir tanto a mola do desejo que motiva o desenrolar do enredo do filme quanto o sentimento que caracteriza o seu desenlace, quando, esticada demais, a mola se rompe no confronto com a realidade. Na verdade, ambos delineiam o esquema da aventura: o que vai acontecer a alguém que corre os riscos de uma empresa de desfecho incerto. Essa empresa pode muito bem dar uns ares de nossa própria vida.

No filme mais ousado e decerto mais ambicioso desse bloco inicial, *A glória de um covarde* (*The red badge of courage*), a aventura toma uma feição singular, de largo alcance, baseando-se num argumento extraído do romance célebre de Stephen Crane, em que a empresa principal é a de como sobreviver à guerra.

Quero crer que na trajetória pessoal e na reflexão sobre ela, que o levaria à arte de contar por imagens, Huston deve ter dado com um novo sentido da realização da aventura, realçado pelo contexto histórico americano e as circunstâncias reais que teve de enfrentar na experiência prática, para dar forma aos seus sonhos de artista do cinema. O binômio temático a que se refere Paulo Emílio, e que de fato é recorrente em muitos outros de seus filmes, ambiciosos ou não, implica um novo sentido da aventura, cujo caráter problemático no mundo contemporâneo ele de algum modo intuiu, procurou compreender e comentar.

Talvez essa inquietação o tenha levado ao romance de Stephen Crane sobre o batismo de fogo de um recruta na Guerra de Secessão, que ficou na memória dos americanos como um fato fundamental de seu passado histórico. Nada parecia mais conveniente ao tipo de imaginação em que Huston gostava de se aventurar, tentando talvez entender a si mesmo à medida que se arriscava junto com seus heróis. Quando fez o filme, como nos lembra Lillian Ross, era uma das figuras mais admiradas, misteriosas e rebeldes do cinema americano.

Crane era quase um iniciante quando escreveu o livro que o deixou famoso; trazia apenas sua bagagem de repórter nato para o campo da ficção. Havia estreado, em 1892, aos 21 anos, com *Maggie, a girl of the streets*, que causou escândalo pelo naturalismo cru com que pretendia desmascarar ilusões românticas sobre o amor. Somente *O emblema rubro da coragem* (*The red badge of courage*), de 1895, trouxe-lhe, entretanto, o sucesso e a superação dos limites naturalistas pela visão impressionista com que seu jovem soldado enfrenta o pavor da morte, em meio à brutalidade da guerra. A visão por dentro da guerra, tal como imaginada por um homem que não a tinha vivido, transformando a reportagem em arte, foi seu feito principal.

A solidão do herói, que sai do meio rural para, voluntariamente, insular-se e perder-se na luta, hesitante entre o medo e a coragem, desorientado durante a batalha, sentindo como interminável uma breve carga da infantaria e tendo apenas de cumprir o sonho de valentia de homens cansados, vem filtrada, através da delicadeza e da profundidade dos sentimentos, em imagens de violenta poesia. É como se Crane quisesse captar em prosa visionária a força das fotos com que Matthew Brady enquadrou, com um misto de dureza e evanescência, a Guerra Civil. Fotos que, tantos anos mais tarde, retornariam, vividamente recriadas, na esmerada fotografia com que Harold Rosson refez o percurso do recruta no filme de Huston.

No miolo do argumento, está a situação dramática do homem que, ao encarar de perto a morte, pode chegar a saber quem é. O reconhecimento da própria identidade que experimenta o ser no ato que o confronta com a aniquilação, mas pode resgatá-lo de sua iniqüidade para lhe revelar sua verdadeira face, torna-se a questão central do enredo. Nesse processo, os que se acovardam, ou permanecem na hesitação ambígua, costumam ser mais complexos que aqueles feitos da matéria única da coragem.

Para Jorge Luis Borges, que retornou muitas vezes a essa questão, poucos temas se equiparam a este do homem que se mede e se reconhece na iminência da morte, como no limiar de uma revelação. Crane avançou com seu herói, através da catástrofe, até esse ponto: Joseph Conrad, de quem foi amigo, soube reconhecer-lhe o valor e a força que tornam seu livro capaz de sobreviver.

À semelhança de Lord Jim, um pouco depois, o recruta de Crane tem primeiro o espírito dominado pelo medo e se acovarda no momento decisivo, antes dos gestos de bravura que provarão sua fibra moral nesse episódio fundamental de sua formação. Mas ele é menos complexo que o nobre herói de Conrad, fascinado pela pureza do ato, preservando-se para o momento ideal de agir. O jovem soldado simplesmente erra a esmo em meio à luta. A substância de que trata o romance de Crane acaba sendo a de uma visão dramática do homem numa situação extrema em que se defronta consigo mesmo, traduzindo a preocupação ética do jovem autor, que sem conhecer a guerra deixou dela imagens inesquecíveis pelo olhar desconcertado de um mero recruta.

O livro de Lillian Ross, que nos conta com rigor e precisão como foi feito o filme de Huston, do começo ao fim, apresenta-se como o relato de uma aprendiz interessada em tudo o que se pudesse saber sobre a indústria cinematográfica americana. O projeto de Huston torna-se, com suas dificuldades concretas de realização, o argumento exemplar para penetrar nas entranhas de Hollywood e nos desígnios labirínticos e secretos da produção: agora é o filme que se vê por dentro, no processo mesmo de sua elaboração, sujeito não apenas aos eventuais entraves para sua realização artística, mas submetido também aos previsíveis transtornos, cortes e mudanças decorrentes da verdadeira guerra de que depende sua existência enquanto realidade material, como produto para o mercado, financiado pelos donos do dinheiro. Na verdade, é das mutilações artísticas, derivadas desta outra guerra, que trata o livro de Ross.

Escrito na forma de artigos para a revista *The New Yorker*, seu relato se deixa ler, até certo ponto, como um romance, construído de modo dramático, à maneira de Hemingway (a quem a autora dedicou também um livro). Ele transforma, assim, os agentes da realização e da produção do filme quase em antagonistas, em verdadeiras personagens, vistas com objetividade, a distância, sem interferência da narradora, que praticamente só se situa entre elas, limitando-se a fixá-las em determinados espaços através de rubricas teatrais e descrições sumárias de seu aspecto exterior. As relações múltiplas e filigranadas que essas figuras entretecem entre si, no entanto, compõem um enredo explicativo apaixonante de como do filme secretamente sonhado por John Huston resultou um filme que ele jamais quis ver.

Não se deve pedir a Lillian Ross o que não está em seu projeto. Seu livro é muito bom, ainda hoje, pela força esclarecedora dos aspectos materiais que interferem na arte de fazer filmes, mas se limita a seu assunto, visto sempre de fora: as condições de produção vigentes em Hollywood, tratadas com riqueza de detalhes, mas do ponto de vista de uma reportagem exterior à obra de arte propriamente dita. Embora Huston, com certeza, tenha lhe comunicado suas idéias e intenções, ela em momento algum trata disso, nem sequer para contrastar o projeto com a realização efetiva do filme, cujas alterações procedem igualmente de fora, como imposições dos custos de produção e dos interesses do mercado.

Nesse sentido, é particularmente ilustrativa uma questão várias vezes retomada quanto ao argumento extraído do romance: conforme reiteram os produtores, em diversas formulações, o filme não teria uma história e, por isso, não agradaria ao público, que encontraria, ademais, dificuldade em se identificar com um herói de que pouco fica sabendo.

Essa questão, que é propriamente estética, envolve a construção do enredo como um todo, isto é, do próprio filme enquanto obra de arte, e nos levaria decerto ao miolo do projeto estético de Huston, quando se decidiu por esse argumento. Ross, fiel ao método que escolheu, não pôde nos dar a dimensão interna do projeto do diretor no seu processo de elaboração. Sem diminuir a qualidade do que fez a jornalista, o fato revela o limite de seu método de trabalho.

No centro do filme, encontra-se, justamente, a história exemplar do homem que se mede e se reconhece diante da morte, argumento fundamental (tão valorizado por Borges, como se viu) que de algum modo esteve no espírito de Huston, que deve ter se tocado com ele, ao perceber sua força simbólica, como imagem representativa da experiência humana em seu momento dramático extremo.

Para um homem que viveu tantas vidas, como Huston, a

simples aventura do jovem soldado através do medo deve ter surtido um efeito mais que comovente: o do reconhecimento do sentido oscilante de nossa frágil existência no confronto com a morte, ponto final de toda aventura.

Não foi preciso que o diretor revisse o filme, padecendo a dor da mutilação; mesmo decepado, ele continua mostrando a que veio, refazendo, ainda que estropiado, o romance. Não somos heróis, mas homens, simples mortais. E a caça ao falcão, que agrada à nossa imaginação repetir em variadas aventuras, acaba sempre feito um filme, que é outra forma de sonhar.

ESTA OBRA FOI COMPOSTA PELO ACQUA ESTÚDIO EM MINION E IMPRESSA
PELA GEOGRÁFICA EM OFSETE SOBRE PAPEL PÓLEN SOFT DA SUZANO BAHIA SUL
PARA A EDITORA SCHWARCZ EM OUTUBRO DE 2005